Kroatien

Eine Übersichtskarte von Kroatien mit den eingezeichneten Reiseregionen finden Sie in der Umschlagklappe.

200BG

Lore Marr-Bieger

Kroatien

Zagreb, Küste und Inseln

VISTA POINT VERLAG

Willkommen an der kroatischen Küste und in der Hauptstadt Zagreb

Die kroatische Küste, dieser malerische Küstenabschnitt der östlichen Adria, zählt zu den schönsten und abwechslungsreichsten Landschaften Europas. Kroatien birgt gleichzeitig ein reiches Kulturerbe, das über 2 000 Jahre zurückreicht.

Stadtansicht von Dubrovnik

Die Küstenregion wird gesäumt von hohen, bis auf 1700 Meter ansteigenden Gebirgszügen. So ist die Festlandküste mit wichtigen Fährstädten meist sehr schmal, an ihr entlang verläuft die Küstenstraße, die »Jadranska Magistrale«, mit nur wenigen ins Hinterland abzweigenden Straßen. Auch die Inseln sind hügelig bis bergig. Die höchste Erhebung im Süden, der Sv. Ilija, misst 961 Meter. Die Landschaft zeigt sich von karstig-kahl bis hin zu üppig mit Macchia bewachsen, satte Kiefernwälder wechseln ab mit fruchtbaren Tälern, in denen Gemüse und Wein kultiviert werden.

5 800 Kilometer lang soll die Küste inklusive der zahlreichen Inseln sein – sie wird auch die Küste der 1000 Inseln genannt. Laut Ozeanographischem Institut Split sind 66 bewohnt, 659 weitgehend unbesiedelt, 426 Klippen unzugänglich und ohne Vegeta-

tion. Zusätzlich gibt es 82 scharfkantige Riffe, die schon so manches Schiff zum Sinken brachten.

Um das »grüne Erbe« Kroatiens, die wundervolle Natur, zu erhalten, wurden inzwischen acht Nationalparks – die Plitvicer Seen wurden sogar in die Welterbeliste der UNESCO aufgenommen –, sechs Naturparks und etliche Naturreservate eingerichtet, die fast alle öffentlich zugänglich sind.

In den Städten kann man auf Schritt und Tritt in die Vergangenheit der Römer, Venezianer und Habsburger eintauchen – ganz beschaulich bei einem Espresso auf einem der hübschen, mittelalterlich geprägten Plätze oder in einem der zahlreichen Museen, in prachtvollen, reich ausgestatteten Kirchen oder in Ausgrabungsstätten. Einige Städte stehen aufgrund ihrer baulichen Schönheit ebenfalls auf der Liste des UNESCO-Weltkulturerbes.

In Kroatien verliefen früher wichtige Handelsrouten zwischen Ost und West. Später ging das wirtschaftliche Interesse an diesen Routen verloren und der Tourismus hielt Einzug. Bereits Ende des 19. Jahrhunderts kamen Adelige und Betuchte aus dem kaiserlichen Wien, um hier im milden mediterranen Klima zu kuren; Eisenbahnverbindungen und stattliche Villen zeugen noch heute davon.

Romantische Badebuchten und kristallklares Wasser

Kroatien – ein beliebtes Touristenziel

Kroatien, ein altes und neues Reiseland, hat es wieder in die Riege der Top-Reiseziele im Mittelmeerraum geschafft. Kein Wunder, denn es hat für jeden Urlaubsgeschmack – ob aktiv oder passiv – etwas zu bieten, und dies in einer teils unberührten Landschaft. Kroatien ist in ökologischer Hinsicht eines der am wenigsten belasteten Gebiete Europas.

Kroatien verzeichnete im Jahr 2004 fast neun Millionen Gäste. Fast zwei Millionen davon, also etwa ein Fünftel, sind Deutsche. Danach kommen italienische, slowenische, tschechische und österreichische Urlauber.

Es zeichnet sich ab, dass Kroatien auch immer mehr in der Vor- und Nachsaison als Reiseziel angepeilt wird. Die Tourismusbranche bemüht sich, ganzjährige Unterkunftsmöglichkeiten zur Verfügung zu stellen und den Gästen ein noch größeres Aktivangebot zu unterbreiten. Die Sanierung und Modernisierung der älteren Hotels wurde vorangetrieben, zudem bietet man dem Urlauber eine Fülle neuer, gemütlicher, kleiner Hotels, die in den letzten Jahren eröffnet haben. Hinzu kommt der Ausbau des Agrotourismus (bisher nur in Istrien und in Ansätzen im Kvarner-Raum vertreten). Die Verbindungen zu den Inseln wurden verstärkt, noch mehr pendeln die Trajekte vor allem zur Hochsaison.

Der Ausbau der Autobahn ist inzwischen gut vorangekommen. Von Zagreb bis Rijeka fährt man inzwischen fast durchgehend auf der Autobahn, ebenso von Karlovac hinab nach Split mit nur kurzen Unterbrechungen. Damit wird die Anreise für viele Gäste bequemer und schneller, und so wird Kroatien sicherlich in den nächsten Jahren noch mehr Gäste anziehen.

Willkommen in Kroatien

Hervorragende Bedingungen für Segler und andere Bootsfreunde

Segler und andere Bootsfreunde finden hier aufgrund der guten Festlandsverbindungen ein reizvolles Gebiet. Es gibt zahlreiche moderne und gut ausgestattete Jachthäfen, in denen Segel- und Motorboote ankern. Die Unterwasserwelt fasziniert durch die hervorragende Sicht, die reiche Flora und Fauna zieht jedes Jahr mehr Taucher und Schnorchler an. Auf den Flüssen, u. a. der Cetina, kommen Raftingfreunde auf ihre Kosten. Baden kann man an schönen Fels- und Kieselbadestränden, ab und zu gibt es auch etwas Sand, und selbst zur Hochsaison findet man immer ein ruhiges Plätzchen. Auch an den meisten touristischen Orten kann man bedenkenlos in die Fluten steigen, fast überall weht die »Blaue Flagge«, die eine saubere Wasserqualität garantiert.

Die **Flora** an der Küste und auf den Inseln ist trotz des Raubbaus des Menschen, der die urwüchsigen Wälder abholzte, vielfältig. Neben Aleppokiefern und Pinien, den kultivierten Feigen-, Oliven- und Zitrusbäumen wächst flächendeckend die Macchia, niedrig und hoch. Der Besucher erlebt sie in ihrer vollen Pracht im Frühjahr, wenn sie blüht und die Landschaft mit einem bunten Teppich überzieht. Im Herbst leuchten dann die kleinen und großen Früchte in vielen Farben an den Sträuchern. Der Duft der in der Macchia vorkommenden Kräuter wie Rosmarin, Lavendel und Thymian macht einen Spaziergang fast zu einer Aromatherapie. In den Touristenorten erfreuen die palmenbestandenen Promenaden und die

mit Bougainvillen berankten Fassaden das Auge, oder es betört der Jasminduft, der durch die Gassen weht.

Die **Fauna** erlebt man im Kleinen auf Schritt und Tritt: angefangen bei den vielen malerischen Schafherden über zahlreiche bunte Schmetterlinge und viele Vögel, die an der Küste nisten, bis zu Käfern und harmlosen bizarren Spinnen, die kunstvoll ihre Netze herstellen. Im Gebirge bieten sich dem Betrachter u. a. Gänsegeier und auch mal Gämsen; die scheuen Luchse, Wölfe, Mufflons und auch Bären werden sich meist nicht zeigen.

Lavendelfelder betören die Sinne

Auch **Sportliebhabern** bietet sich ein breites Aktionsfeld: Mountainbikern, Wanderern und Kletterern eröffnen sich in unberührter Landschaft grandiose Weitblicke. Immer beliebter werden die so genannten Wellnessurlaube, und auch an der kroatischen Küste gibt es zahlreiche Hotels, die ein Relaxprogramm für Gestresste parat haben.

Familien bietet die kroatische Küste, gerade wegen ihrer Vielfalt, einen erholsamen und abwechslungsreichen Urlaub, ob an einsameren Stränden oder in einer Feriensiedlung, wo ein Sport- und Animationsprogramm auf Erwachsene wie auch auf die Kleinen wartet.

Gourmets finden eine vielfältige Speisekarte: sonnengereifte Produkte, fangfrische Fische, Schalentiere oder Fleisch von freilaufenden Tieren, schmackhaft mit aromatischen Gewürzen verfeinert; und dazu serviert man die gehaltvollen, fantastischen Weine der einzelnen Regionen.

Vorgestellt werden in diesem Reisehandbuch:

- **Zagreb**, die Hauptstadt, das einstige, aus k. u. k.-Zeiten bekannte eher provinzielle Agram, inzwischen eine sehenswerte Kultur-, Geschäfts- und Wirtschaftsmetropole mit prachtvoller Innenstadt und einem riesigen Kulturangebot; zahlreiche Parks, die die Stadt durchziehen, und der an die Stadt angrenzende Naturpark Medvenica machen einen Aufenthalt sehr angenehm.
- **Istrien**, dessen Namensgeber ein illyrischer Stamm war, die Histrer. Es ist die älteste und beliebteste Reiseregion Kroatiens dank der lieblichen hügeligen und von Zypressen und Kirchtürmen gespickten Landschaft und den alten Städten mit ihrem reichen Kulturgut. Hinzu kommen die vielfältigen und bestens ausgestatteten Touristensiedlungen mit großem Sport- und Freizeitangebot, Jachthäfen und Campingplätzen (auch für Nudisten), die

man an der restlichen Küste in dieser Vielzahl und in diesem Angebot nicht mehr findet.
– Die **Kvarner-Region**, bei den Touristen immer beliebter geworden aufgrund der Nähe zu Deutschland und Österreich, aber auch wegen der vielfältigen Landschaft und den zahlreichen Möglichkeiten. Sie bietet dem Kulturbeflissenen, dem Sportbegeisterten, dem Hotelurlauber wie auch den Campingfreunden ein breites Angebot, und man kann es sich aussuchen, ob man sich ins Getümmel, z. B. an der Opatija-Riviera, stürzen möchte oder in aller Ruhe auf der Insel Cres seinen Urlaub verbringt.
– **Dalmatien**, unterteilt in **Nord-**, **Mittel-** und **Süddalmatien**, das seinen Namen vom illyrischen Stamm der Delmaten erhielt, der die Römer vernichtend schlug. Es bietet Kunstinteressierten und Ruhebedürftigen einen wundervollen und abwechslungsreichen Urlaub. Einzig die Makarska-Riviera und einige touristische Orte wie Hvar und Korčula bieten auch Unterhaltungsprogramme, ansonsten ist hier mehr der Individualurlauber gefragt, der sich in den prachtvollen Städten an Museen und Baudenkmälern erfreut und sich dann an einen ruhigen Strand zurückzieht oder auf dem Mountainbike oder zu Fuß die imposante Natur erkundet.

Bootsbesitzer sind an der gesamten Küste schon seit langem zu Gast, finden sie doch viele gut ausgebaute Jachthäfen und vor allem eine wundervolle Landschaft, die es ihnen erlaubt, Insel um Insel und Bucht für Bucht zu erkunden und, wenn es das Wetter zulässt, an einem schönen Fleck in aller Stille zu ankern. Wenn man dann vom Land die letzten Zikadengeräusche vernimmt, vielleicht ein Glas Wein von einer der vielen Sorten trinkt und den gewaltigen Sternenhimmel betrachtet, scheint das Paradies ganz nah – und heißt in unserem Fall »Kroatien«.

Dalmatinischer Sonnenuntergang

Chronik Kroatiens

Daten zur Landesgeschichte

Kopf eines Tonidols in Tiergestalt aus der Nähe von Pazin (um 1800 v. Chr.)

40000–5000 v. Chr.
Funde belegen Besiedlungen an der Küste (z. B. Šandalja bei Pula) im Neolithikum.

2000 v. Chr.
Thrakische Stämme besiedeln nordöstliche Balkangebiete.

1200 v. Chr.
Ansiedlung von Illyrern an der Küste Istriens und Dalmatiens, aber auch auf dem Balkan (ihre Stämme hießen u. a. Histrer, Liburner, Japoden, Delmaten); sie waren Viehzüchter und Seefahrer, gute Kämpfer und gefürchtete Piraten. Die Hauptstadt der Histrer war Nesactium bei Pula.

bis 700 v. Chr.
Griechen gründen in der Küstenregion Kolonien (u. a. Hvar, Vis, Korčula).

229 v. Chr.
Erster römischer Feldzug gegen die Illyrer und Teileroberung von Dalmatien.

Der Palast von Kaiser Diokletian in Split

Chronik Kroatiens

Byzantinische Odyssee

33 v. Chr.
Römer unterwerfen endgültig die Illyrer und die Gebiete werden zur Provinz Illyricum. Romanisierung von Sprache und Kultur. Der Stamm der Illyrer stellt die wichtigsten römischen Kaiser, u. a. Diokletian und Konstantin.

um Christi Geburt
Die Donau wird Nordgrenze des Römischen Reiches, hinzu kommt u. a. die Provinz Dalmatia. Wichtige Städte sind Salona (Solin) und das heutige Pula.

284–305
Regierungszeit von Kaiser Diokletian und Bau des Diokletianspalastes.

313
Toleranzedikt von Kaiser Konstantin: Ende der Verfolgung und Anerkennung des Christentums und der christlichen Hauptstadt Konstantinopel im alten Byzanz.

395
Teilung des Römischen Reiches unter Kaiser Theodosius in West- und Ostrom. Westrom wird römisch-katholisch mit lateinischer Schrift, Ostrom (fällt an Byzanz) wird griechisch-orthodox und übernimmt die kyrillische Schrift. Die östliche Adria fällt nach dem Untergang des Weströmischen Reiches ebenfalls an Byzanz.

626–788
Ansiedlung von Serben und Kroaten in Südosteuropa. Istrien und die dalmatinischen Küstenstädte verbleiben im Byzantinischen Reich.

um 800
Siegreiche Feldzüge der Franken unter Karl dem Großen und teilweise Christianisierung in Istrien und Kroatien.

»Der heilige Lukas schreibt an seinem Evangelium.« – die Miniatur ist Teil des Evangeliars, das der erste Bischof von Zagreb 1096 ins Land brachte

Chronik Kroatiens

ab 870
Aufstandsbewegungen und Unabhängigkeit der Kroaten, begründet durch Fürst Branimir (879–892).

925
Fürst Tomislav wird erster kroatischer König und vereint alle kroatischen Gebiete.

977 und 1000
Pietro Orseolo II. (Doge von Venedig) erobert Küstenabschnitte von Dalmatien und nennt sich »Dux Dalmatiae«.

1058–74
Fürst Peter Krešimir, König von Kroatien, baut die kroatische Machtstellung aus.

1091
Mit der Ermordung König Zvonimirs endet die Dynastie der kroatischen Stammesfürsten. Kroatien wird ab 1102 in Personalunion mit Ungarn vereinigt, die bis 1526 anhält.

ab 1100
Venedig wird Ordnungsmacht und Beschützerin der Handelsschifffahrt und löst damit Byzanz in der Machtstellung ab.

1205
Ragusa (heutiges Dubrovnik) fällt an die Venezianer.

1272
Dubrovnik erhält Stadtstatut, was die Gründung der Republik und ab 1358 deren absolute Selbstständigkeit ermöglicht.

1301
Die Adelsfamilie Anjou besteigt den kroatisch-ungarischen Thron.

Relief mit der Figur eines kroatischen Königs. XI. Jh.

1354
Beginn der osmanischen Eroberung der Balkanhalbinsel.

1358
Die Venezianer werden von Ludwig I. von Anjou besiegt und müssen im Friedensvertrag von Zadar auf Dalmatien verzichten.

1389
Schlacht auf dem Amselfeld: Das in Teilstaaten zerfallene serbische Reich verliert die Schlacht gegen Sultan Murad I., damit wird für die Osmanen der Weg auf den Balkan frei.

1396
Schlacht bei Nikopolis: Das kroatisch-ungarische Heer erleidet eine schwere Niederlage, der Nimbus der osmanischen Unbesiegbarkeit entsteht.

Chronik Kroatiens

Venezianischer Löwe am Landestor von Zadar

1409
Venedig erwirbt für 100 000 Dukaten vom kroatisch-ungarischen König Ladislaus von Neapel (aus dem Hause Anjou) Zadar und Rechtstitel von Dalmatien. Das kroatisch-ungarische Königreich war durch die ständigen osmanischen Angriffe und auch durch Erbfolgekämpfe in Kroatien und Ungarn zwischen dem Haus Anjou und den Luxemburgern geschwächt.

1421
Ganz Dalmatien ist nun wieder in venezianischem Besitz.

1453
Konstantinopel fällt an die Osmanen, die mit ihrem gewaltigen Heer 1529 erst vor den Toren Wiens Halt machen.

ab 1463
Die Gebietsaufteilung sieht nun wie folgt aus: Die Osmanen besitzen Bosnien, etwas später auch Herzegowina und Teile Montenegros. Den Habsburgern gehört Nordkroatien und Slowenien, sie drängen 100 Jahre später mit serbischer Unterstützung bis Skopje vor. Die Venezianer sind nach wie vor in Dalmatien. Einzig die Republik Ragusa (Dubrovnik) hat durch diplomatisches Geschick ihre Unabhängigkeit erhalten. Viele Aufstände, Gebietseroberungen und Wiederabtretungen bestimmen die nächsten 200 Jahre.

1571
Seeschlacht von Lepanto (Sieg der vereinten Flotten): Der Kampf fällt nach dem Tod Sultan Süleymans des Prächtigen erstmals zu Ungunsten der Osmanen aus.

1699
Frieden von Karlowitz: Durch Eroberungszüge von Prinz Eugen und den Friedensbeschluss erweitern die Habsburger ihre Landkarte um Südkroatien, Slawonien und Nordserbien. Im Frieden von Passarowitz 1718 erhalten sie von den Osmanen noch Bosnien und Südserbien. Erst im Frieden von Belgrad müssen Südserbien und Belgrad

Das mittelalterliche Städtchen Trogir

Chronik Kroatiens

Das Wandgemälde »Adam und Eva im Paradies« von Lerchinger befindet sich in der Kirche des hl. Johannes des Täufers, Zagreb

Porträt des Kritikers Lunaček von Rudolf Valdec, »Moderne Galerie« in Zagreb

wieder an die Osmanen abgetreten werden (was 1806 zurückerobert wird).

1797
Napoleon stürzt die einst mächtigen Venezianer und gründet das Königreich Italien.

1805
Im Frieden von Schönbrunn werden Istrien, Dalmatien und sogar Dubrovnik Napoleons Königreich Italien zugeordnet, Laibach (Ljubljana) wird Hauptstadt der »Illyrischen Provinzen«.

28. 06. 1914
Der österreichisch-ungarische Thronfolger Franz Ferdinand und seine Gemahlin werden in Sarajevo erschossen.

28. 07. 1914
Kriegserklärung Österreich-Ungarns an Serbien und Beschuss Belgrads. Der Erste Weltkrieg, an dem alle europäischen Staaten beteiligt sind, beginnt. Bündnissysteme zerfallen, ebenso die österreichisch-ungarische Doppelmonarchie. Das Osmanische Reich verliert die meisten seiner Territorien und wird nach der Reform von Kemal Atatürk zur türkischen Republik.

1918
Es bildet sich das Königreich der Serben, Kroaten und Slowenen (SHS), der erste jugoslawische Staat.

1920
Vertrag von Rapallo: Istrien, die Inseln Cres, Lošinj und Zadar bleiben italienisch; Rijeka wird zum Freistaat erklärt. Der Nationalist D'Annunzio »italienisiert« die Stadt allerdings durch Eroberung wieder und gibt ihr den Namen Fiume.

1929
Widerstände führen zur Königsdiktatur; es wird das Königreich Jugoslawien gebildet.

März 1941
Die nationalistische jugoslawische Regierung unter Cvetković tritt dem Dreimächtepakt (Italien, Deutschland, Japan) bei. Zwei Tage danach kommt es zu einem Militärputsch, der Hitler dazu veranlasst, in Jugoslawien einzumarschieren, um dieses »Risiko« zu eliminieren.

17. 04. 1941
Kapitulation des Königreichs Jugoslawien; es wird zwischen Italien, Deutschland und Ungarn aufgeteilt.

ab 1941
Es gelingt dem Kroaten und linksorientierten Widerstandskämpfer Josip Broz Tito und seinen Partisanen, einige besetzte Gebiete zurückzuerobern.

1943
Reger Zulauf zur Partisanenarmee nach Angriff und Besetzung Istriens durch die Deutschen und Kapitulation Italiens; durch innen- und außenpolitische Erfolge sowie große Waffenkäufe bei den Alliierten wird Tito alliierter Befehlshaber.

Oktober 1944
Die Partisanen, unterstützt durch die Rote Armee, erobern Belgrad.

29. 11. 1945
Die Föderative Volksrepublik Jugoslawien wird ausgerufen.

31. 01. 1946
Die jugoslawische Verfassung im föderativen Bund wird umgesetzt: Es gibt nun die Volksrepubliken Serbien, Kroatien, Slowenien, Bosnien-Herzegowina, Makedonien und Montenegro mit eigenen Verfassungen und Parlamenten; die zu Serbien gehörenden Regionen Kosovo und Wojwodina bekommen autonomen Status.

Februar 1947
Friedensvertrag von Paris: Nordwest-Istrien fällt wieder Jugoslawien zu, Triest allerdings wird Freistaat unter alliierter Hoheit. Erst 1975 wird die Staatsgrenze zu Italien beiderseitig wirklich anerkannt.

Juni 1948
Jugoslawien wird aus der Kominform (Kommunistische Internationale) ausgeschlossen; Begründung sind die guten internationalen Beziehungen Titos – ein »Verrat an der Arbeiterklasse«. Die Folge sind Wirtschaftsblockaden und die Aufhebung der Staatsbeziehungen seitens der UdSSR. Das Plus allerdings ist die wirtschaftliche Unterstützung seitens der USA und der Westmächte sowie die Annäherung an die NATO-Staaten.

1953–57
Nach dem Tod Stalins werden die Staatsbeziehungen zur UdSSR und zur Bundesrepublik Deutschland (Jugoslawien hat die DDR anerkannt) wieder aufgenommen.

1956
Die Blockfreiheit gibt Jugoslawien die Möglichkeit, einen eigenen Weg zwischen den beiden Supermächten zu gehen; Tito ruft zur ersten Konferenz der blockfreien Staaten auf (die auf den Brijuni-Inseln stattfindet), an der über 20 Länder teilnehmen.

04.05.1980
Tod von Josip Broz Tito und damit auch Ende einer angestrebten Einheit im Vielvölkerstaat.

1980–87
Starke wirtschaftliche Probleme, hohe Auslandsverschuldung und politische Diskrepanzen. Die kollektive Staatsführung zeigt mehr Eigen- als Gemeinschaftsinteressen.

Josip Broz Tito (1892–1980) regierte über dreieinhalb Jahrzehnte

Chronik Kroatiens

17.09.1990
Serbenaufstand in der Krajina (gegen die Rechtsordnung der Republik Kroatien) und Beginn des Balkankrieges durch Einmarsch der serbischen Armee.

23.12.1990
Die Slowenen kündigen die Konföderation und verkünden am 25.06.1991 ihre Selbstständigkeit. Zwei Tage später: Einmarsch der serbischen Armee und 10-Tage-Krieg, der von slowenischer Seite erfolgreich beendet wird.

Die Nationalflagge von Kroatien

08.09.1991
Kroatien erklärt dem Parlament seine Selbstständigkeit und Unabhängigkeit und verabschiedet dies am 20.12.1991; der Präsident heißt Dr. Franjo Tudjman. Die völkerrechtliche Anerkennung findet am 15.01.1992 statt, als Mitglied in den Vereinten Nationen wird Kroatien am 22.05.1992 aufgenommen.

1991–95
Die Selbstständigkeit Kroatiens wird mit einem erbarmungslosen Krieg bezahlt, der sich bis Bosnien ausbreitet. Zudem entbrennt ein ethnischer Konflikt. Kroatien hat Hunderttausende von Flüchtlingen zu versorgen und zu beherbergen, die auch aus Bosnien-Herzegowina kommen.

14.12.1995
Friedensvertrag von Dayton, der durch Vermittlung der Vereinten Nationen zustande kommt.

Briefmarke anlässlich des Erfolgs bei der Fussball-WM 1998 in Frankreich, Kroatien belegte verdient Platz 3

ab 1996
Die Spuren des Krieges werden langsam beseitigt. Der Tourismus hält wieder Einzug.

Februar 2000
Nach dem Tod von Franjo Tudjman im Dezember 1999 gewinnt Stipe Mesić die Präsidentschaftswahl. Der Kritiker des Balkankriegs verspricht Verfassungsreformen.

2002
Die Ferienregionen Kroatiens registrieren erstmals wieder Touristenzahlen wie vor dem Krieg – Tendenz steigend.

2002
Kroatien beantragt die Aufnahme in die Europäische Union. Nach den Parlamentswahlen im November wird eine Regierung unter Führung der Kroatischen Demokratischen Gemeinschaft (HDZ) gebildet, Ivo Sanader wird Premierminister.

Das Kloster Visovac liegt malerisch auf einer Insel im Krka-Nationalpark ▷

2004
Kroatien gehört zu den populärsten europäischen Ferienregionen; seit Juni ist es Beitrittskandidat der EU.

Die schönsten Reiseregionen
in Kroatien

Zagreb

Vom Provinznest zur Hauptstadt

Kroatiens junge, europäische Hauptstadt mit knapp 780 000 Einwohnern ist eine dynamische, expandierende Kultur-, Wirtschafts- und Geschäftsmetropole und birgt das geschichtliche Erbe unterschiedlichster Einflüsse. Zudem ist Zagreb wichtiges Bindeglied zwischen Zentralkroatien, der Pannonischen Tiefebene und dem mediterranen Kroatien. 1557 wurde die Stadt erstmals offiziell als Kroatiens »Kapitale« erwähnt. Im 17. und 18. Jahrhundert entwickelte sie sich zusehends zum wissenschaftlichen und wirtschaftlichen Zentrum. Unter der österreichisch-ungarischen Monarchie nannte man Zagreb 1890 nach dem Zusammenschluss von Ober- und Unterstadt (Kaptol und Gradec) »Agram«, doch Großstadtflair, wie es die Hofkreise liebten, hatte die Stadt damals noch nicht – eher einen dörflichen Charme.

Die Altstadt ist mit nur 900 Jahren relativ jung. Sie ist heute geprägt von Barock, Klassizismus, Jugendstil, reich an Palästen, Klöstern, Kirchen und durchsetzt von schönen Parkanlagen und Grünflächen, die zum Spazierengehen und Joggen einladen. Mit der ältesten Universität im Lande, der Vielfalt an Museen, Galerien, Nationaltheater, Musik- und Sportveranstaltungen und vor allem einem beträchtlichen Nachtleben wird einiges geboten, was jährlich Hunderttausende von Besuchern anzieht. Ihre Lebendigkeit und der im Sommer spürbare südliche Charme durch viele hübsche Cafés machen die Stadt sehr attraktiv. Zudem gibt es in unmittelbarer Nähe sehenswerte Naturparks.

Um die Altstadt herum wurden viele Hochhäuser in die Landschaft gebaut. Sie haben schon längst die Sava, die traditionelle Begrenzungslinie, überschritten. Das Zentrum teilt sich in drei Bezirke: die Unterstadt, **Donji Grad**, und die ältere Oberstadt, **Gornji Grad**, mit dem angrenzenden **Kaptol**. Reisende treffen zuerst auf die Unterstadt, die im 18. und 19. Jahrhundert entstand. Hier in den belebten Einkaufsstraßen und ruhigen Anlagen mit ihren monumentalen Bauten findet das Alltagsleben statt, hier schlägt die Geschäftsader des modernen Zagreb. Mittelpunkt ist der Trg bana Josipa Jelačića. Auf dem großen Platz mit dem Denkmal des auf einem Bronzepferd seinen Säbel schwingenden kroatischen Nationalhelden Josip Jelačić und in den angrenzenden Fußgängerzonen herrscht reges Treiben, dem man gelassen von einem der Straßencafés zusehen kann.

Die »Tkalčićeva«, Kaffee- und Restaurantmeile der Stadt

Die Hauptgeschäftsstraße und Fußgängerzone Ilica trennt die Unterstadt vom Kaptol und der ehrwürdigen Oberstadt, die ruhig auf den Trubel herabblickt. Kaptol und die Oberstadt mit der Siedlung Gradec, deren enge Gassen und Sehenswürdigkeiten heute den Hauptanziehungspunkt für Besucher Zagrebs bilden, liegen auf zwei Hügeln und waren lange Zeit unabhängige, sich befehdende Siedlungen.

Das bürgerlich-weltliche Gradec und das bischöflich-geistliche Kaptol rückten nur in Zeiten der Gefahr, wie etwa gegen die Türken, zusammen. Erst in der Mitte des 19. Jahrhunderts wurde aus den beiden Siedlungen eine Stadt. Noch heute sind Ober- und Unterstadt durch die 1888 errichtete Zahnradbahn verbunden. Über die Stadt erhebt sich das Bergmassiv der **Medvednica**, das im Winter vor den Nordwinden schützt. Am Fuße des Berges herrscht mildes Klima, hier gedeiht ein ausgezeichneter Weißwein.

Der Jelačić-Platz im Stadtzentrum von Zagreb mit dem Denkmal des säbelschwingenden kroatischen Nationalhelden.

ZAGREB
0
100
200 m
N
Friedhof Mirogoj 22
Medveščak
Tuškanac
Gornji Grad
Kaptol
Donji Grad
Trnje
Museum der Stadt Zagreb (Muzej grada Zagreba) 8
Atelje Meštrović 15
Naturhist. Museum 12
Sveti Marko 4
Markov trg
Steinernes Tor (Kamenita vrata) 5
Kroatisches Historisches Museum 11
Museum der Naiven Kunst 19
Palais Kulmer (Mus. Zeitgenössischer Kunst) 17
Sveta Katarine 3
Zahnradbahn 1
Kathedrale Mariä Himmelfahrt 2
Erzbischöfliches Palais
Grünmarkt Dolac 21
Trg bana Josipa Jelačića
Preradovićev trg
Archäologisches Museum 9
Trg Nikole Zrinskog
Galerie Alter Meister (Strossmayer-Galerie) 14
Museum für Kunsthandwerk und Gewerbe 20
Trg maršala Tita
Nationaltheater 24
Moderne Galerie 18
Strossmayerov trg
Museum Mimara 16
Rooseveltov trg
Ethnographisches Museum 10
Mažuranićev trg
Kunstpavillon 7
Tomislavov trg
Starčevićev trg
Svačićev trg
Marulićev trg
Botanischer Garten
Bahnhof
Techn. Museum 13
Ilirski trg
Ilica
Klaićeva
Hebrangova
Boškovićeva
Palmotićeva
Branjugova
Ribnjak
Hatza Pavla
Baruna Trenka
Žerjavićeva
Vukotinovićeva
Kršnjavoga
Savska cesta
Masarykova
Teslina
Jurišićeva
Amruševa
Petrinjska
Praška
Gajeva
Mihanovićeva
Vodnikova
Crnatkova
Runjaninova
Mrazovićeva
Kovačićeva
Katančićeva
Matičina
Berislavićeva
Bogovićeva
Varšavska
Dalmatinska
Frankopanska
Medulićeva
Gundulićeva
Preradovićeva
Djordjićeva
Šenoina
Kumičićeva
Haulikova
Miramarska cesta
Paromlinska
Trnjanska
Grgurova
Prilaz Gjure Deželića
Dežmanova
Tuškanac
Streljačka
Strossmayerovo šetalište
Tomićeva
Radićeva
Tkalčićeva
Opatovina
Kaptol
Skalinska
Krvavi most
Dolać
Pod Zidom
Bakačeva
Vlaška
Cesarčeva
Trg bisk.
J. Langa
Nova Ves
Medvedgradska
Jurjevska
Mikloušićeva
Zvonarnička
Demetrova
Basaričekova
Opatička
Mletačka
Kamenita
Ćirilometodska
Matoševa
Mesnička
Visoka
Vrazova
Dubravkin put
Šetalište
Kovačićeva
Zamenhoffova
Nazorova
Krležin Gvozd
Grškovićeva
Dvorničićeva
Vinkovićeva
Weberova
Vramčeva
Gajdekova
Novakova
Petrokovića
Miramarski podvožnjak

Beziehungen zum Balkan, dem Osmanischen und dem Deutschen Reich, Österreich, Ungarn und Italien haben das vielfältige Stadtbild Zagrebs geformt. In den 1960er Jahren war Zagreb Zentrum des Projekts »Neue Tendenzen«. Besonders sehenswert sind die zahlreichen Galerien und Ausstellungshallen. In der **Glyptothek** der Akademie der bildenden Künste werden Präsentationen junger etablierter Künstler organisiert.

Seine elegante Seite zeigt Zagreb unterhalb der Altstadt: Boutiquen, Bars und Nobel-Cafés sind hier ansässig, und in den zahlreichen Diskotheken und Nachtclubs entfaltet sich Großstadtleben bis in die frühen Morgenstunden.

Service & Tipps:

Touristeninformation Zagreb
– Trg bana Josipa Jelačića 11
10000 Zagreb
✆ (01) 4814-051/052
Fax (01) 4814-056
– Trg Nikole Šubića Zrinskog 14
10000 Zagreb
✆ (01) 4921-645
www.zagreb-touristinfo.hr
Von hier werden auch Stadtführungen organisiert.

Zahnradbahn ❶
Tomićeva bb, Zagreb
Verkehrt zwischen Ober- und Unterstadt, von 6.30 bis 21 Uhr im 10-Minuten-Takt. Fahrpreis 3 KN. Toller Ausblick.

Kathedrale Mariä Himmelfahrt (Katedrala Marijinog uznezenja) ❷
Kaptol 31, Zagreb
Tägl. ca. 7–19 Uhr
Sie dominiert im ältesten Stadtteil Zagrebs, dem Kaptol. Das dreischiffige Gotteshaus hat zwei ungleiche (103 und 105 m hohe) Türme – die höchsten Kirchtürme der Balkanhalbinsel. Nach einem Erdbeben wurde Ende des 19. Jh. die Fassade neugotisch gestaltet. Innenausstattung und Kunstschätze stammen aus der Zeit zwischen dem 16. und dem 19. Jh. Besonderes Prunkstück ist die baro-

»Living doll« auf kroatisch, Ban-Jelačić-Platz

Kroatische Währung ist die Kuna (KN).
1 KN = 0,14 €,
1 € = 7,3 KN

cke Kanzel aus dem Jahr 1696, die von einem Engel gehalten wird. Ein Besuchermagnet ist der mit silbernen Reliefs verzierte Sarkophag des Kardinals Alizija Stepinac im Chor der Kathedrale, gefertigt von Ivan Meštrović. Die Schatzkammer hinter der Sakristei birgt wertvolle Kunstwerke, u. a. ein byzantinisches Elfenbeindiptychon aus dem 10. Jh. Zur Kathedrale gehört der barocke Bischofspalast von 1730.

Katharinenkirche (Sveta Katarine) 3
Katarinin trg bb, Zagreb
Im Inneren der barocken Katharinenkirche von 1632, nach dem Vorbild der Kirche Il Gesù in Rom erbaut, beeindrucken Reliefs, Stuckausschmückungen und illusionistische Gemälde. Die Katharinenkirche wurde für das Jesuitenkloster erbaut.

Markuskirche (Sv. Marko) 4
Trg Sv. Marka 5, Zagreb
1242 erbaut, bildet die Kirche den Mittelpunkt des Stadtteils Gradec. Das Südportal ist mit zahlreichen Statuen aus dem 14. Jh. geschmückt. Schon von weitem sichtbar die Dachverzierung: Aus bunten Ziegeln wurden die Wappen von Kroatiens Regionen (Kroatien gesamt, Dalmatien und Slawonien) und von Zagreb gestaltet, ein Werk vom Ende des 19. Jh. 1936 wurde die Kirche im Innern renoviert und mit Werken von Ivan Meštrović und Jozo Klajković ausgestattet.

Sveti Marko, mittelalterliche Stadtkirche von 1242 im Stadtteil Gradec

Steinernes Tor (Kamenita vrata) 5
Es war früher die Verbindung in die befestigte Oberstadt, geht auf das 13. Jh. zurück und ist das einzige erhaltene Tor. Bei dem Erdbeben 1731 und einem darauf folgenden Brand wurde zwar das Tor, nicht aber ein Muttergottesbild zerstört. So wurde im Innern des Tores eine Marienkapelle errichtet; das darin bewahrte Muttergottesbild gilt als wundertätig.

Stadtapotheke
Kamenita 9, Zagreb
Gleich hinter dem Steinernen Tor befindet sich die alte Apotheke, die bereits 1355 erwähnt wurde. Der jetzige Bau stammt aus dem 19. Jh., im Innern jedoch ist noch die alte Einrichtung zu sehen.

Rund um die Markuskirche (Sveti Marko) befindet sich das **Regierungsviertel**. An der Ostseite des Markov Trg (Markusplatz) das kroatische Parlament, der Sabor, rechts gegenüber der Regierungssitz (Banski dvori).

Haus der kroatischen bildenden Kunst (DHLU – dom hrvatskih likovnih umjetnika) 6
Trg hrvatskih velikana bb, Zagreb
✆ (01) 4611-818
Di–Fr 11–19, Sa/So 10–14 Uhr
Schlichter, funktionalistischer Rundbau aus dem Jahr 1938, erbaut von Ivan Meštrović. Heute sind hier große Retrospektiven und thematische Ausstellungen zu sehen. Nur zu Ausstellungen geöffnet.

Kunstpavillon 7
Trg kralja Tomislava 22, Zagreb
(gegenüber dem Bahnhof)

Der stählerne »Kunstpavillon« von 1896 war der kroatische Beitrag auf der Budapester Weltausstellung

✆ (01) 4841-070
Mo–Sa 11–19, So 10–13 Uhr
In dem Park am Tomislavov trg. Diese Stahlkonstruktion repräsentierte Kroatien 1896 auf der Weltausstellung in Budapest.

Museum der Stadt Zagreb (Muzej grada Zagreba) 8

Opatička 20, Zagreb (im ehemaligen Klarissinnenkloster)
✆ (01) 4851-346
Di–Fr 10–18, Sa/So 10–13 Uhr
Modern gestaltetes Museum zur Geschichte Zagrebs, von der prähistorischen Zeit bis zum 20. Jh. Nachbildungen eines Dorfes aus der Eisenzeit, Plastiken des gotischen Doms und die 13 Figuren des Barockportals.

Archäologisches Museum (Arheološki muzej) 9

Trg Nikole Šubića Zrinskog 19, Zagreb
✆ (01)4873-101
www.amz.hr
Di–Fr 10–17, Sa/So 10–13 Uhr
Am Westrand des Zrinski-Platzes. Zeigt archäologische Funde, die bis ins Paläolithikum zurückreichen; zudem auch eine Ägyptologische Sammlung, u. a. Münzen.

Ethnographisches Museum (Etnografski muzej) 10

Mažuranićev trg 14, Zagreb
✆ (01) 4826-220
www.etnografski-muzej.hr
Di–Do 10–18, Fr–So 10–13 Uhr
Sammlung zur Volkskunde Kroatiens, Trachten, Stickereien, Schmuck und handwerkliche Geräte.

Kroatisches Historisches Museum (Hrvatski povijesni muzej) 11

Matoševa 9, Zagreb
✆ (01) 4851-900
www.hismus.hr
Mo–Fr 10–17, Sa/So 10–13 Uhr
Ausstellung über die Befreiung von der türkischen Herrschaft.

Naturhistorisches Museum (Hrvatski prirodoslovni muzej) 12

Demetrova 1, Zagreb

Zagreb Card

Kultur zu fairen Preisen gibt es mit der **Zagreb Card**. Sie gilt bis zu 72 Stunden oder 3 Tage und kostet gerade mal 60 KN (ca. 8 €). Genutzt werden kann gratis das komplette öffentliche Verkehrsnetz. Museen, Galerien, Bustouren, der Zoo, ebenso einige Theater- und Konzertveranstaltungen ermäßigen den Eintrittspreis bei Vorlage bis zu 50 %. Sogar manche Restaurants und Diskotheken geben 5–20 % Rabatt. Die **Zagreb Card** kann an Hotelrezeptionen und in den Touristeninformationen erworben werden. Informationen über www.zagreb-touristinfo.hr.

Das Atelier von Ivan Meštrović erinnert an den kroatischen Bildhauer, der in den 1920er Jahren in Zagreb lebte.

Frisches auf dem Markt Dolač

✆ (01) 4851-700
Di–Fr 10–17, Sa/So 10–13 Uhr
Zoologische und mineralogische Sammlung.

Technisches Museum (Tehnički muzej) 13
Savska cesta 18, Zagreb
✆ (01) 4844-050
www.mdc/tehnicki.hr
Di–Fr 9–17, Sa/So 9–13 Uhr
Technische Errungenschaften und naturwissenschaftliche Abteilung.

Strossmayer-Gemäldegalerie alter Meister (Strossmayerova Galerija starih majstora) 14
Trg Nikole Šubića Zrinskog 11, Zagreb
✆ (01) 4895-117
www.mdc.hr/strossmayer
Di 10–13 und 17–19, Mi–So 10–13 Uhr
Älteste Gemäldegalerie Südosteuropas, gegründet 1862. Vor dem Aufgang Denkmal des Bischofs Strossmayer, gestaltet von Ivan Meštrović. Gezeigt werden Werke von der Renaissance bis zum 19. Jh., u. a. von Pieter Bruegel, Carpeaux, Giovanni Bellini, Antonis van Dyck, Albrecht Dürer, El Greco, Eugène Delacroix.

Atelier Meštrović (Fundacija Ivana Meštrovića) 15
Mletačka 8, Zagreb
✆ (01) 4851-123
Di–Fr 10–18, Sa/So 10–14 Uhr
Sammlung der Werke von Ivan Meštrović.

Museum Mimara (Muzej Mimara) 16
Rooseveltov trg 5, Zagreb
✆ (01) 4828-100, www.mimara.hr
Di/Mi, Fr/Sa 10–17, Do 10–19, So 10–14 Uhr
Namensgeber ist der Maler und Restaurator Ante Topić Mimara (1898–1987), dessen reichhaltige Sammlung, u. a. gotische Plastiken, Glaskollektion, Gemälde alter und neuer Meister, Kunsthandwerk, in 42 Sälen zu sehen ist.

Museum der zeitgenössischen Kunst (Muzej suvremene umjetnosti) 17
Katarinin trg 2, Zagreb
✆ (01) 4851-808
www.mdc.hr/msu
Di–Sa 11–19, So 10–13 Uhr
Eine Sammlung nationaler und internationaler zeitgenössischer Künstler.

Moderne Galerie (Moderna galerija) 18
Hebrangova 1, Zagreb
✆ (01) 4922-368
Mo–Sa 10–18, So 10–13 Uhr
Gemälde und Skulpturen von 1850 bis 1950.

Kroatisches Museum der naiven Kunst (Hrvatski muzej naivne umjetnosti) 19
Ćirilometodska 3, Zagreb
✆ (01) 4851-911, www.hmnu.org
Di–Fr 10–18, Sa/So 10–13 Uhr
Bedeutendes Museum für naive Kunst bekannter kroatischer Künstler, seit ihrer Entstehung von 1931 bis heute.

Museum für Kunsthandwerk und Kunstgewerbe (Muzej za Umjetnost i Obrt) 20
Trg Maršala Tita 10, Zagreb
✆ (01) 4826-922
Di–Fr 10–18, So 10–13 Uhr
Sammlung von kroatischem und europäischem Kunsthandwerk.

Markt Dolač 21
Bauern aus umliegenden Dörfern verkaufen hier, unterhalb des Kaptol, täglich frisches Fleisch, Honig, Nüsse, Schafskäse usw. Im unteren Teil bieten Frauen Häkelarbeiten wie feine Tischtücher und fliegende

Mirogoj, der städtische Friedhof von Zagreb. Entwurf von H. Bollé, gebaut 1883-1914 im Neorenaissancestil

Händler ihre Waren feil. Gesäumt wird der farbenfrohe, belebte Markt von netten Cafés.

Flaniermeile und Geschäftszone ist die **Ilica ulica**. Hier sind Markengeschäfte wie Concept und Sisley zu finden. Das Geschäft Croata, Kaptol 13, bietet Krawatten und Tücher. Escada: Gundulićeva 15, Lacoste: Praška 8, Dolce & Gabbana: Dežmanova 1, Benetton: Bobovićeva 9.

Friedhof Mirogoj 22
Am Fuß der Medvednica
Am Rande der Stadt auf einem Hügel, umgeben von üppigem Grün. Hier findet man kunstvoll gestaltete Grabmäler und die Ruhestätten bedeutender kroatischer Persönlichkeiten.

Parkanlage Maksimir 23
Auf einer Fläche von rund 18 ha erstreckt sich im Osten der Stadt dieser Landschaftspark, einer der bedeutendsten im südöstlichen Mitteleuropa. Bereits 1787 hatte der Bischof Maksimilijan Vrhovac die Idee, hier einen ganz unchristlichen »Lustgarten« anlegen zu lassen. Der spätere Bischof Juraj Haulik ließ dann zwischen 1839 und 1843 diesen dann doch etwas realeren Park anlegen. Ein Spaziergang vorbei am Belvedere, einem Echopavillon, oder rund um die beiden künstlich angelegten Seen mit dem Wasserfall ist zu jeder Jahreszeit ein beeindruckendes Erlebnis. Zu dem Park gehört ein zoologischer Garten (tägl. 9-16 Uhr).

Kroatisches Nationaltheater 24
(Hrvatsko narodno kazalište)
Trg Maršala Tita 15, Zagreb
✆ (01) 4828-532, www.hnk.hr
Die Entwürfe für den 1894/95 errichteten Neorenaissancebau stammen von den Wiener Architekten Helmer und Fellner. An der Nordseite prunkt eine eindrucksvolle Fassade. Sehenswert auch der runde Lebensbrunnen mit einer bronzenen Figurengruppe von Ivan Meštrović in der Mittelachse. In den Sommermonaten keine Aufführungen.

Restaurant K pivovari
Ilica 222, Zagreb

REGION 1
Zagreb

Messen und Festivals

***Mai:** Internationale Wein- und Tourismusmesse, Internationale Gartenschau*
***Juni–August:** Zagreber Musiksommer, von Klassik bis zu Pop- und Rockkonzerten*
***Juni:** EUROKA, Festival der Avantgardetheater. Weltfestival des Zeichentrickfilms*
***Juli:** Internationale Folkloreschau*
***September:** Internationales Puppentheaterfestival*
Außerdem gibt es in der Zagreber Messe diverse Veranstaltungen. Auskunft unter ✆ (01) 2394-111.

✆ (01) 3751-808
Traditionsreiches und beliebtes Bierhaus (Ožujsko-Brauerei) und Restaurant (seit 1893) mit Terrasse. Zagreber und phantasievolle internationale Küche und natürlich auch Meeresfrüchte.

Restaurant Kerempuh
Kaptol 3, Zagreb
✆ (01) 4819-000
Von der Terrasse guter Blick auf Dolac, sehr gute Küche.

Restaurant Kaptolska klet
Kaptol 5, Zagreb
✆ (01) 4814-838
Altes gemütliches Bierhaus mit Stuckdecke und massiver Holzeinrichtung, hinter dem Haus schattige Terrasse. Preiswerte Zagreber-Zagorje-Küche.

Restaurant Baltazar
Nova Vez 4, Zagreb
✆ (01) 4666-824
Rustikal eingerichtetes Lokal mit bester Zagreber Spezialitätenküche und hervorragendem Service.

Restaurant Stari Puntijar
Gračanska cesta 65, Zagreb
✆ (01) 4675-600
Traditionsreiches Lokal seit 1838, die gute Zagreber Küche erhielt schon viele Auszeichnungen. Im Innenraum dominieren massive rote Stilmöbel; Vinothek.

Restaurant Hrvatski kulturni klub (im Museum für Kunsthandwerk)
Trg Maršala Tita 10, Zagreb
✆ (01) 4828-084
Stilvoller, freundlicher Raum mit schönen Gemälden. Es gibt Fleisch- und Fischgerichte und Zagreber Küche. Mit Terrasse.

Restaurant LR
Palmotićeva 13, Zagreb
✆ (01) 4810-334
Beeindruckendes Gewölbe in Ziegelbauweise, mit alten Lüstern. Die Spezialitätenküche heimste schon viele Auszeichnungen ein.

Gradska Kavana
Trg bana Josipa Jelačića 9
Zagreb
Tägl. 9–23 Uhr
Mitten im Geschehen liegt dieses auf drei Ebenen sich ausdehnende Caféhaus mit Pianomusik.

Kavana Dubrovnik
Ljudevita Gaja 1, Zagreb (Eingang vom Trg bana Josipa Jelačića)
Tägl. 7–23 Uhr
Gehört zum gleichnamigen Hotel. Sehen und gesehen werden ist hier die Devise, also nichts wie hin.

Café-Bar Hemingway
Tuškanac 1, Zagreb
Tägl. 8–2 Uhr
Wunderbare Musik und beste Cocktails.

Café-Bar Papaya
Schlosserove 2, Zagreb
Mo–Fr 8–2, Sa/So 8–4 Uhr
Super-Musik, Super-Stimmung, tolle Räumlichkeiten und gute Cocktails. Donnerstags After-Work-Partys.

Café-Bar Khala
Nova Ves 11, Zagreb
Tägl. 10–2 Uhr
Asiatisches Flair, Cocktails.

Café-Bar Paleo
Hebrangova 7a, Zagreb
Mo–Fr 8–2, Sa 8–4, So 17–2 Uhr
Trendige Musik, neben Kaffee und Cocktails ein Schokoladenpalast (etliches mit und aus Kakao).

B.P. Club
Nikole Tesle 7, Zagreb
Tägl. 17–1 Uhr
Beliebter Jazzclub mit Livebands.

Sax
Palmotićeva 22, Zagreb
Tägl. 9–4 Uhr
Jazz, Folk, Rock, Blues, Pop – beliebter Platz mit Livemusik.

Techno-Disko Best
Horvaćanski zavoj bb, Zagreb
Tägl. 22–4 Uhr
Hier kommen Techno-Freunde auf ihre Kosten.

Diskothek Aquarius
Matije Ljubeka bb, Zagreb
Tägl. 20–4 Uhr

Beliebteste Diskothek der Stadt.

Diskothek Papilon
Veslačka bb, Zagreb
Tägl. 22–4 Uhr
Immer gut gefüllt und ebenfalls sehr beliebt. Im Sommer kann man draußen sitzen.

Club Casino Vega
Draškovićeva 43, Zagreb (im Hotel Sheraton)
Tägl. 20–7 Uhr
American Roulette, Elektronik-Roulette, Black Jack, Caribbean Stud Poker, Spielautomaten, Nightclub Vega.

Ausflüge in die Umgebung:

Zagreb ist berühmt für seinen außerordentlichen Charme und sein gut erhaltenes geschichtliches Erbe. Das Zagreber Umland steht dem in keiner Weise nach. Reiches Kulturgut und landschaftliche Schönheit bieten eine Fülle von Ausflugsmöglichkeiten.

Die Hügel des nördlichen Gebirgszugs und **Naturparks Medvednica** mit dichten Buchen-, Eichen-, Kastanien- und Tannenwäldern reichen bis fast in die Stadt. Das beliebte Ausflugsgebiet der Zagreber bietet viele Wanderwege, die mittelalterliche Burganlage Medvedgrad und den Gipfel Sljeme (1035 m), Kroatiens größtes Skizentrum. Zahlreiche Höhlen, Schluchten und Wasserfälle machen den Park zu einem attraktiven und vor allem erholsamen Kontrastprogramm zur Metropole. Wem der Aufstieg auf dem Gipfel zu anstrengend ist, der kann alternativ die Drahtseilbahn nehmen, deren Talstation am Rande Zagrebs liegt (stündlich 8–20 Uhr, einfach 1,50 €, Rückfahrkarte 2,30 €).

Ebenfalls ein beliebtes Wochenendziel der Zagreber ist der bergige, waldreiche und von Schluchten durchzogene **Naturpark Žumberak-Samoborske gorje**. Zur Zeit des Heurigen besonders beliebt die alte Weinstadt **Samobor**; zudem locken die Ritterburg Ozalj der Adelsgeschlechter Frankopan und Zrinski oder der Fluss **Kupa** zum Kajak- oder Bootsfahren. **Crna Mlaka** ist mit seinem Sumpf- und Seengebiet ein Reservat für bedrohte Sumpfvogelarten. **Kumrovec** (55 km nördlich), am ruhigen, zum Angeln einladenden Fluss Sutla gelegen, ist der Geburtsort des langjährigen jugoslawischen Staatspräsidenten Tito. Sein Geburtshaus sowie weitere Häuser im Ort wurden zu einem Freilichtmuseum eingerichtet.

Weinliebhabern sei der 70 km südöstlich von Zagreb gelegene Ort **Kutina** im Gebiet Moslavina empfohlen.

Zagorje
Etwa 40 Kilometer nördlich von Zagreb stößt man auf das Bauernland **Zagorje**: sanfte Hügel, Wiesen, Weiden, Felder, kleine Waldabschnitte, Obstgärten, Weinberge und Brachland mit Wildblumen. Die Landschaft mit den Zwiebelhauben-Kirchtürmen, den weißen Türmen zahlreicher alter Schlösser und den Holzhäusern erinnert stark an Österreich, wie auch die Küche Zagorjes.

In diesem malerischen Ambiente ließ sich der Dichter Mihanović zur kroatischen Nationalhymne »Unser schönes Vaterland« inspirieren. Die Landschaft Zagorje ist mit mildem Klima gesegnet, und es gibt daher eine Reihe altbekannter Kurorte mit heilsamen Thermalquellen: u. a. Tuheljske Toplice, Krapinske Toplice, Sutinske Toplice, Stubičke Toplice.

Eine sehenswerte Stadt in der Region Zagorje ist **Varaždin**, bei Operettenfreunden bekannt aus »Gräfin Mariza«. Der Altstadtkern hat prunkvolle Barockbauten und prächtige Kirchen und Paläste, eine sehenswerte Renaissanceburg und Friedhof; zudem der nahe Kurort Varaždinske Toplice, bekannt für seine heilenden Schwefelquellen.

Überhaupt ist die Umgebung von Varaždin geprägt von Schlössern, Burgen und Kirchen: Im Westen, nahe der Grenze, steht idyllisch im Park oberhalb eines Sees eines der schönsten kroatischen Schlösser, **Trakošćan**. Ein weiteres Juwel ist die alte Festung **Veliki Tabor** aus dem 15./16. Jh. bei Krapina.

Südöstlich von Zagreb erstreckt sich entlang der Save der ca. 500 km² große Naturpark Lonjsko polje, das größte mitteleuropäische Schwemmlandgebiet, umgeben von uralten Eichenwäldern. Zahlreiche Störche, Wildenten, Reiher und andere Vögel haben hier ihre Brutplätze. Reizvoll sind auch die Dörfer mit den Storchennestern auf den Dächern.

Istrien

Trüffeln und andere Genüsse

Die fast dreitausend Quadratkilometer große Halbinsel Istrien erstreckt sich geographisch vom Golf von Triest und vom slowenischen Karstplateau bis zum Kvarner-Golf. Den östlichen Abschluss bilden die längs verlaufende Hügelkette Ćigarija, bis auf knapp 1300 Meter im Süden ansteigend, sowie das Učka-Gebirge, 1400 Meter, das Istrien vom Kvarner-Raum trennt. Der nordwestliche Teil der Halbinsel, ein Küstenstreifen von 46 Kilometer Länge und etwas Hinterland, in der Höhe von Dragonja bis etwas nördlich von Rupa, gehört zu Slowenien.

REGION 2
Istrien

Wehhaftes Oprtalj

Die zweisprachige Halbinsel verführt den Reisenden mit ihrem besonderen Charme. Venezianisch geprägte mittelalterliche Städte, Trutzburgen auf karstig weißen Hügeln im Hinterland, Mischwälder und Zypressen – Istrien ist eine Insel der Widersprüchlichkeiten. Erholung pur bieten herrliche Badebuchten an Kies- und Felsenküsten, die Jachthäfen laden eher zur luxuriösen Entspannung. Wer aber nicht nur faulenzen will, kann aus einem großen Sportangebot etwas für sich auswählen: Hinabtauchen ins glasklare Wasser mit einer Sicht bis zu 15 Meter Tiefe, einer reichen Unterwasserfauna und Eintauchen in die Vergangenheit zu alten Wracks von Handelsschiffen. Gute Surfwinde und auch Regatten gibt es um die Halbinsel Kamenjak. Die Hügelkette Ćigarija und der Naturpark Učka sind hervorragende Klettergebiete, bieten gute Abflugrampen für Paraglider und sind herrliche Wandergebiete mit Weitblick.

Ein Tipp für Biker: Über extra ausgewiesene Straßen und Wege lässt sich die Halbinsel besonders schön entdecken.

Das Angebot an Unterkünften ist groß: Hotels, Pensionen, Leuchttürme und Autocamps. Naturisten sind hier ebenfalls bestens aufgehoben, es gibt zahlreiche FKK-Anlagen, u. a. eine der größten Europas, die 100 Hektar große Campinganlage Koversada bei Vrsar. Im Inland kann man sich in kleinen schmucken Landhotels verwöhnen lassen oder den immer beliebteren Agrotourismus – Urlaub auf dem Bauernhof – und dazu gleich die frischen Produkte auf dem Teller oder im Glas genießen. Gefragt sind bei den Urlaubern auch die vielen Hotels mit Wellness- und Beautybereichen, die dem Zahn der Zeit etwas entgegenwirken.

Für Abwechslung sorgt ein reichhaltiges Kunst- und Kulturprogramm: Überall auf der Halbinsel finden Konzerte, Theateraufführungen und Ausstellungen statt. Außerdem begleitet die über zweitausendjährige Geschichte den Besucher auf

Wunderschöne Mosaiken in der Euphrasius-Basilika in Poreč, die auf der UNESCO-Liste des Welterbes steht

Schritt und Tritt. In den zahlreichen verschiedenen Museen können wir sogar in eine Zeit von vor 7 000 Jahren eintauchen. Die Euphrasius-Basilika von Poreč wurde in die UNESCO-Weltkulturerbe-Liste aufgenommen, die Brioni-Inseln wurden als Nationalpark ausgewiesen, der Limski-Fjord und die schöne Halbinsel Kamenjak sind Naturschutzgebiete.

Den Abschluss eines erlebnisreichen Tages bildet ein Besuch in einer der gemütlichen Konobas. Istrien ist bekannt für Gaumengenüsse: Da sind der leckere Karstschinken, *prsut*, die kostbare weiße und auch die gängigere schwarze Trüffel, *tartuf*, die viele Gerichte und Nachspeisen verfeinert. Bekannt ist die Halbinsel auch für saftige Muscheln und Austern aus dem Limski-Fjord, für gute Weine wie weißen Malvazija oder roten Teran und natürlich Oliven – schon die Römer priesen das istrische Olivenöl.

Informationen für Istrien: www.istra.com

Istrien in Zahlen

Istrien ist mit 2 820 km^2 die größte kroatische Halbinsel in der Adria. Hier leben rund 200 000 Einwohner, das Klima ist mediterran. Pazin ist Verwaltungssitz, Pula mit 80 000 Einwohnern die größte Stadt. Der Tourismus bildet die wichtigste Einnahmequelle. Die bekanntesten Touristenorte sind Poreč, Umag, Novigrad, Rovinj, Pula, Medulin und Rabac. Istrien ist zweisprachig – Straßen-, Ortsschilder und behördliche Informationen sind in kroatischer und italienischer Sprache gehalten, ebenfalls Fernsehen und Radio. Die istrische Bevölkerung setzt sich überwiegend aus Kroaten, Italienern und Slowenen zusammen. 2 300 000 Besucher und Gäste verschiedener Nationalitäten (mit über 16 000 000 Übernachtungen) kommen jährlich, meistens in den Sommermonaten, dazu.

1 Labin (Albona)

Malerische mittelalterliche Stadt hoch oben, gut befestigt durch Bastionen und Stadtmauer, mit prachtvollen Häusern und Palästen. Um Labin herum wird seit Jahrhunderten Steinkohle abgebaut. Der zu Wittenberg und Straßburg lehrende Reformator Mathias Flacius Illyricus (1520–1575) wurde hier geboren, und hier wurde die Labiner Republik durch die Bergarbeiter ausgerufen, die auch maßgeblich an der Befreiung Istriens von der italienischen Okkupation beteiligt waren. Lohnend sind auf jeden Fall ein Rundgang durch das Städtchen, ein Besuch im Stadtmuseum und ein Blick vom 30 Meter hohen Glockenturm in die Umgebung. Wer gern nascht, sollte unbedingt die *krafi* in einem der Restaurants probieren. Wer sich für Kunst interessiert, sollte zum **Skulpturenpark** nach **Dubrova** fahren. Und wer entspannen möchte, fährt hinab nach **Rabac** ans Meer zum Baden.

Labinski krafi
Ein Naschwerk aus dieser Gegend: Eine Art Strudelteig mit einer Füllung aus Nüssen, Rosinen und manchmal Quark und Äpfeln; dies alles wird gekocht und mit Vanilleeis oder Sahne garniert. Die Kreationen der Köche sind vielfältig.

Service & Tipps:

Touristeninformation Labin (auch für Rabac)
Aldo negri 20 (kurz nach Altstadtabzweig), 52220 Labin
✆/Fax (052) 855-560
www.istra.com/rabac

Stadtmuseum
Im rot leuchtenden Palast Battiala-Lazzarini, erbaut im 17./18. Jh.
Mo–Fr, So 10–14 und 15–19, Sa 10–13 Uhr
Zu sehen ist eine archäologische Sammlung, Sammlung für Stadtgeschichte und Befreiungskampf; faszinierend ist vor allem der begehbare alte Stollen.

Restaurant Kvarner
Šet. San Marco bb, Labin
✆ (052) 852-336
Man sitzt sehr schön auf der großen Terrasse an der Stadtmauer, hier kann man die leckeren *krafi* essen und natürlich die gesamte istrische Essenspalette ausprobieren: von Nudeln mit Trüffeln bis Seefisch.

Restaurant Ferali
Šrmac bb
✆ (052) 851-840
Ca. 3 km in Richtung Opatija im Ort

Das mittelalterliche Labin

Auf gut markierten Fahrradwegen lässt sich die Region erkunden

Šrmac direkt an der Hauptstraße, mit großer Terrasse. Hier gibt es beste istrische Küche wie Gnocchi, *fuži*, Wildspargel, Trüffelgerichte, Wild, Fleisch, Fisch und natürlich *krafi*.

Velo Café
Titov trg, Labin
Ein altes Stadtcafé mit großer offener Terrasse und überdachten Sitzplätzen; hier hat man einen guten Überblick über das Geschehen. Außer Kaffee gibt es auch Snacks, Pizza, Fleisch- und Fischgerichte.

Skulpturenpark Dubrova
2 km in Richtung Opatija
Von August bis Mitte September arbeiten internationale Bildhauer auf dem riesigen Gelände. Es gibt auch ein kleines Amphitheater, in dem Konzerte abgehalten werden. Wer Hunger hat, geht ins schöne Restaurant Dubrova.

Von Labin aus gibt es eine Reihe schön angelegter und markierter **Fahrradwege**. Info und Karte über die Touristeninformation.

Am dritten Sonntag im August sollte man nach **Barban** fahren, 16 km südlich in Richtung Pula, ebenfalls ein uralter Ort, in dem das Ringelstechen *Trka na prstenac*, ein Reiterspiel ähnlich dem in Sinj, Dalmatien, stattfindet.

Ausflüge in die Umgebung:

Unterhalb der Altstadt Labin liegt der **Badeort Rabac** (s. S. 46) an einer großen geschützten Bucht, in der viele Boote ankern. Ein schöner Ausflug bietet sich zur südwestlich von Labin gelegenen Halbinsel **Halbinsel Koromačno** an. Sie ist kaum besiedelt, es gibt lediglich einige einfache Campingplätze. Die Strecke ist besonders für Motorradfahrer ein Genuss. Lohnende Ziele sind der ca. 25 Kilometer entfernte mittelalterliche Ort **Kršan (Chersano)**, das auf einem Hügel erbaute **Pićan (Pedena)** und das uralte **Gračišće (Gallignana)**. Ebenso beeindruckend sind der **Plomin-Fjord** und der alte Ort **Plomin (Fianona)**, ca. 10 Kilometer in Richtung Opatija. Hier steht die romanische Georgskirche (11. Jh.) der alten Siedlung Flanona, an der sich eine der ältesten glagolitischen Inschriften Istriens befand, die *Plominski natpis*.

❷ Novigrad (Cittanova)

Hübsches mittelalterliches Städtchen mit Jachthafen auf einer Halbinsel nahe der Mirna-Mündung. Die Festlandsverbindung bekam Novigrad allerdings erst im 18. Jahrhundert, bis dahin lebten die Bewohner, vermutlich Flüchtlinge aus Emona (Ljubljana), auf einer Insel. Heute ist Novigrad mit seiner fast unversehrt gebliebenen Stadtmauer ein eher ruhiger und beschaulicher Urlaubsort. Sehenswert sind die romanische **Basilika** mit einer dreischiffigen Krypta und einem Sarkophag aus dem 12. Jahrhundert sowie gleich alte und etwas jüngere Steindenkmäler. Es gibt einige Hotels und außerhalb der Stadt Ferienanlagen und Campingplätze mit Sport- und Unterhaltungsangebot.

Novigrad ist ein guter Ausgangsort für Erkundungen des sehenswerten Hinterlands und des Mirna-Tals, am besten und sportlichsten natürlich mit dem Mountainbike; dabei empfiehlt sich ein Abstecher zu einem der zahlreichen Weingüter. Zudem gibt es geführte Wanderungen durch die hügelige **Buština**: von Buje über Grožnjan nach Buzet.

Wein im Mirna-Tal

Service & Tipps:

Touristeninformation Novigrad
Porporela 1 (beim Hafen)
52466 Novigrad
✆/Fax (052) 757-075
www.istra.com/novigrad

Stadtfest Sv. Pelagij am 28. August mit Musik und Essen

Music Nights
2–3 Tage Ende Juli/Anfang August; Blues und Jazz mit internationalen Interpreten.

Restaurant Damir & Ornella
Zidine 5, Novigrad
✆ (052) 758-134
Nur gegen Voranmeldung. Die Kochkünste der beiden zählen zu den besten Istriens und sind auf Fischspe-

Novigrad an der Mirna-Mündung

zialitäten ausgerichtet, vor allem auf Sushi. Sitzmöglichkeiten nur im Innern (mit Klimaanlage).

Konoba Čok
Sv. Antona 2, Novigrad
✆ (052) 757-643
Täglich zwei leckere Menüs mit Fisch oder Fleisch, je nach Saison und Fang oder Angebot an frischem Gemüse. Daneben natürlich auch Risottos, Pasta, Gnocchi, Muscheln, Hummer und verschiedene Fischgerichte; dazu ausgesuchte istrische Weine.

Konoba Astarea
Ronkova bb, Brtonigle (6 km nordöstlich von Novigrad)
✆ (052) 774-384
Leckere istrische Küche ohne Schnickschnack, auf dem Tisch stehen verschiedene Öle, danach natürlich Grappa; zum Essen locken Gerichte aus der Peka; Fisch, Fleisch, Gnocchi, Pasta und zu allem süffiger Wein. Verglaste Veranda und Innenraum mit großem Kamin.

Marina Novigrad
Civitas Nova d.o.o., Domovinskih Žrtava bb, Novigrad
✆ (052) 757-330
www.marinanovigrad.com
2005 wurde die Marina neu eröffnet. An sechs strahlenförmig auslaufenden Stegen sind nun 365 Liegeplätze im Wasser vorhanden (alle mit Strom- und Wasseranschluss) für Boote von bis zu 40 m Länge; 100 Stellplätze an Land, 80-t-Travellift, 20-t-Kran, Tankstelle gegenüber im alten Hafen, Reparaturservice. Zudem 5-Sterne-Hotel, Restaurants, Supermarkt.

Diskothek Otro Mundo
1 km in Richtung Umag
Großer Tanztempel.

Ausflüge ins Mirna-Tal:

Das Mirna-Tal erstreckt sich von der Mündung des Flusses bei Novigrad rund 40 Kilometer landeinwärts und endet hinter Buzet. Hügelig ist die Landschaft zu beiden Seiten, und es gibt schöne mittelalterliche Trutzburgen wie **Motovun**, **Oprtalj**, das Musikerstädtchen **Grožnjan**, die Trüffelorte **Buzet** und **Livade** und den Kurort **Istarske Toplice**.

Motovun (Montona)
Hoch über dem Mirna-Tal wurde das sehenswerte Städtchen erbaut. Im 10./11. Jahrhundert gehörte es dem Bischof von Poreč. Die Venezianer kamen 1278 und sorgten mit den wuchtigen Stadtmauern und dem Stadttor dafür, dass Motovun nie erobert wurde. Etwas tiefer wurde die Neustadt errichtet und zwischen dem 14. und dem 17. Jahrhundert ebenfalls mit schützenden Mauern umgeben. Heute ist Motovun in der ersten

Augustwoche Treffpunkt der Cineasten, dann finden auf Freilichtbühnen im Ort die internationalen Filmfestspiele statt.

Konoba pod Voltum
Motovun
Mob.-✆ (099) 681-923
Das Lokal ist ein Tartufo-vero-Mitgliedsrestaurant, was für beste Qualität garantiert. Trüffelgerichte und gute Weine.

Oprtalj (Portole)
Hübsches Örtchen mit gut erhaltener Stadtmauer mit der Kirche Sv. Juraj. Ihr Inneres zieren Gemälde und Altäre aus dem 16. bis 18. Jahrhundert. An Feierlichkeiten ist in ganz Istrien das Trüffelfest (mit schwarzen Trüffeln) bekannt. Am zweiten Juliwochenende gibt es hier ein riesiges Omelett, bestehend aus 1 000 Eiern und schwarzer Trüffel, dazu Konzerte mit dem Akkordeon, zudem Fleischgerichte mit Trüffeln, und auch der istrische Wein von bekannten Winzern fließt reichlich.

Grožnjan (Grisignana)
Der einstige Verwaltungssitz dieser Region mit seinen hübschen blumen-

Blick auf Motovun

verzierten und verwinkelten Gassen beherbergt im Sommer die internationale Musikjugend und bietet ein großes Musikprogramm. Zudem leben hier viele Künstler, die ihre Werke in zahlreichen kleinen Galerien ausstellen.

Konoba Bastia
1 Svibnja 1, Grožnjan
✆ (052) 776-370
Mitten im Ort unter mächtigen Bäumen eine große Terrasse mit Fernblick über die hügelige Landschaft; oder man sitzt im blumengeschmückten Innenhof. Istrische Küche, Scampi, frische Seefische, gute Weine.

Buzet (Pinguente)
Trutzig liegt die Altstadt auf einem Hügel, von Befestigungsmauern umgeben, am Ende des Mirna-Tales. Schon die Römer hatten hier unterhalb der Hügelkette Ćigarija ihre Siedlung Pinguentum.

Malerischer Altstadt-Balkon in Motovun

Heute ist Buzet ein wichtiger Verkehrsknotenpunkt und »Stadt der Trüffeln«, denn in der Umgebung wachsen die begehrten weißen oder schwarzen Pilze. Trüffelgerichte gibt es natürlich in allen Restaurants. Jährlich findet am zweiten Wochenende im September auch ein großes Trüffelfest statt, und dann gibt es unten in der Neustadt ein überdimensional großes Trüffelomelett – im Jahr 2004 mit 2004 Eiern und 10 kg Trüffeln zubereitet.

In der gemütlichen kleinen Altstadt findet man einen Barockbrunnen. Sehenswert ist das **Heimatmuseum von Buzet** (Trg rašporskih kapetana 1, Mo–Fr 8–11 Uhr) mit archäologischer, historischer und ethnographischer Abteilung.

Gostiona Toklarija
Sovinjsko Polje 11, Buzet; ca. 6 km südlich von Buzet
✆ (052) 663-031
Hervorragende istrische Küche, natürlich mit Trüffeln; Spezialitäten sind Wildspargel- und Wildgerichte.

Livade (Levade)
Ein kleiner Ort, umgeben von feuchten Mischwäldern und bekannt wegen Hr. Zigante, dem Trüffelkönig, der 1999 hier in der Gegend seinen 1,31-kg-Fund von weißer Trüffel machte und damit ins Guinness-Buch der Rekorde einging. Es gibt hier ein Gourmet-Restaurant und Delikatessengeschäft. Von hier aus wurde die Trüffel populär – inzwischen gibt es in ganz Istrien Trüffelrestaurants und viele Trüffelläden.

Konserviert und verarbeitet wird die Trüffel in der kleinen Familienfabrik CEA-Trade d.o.o. in Plovanija bei Buje. Im Oktober findet in Livade jeden Samstag eine Agrarmesse mit Trüffelprodukten, aber auch Honig, Wein, landwirtschaftlichen Maschinen usw. statt; an den Sonntagen gibt es Trüffelgerichte und die Prämierung des größten Trüffelfunds.

Restaurant Enoteka & Zigante Tartufi
Livade 7
✆ (052) 664-302
Gourmetrestaurant, spezialisiert auf Trüffelgerichte. Saisonal werden die

unterschiedlichsten Trüffelarten mit frischen Produkten verarbeitet, ob mit Fisch oder Fleisch, Wildspargel, mit Gnocchi oder Pasta. Zudem wählen die geschulten Sommeliers zu den Speisen die edelsten Tropfen aus. Für eine kleine Zwischenmahlzeit mittags lockt die K & k Symphonie; neugierig – dann nichts wie hin.

Istarske Toplice
Hier ist Istriens einziges Thermalbad, und hier kurten schon die Römer. Die heilsamen Schwefel- und Thermalbäder lindern rheumatische Beschwerden, chronische Entzündungen der oberen Atemwege und auch Schäden an der Wirbelsäule. Info unter www.istarkske-toplice.hr.

Delikatesse: Schwarzer Trüffel

Trüffelläden

In diesen gut sortierten Delikatessengeschäften (Trgovina) erhält man je nach Saison frische weiße oder schwarze Trüffeln und sämtliche weitere Produkte mit Trüffeln, die in der Fabrik CEA-Trade d.o.o. in Plovanija bei Buje hergestellt werden: eingelegte und auch tiefgefrorene schwarze oder weiße Trüffeln, eingelegte Trüffeln mit Oliven, Champignons oder Steinpilzen, Nudeln und Öl mit Trüffeln und natürlich Istriens beste Weine und Grappas. Inzwischen gibt es fast in jedem größeren Ort Trüffelläden. Geöffnet ganzjährig tägl. 9–19 Uhr. Zentrale: CEA-Trade, Portoroška 15, Plovanija, 52460 Buje, ✆ (052) 777-409, -410, www.zigantetartufi.com. Auch Vertrieb in München und Wien.
Buje: Trg J. B. Tita 12, ✆ (052) 772-125.
Buzet: Trg Fontana, ✆ (052) 663-340.
Livade: Livade 7, ✆ (052) 664-030.
Pula: Smareglina 7, ✆ (052) 214-855.
Umag: Hotel Umag, Punta bb, ✆ (052) 714-036.
In München: Bayernstr. 24, 80335 München, ✆ (089) 54 34 98 61, Vertrieb Leopoldstr. 236.
In Wien: IBZ Bienenhof, Kaiserstr. 33, 1070 Wien, ✆ (01) 523 53 74.

Trüffel (Tartuf)

Die Heimat der istrischen weißen Trüffel sind die Täler und feuchten Wälder um Motovun, Livade und Oprtalj und das Gebiet um Buzet – auch Stadt der Trüffeln genannt. Diese Trüffel ist weltbekannt, gibt es doch nur wenige Gebiete überhaupt, wo dieser begehrte, leicht stinkende Pilz vorkommt. Da die Trüffel nur unter der Erde wächst, suchen sie speziell auf diesen Geruch dressierte Hunde. Im Herbst, d. h. von Oktober bis Januar, wird nach der weißen Trüffel (*Tuber magnatum pico*) gesucht. Es gibt auch noch die schwarze Trüffel (*Tuber aestivum vitt*), von Mai bis Oktober reif, und ihre verschiedenen Unterarten (u. a. *Tuber ubicatum, Tuber melanosporum*), die von Januar bis Mai wachsen, von Gourmets allerdings nicht so geschätzt werden.

Die schwarze Trüffel wächst im Gegensatz zur weißen übrigens auf den Bergen und bis in die Gegend um Pazin. Gerichte mit frischen Trüffeln erkennt man an den hauchfein geschnittenen weißen oder schwarzen Scheiben. Mit Trüffeln angereicherte Speisen werden meist mit getrockneten und dann geriebenen Trüffeln versehen. Wer sich also im Sommer ein Trüffelgericht bestellt, kann sicher sein, schwarze Trüffeln zu erhalten. Ob ein Gericht frische oder getrocknete Trüffeln enthält, wirkt sich natürlich auch auf den Preis aus. Trüffel gibt es als Gerichte u. a. mit Fuži, Gnocchi, Spaghetti, Fisch, Fleisch, aber auch mit Süßspeisen, z. B. Mousse, Palatschinken oder Vanilleeis. In den unter dem Namen »Tartufo vero« zusammengeschlossenen Trüffelrestaurants kann man sicher sein, frische und gute Produkte zu erhalten.

❸ Poreč (Parenzo)

Die Geschichte der malerischen, auf einer kleinen Landzunge erbauten Stadt reicht bis ins Neolithikum; die Histrer bauten hier ihren ersten geschützten Hafen. Wegen der strategisch günstigen Lage an der römischen Heerstraße zwischen Aquileia und Pula wurde hier ein Heeresstützpunkt erbaut, der Handel florierte und die Einwohnerzahl wuchs. Cäsar erhob das damalige *Parentium* zum *Municipium*, und Kaiser Tiberius verlieh ihm den Ehrentitel *Colonia Julia Parentium*. Noch heute erinnern die Straßennamen Decumanus und Cardo Maximus an diese Zeit.

Bedeutendstes Baudenkmal von Poreč ist die beeindruckende **Euphrasius-Basilika**, die 1998 in die UNESCO-Liste des Weltkulturerbes aufgenommen wurde. Poreč ist eine Stadt zum Bummeln – es gibt sehenswerte Gassen, aber auch nette Boutiquen und Galerien. Immer wieder kann man hübsche Winkel und Fassaden entdecken und auf einem der schön gestalteten

Mosaike in der Euphrasius-Basilika in Poreč

Plätze Halt machen, wie zum Beispiel am **Trg Marafor**, wo schon die Römer Tempel errichteten. Die Plätze laden mit ihren verschiedenen Cafébars tagsüber zu Kaffee oder Eiscreme ein, abends kann man bei Musik auf einen Cocktail oder ein Glas hiesigen Wein einkehren. Poreč beschert dem Gast auch im Herbst nette Gemütlichkeit, zumal noch viele Lokalitäten und Hotels geöffnet haben; im Hochsommer wird es dagegen schon manchmal ganz schön eng in den kleinen Gassen.

In Sichtweite der Stadt liegt die Bade- und Hotelinsel **Sv. Nikola**, zu der man mit dem Taxiboot in wenigen Minuten gelangt und sich von der Besichtigungstour erholen kann. Die Schönheit der Poreština, der Umgebung von Poreč, mit all ihren kleinen Orten kann man mit dem Mountainbike auf ausgewiesenen Fahrradwegen erkunden. Zudem gibt es eine Weinstraße mit etlichen guten Winzern. Nautikern stehen gleich drei Marinas zur Verfügung.

Die Stadt zählt zu den bekanntesten und ältesten Touristenorten Istriens. Inzwischen sind es fast fünf Millionen Gäste jährlich, die Poreč und seine Umgebung besuchen. An der fast 20 Kilometer langen Riviera befinden sich die großen Ferienkomplexe, die so komfortabel sind, dass einige Urlauber kaum einen Schritt nach draußen tun. Trotz der Menschenmassen ist die Wasserqualität bestens, 19 mal weht hier die begehrte »Blaue Fahne«.

Service & Tipps:

Touristeninformation Poreč
TIC, Zagrebačka 11, 52440 Poreč
✆ (052) 451-458/293
Fax (052) 451-665
www.istra.com/Porec

Klassische Konzerte in der Basilika, zweimal wöchentlich Juni-Sept.; **Jazzkonzerte** gibt es im Juli/Aug. im Lapidarium des Museums.

International Club in Zelena laguna (6 km südlich) mit Diskothek und Casino. **Diskothek Capitol** in der Altstadt.

Euphrasius-Basilika
Im Sommer tägl. 7-20 Uhr, während des Gottesdienstes keine Besichtigungen. Besuch von Mosaiksammlung, Lapidarium und Kirchturm kostenpflichtig.
Bedeutendes Werk spätantiker und frühbyzantinischer Baukunst (4.-6. Jh.), nach dem Bauherrn benannt. Die Basilika wurde auf Grundsteinen früherer Basiliken errichtet, die sich nur noch im Mosaikboden zeigen. Zu besichtigen sind neben den Mosaiken aus dem 4. Jh. das Atrium mit byzantinischen Säulen, das Lapidarium, das Baptisterium und das angebaute bischöfliche Palais. Ein Aufstieg auf den Turm belohnt mit herrlichem Ausblick über die Stadt.

Heimatmuseum der Poreština
Decumanus 9, Poreč
Im Sommer tägl. 10-13 und 18-22 Uhr, Eintrittsgebühr
Das älteste istrische Museum ist im Barockpalast Sinčić untergebracht und zeigt im Lapidarium 2 000 Exponate von Ausgrabungen in der Gegend um Poreč.

Aquarium
F. Glavinića 4, Poreč
✆ (052) 428-720
April-Okt. 9-21, Nov.-März 10-17 Uhr
In 24 Aquarien unterschiedlicher Größe kann man die in der Adria lebenden Fische, Krebse, Langusten usw. beobachten.

Jama Baredine
Nova vas, Poreč
✆ (052) 421-333
Juli/Aug. 9.30-19, Mai/Juni, Sept. 10-17, April, Okt. 10-16, Nov./Dez. 10-12 Uhr, Führung 40 Min., gutes Schuhwerk empfehlenswert, Eintrittsgebühr 5 €
Diese Tropfsteinhöhle wurde erst 1995 von Höhlenforschern aus Poreč entdeckt und geht in fünf Sälen 135 m tief hinab zu einem kleinen See (mit Grottenolm). Hier finden sich bizarre

Ausschnitt eines Mosaiks auf Goldgrund in der Euphrasius-Basilika

rote und weiße Formen von Stalagmiten und Stalaktiten.

Insel Sv. Nikola
Die bewaldete Insel liegt in Sichtweite von Poreč. Es gibt zwei komfortable Hotels. Das Taxiboot pendelt bis spätabends; zum Baden findet man Kiesstrand und schöne Felsküste.

Konoba Kvartin
Humska 14, Poreč-Vraniči
✆ (052) 438-364
Familiäres Lokal, innen gemütlich mit alten bäuerlichen Gerätschaften ausgestattet, im Freien sitzt man überdacht oder im Grünen. Istrisches Essen wie *fuži*, *manestra*, Beefsteak mit Trüffeln, Spanferkel und Fischgerichte.

Dvi Mure
Groznjanska 17, Poreč
✆ (052) 434-115
Spezialitäten des Hauses sind frische Fische in Salzlake oder gebacken, Hummer und Langusten, Pasta mit Trüffeln sowie Beefsteak, dazu süffige Weine und als Nachspeise z. B. Tiramisú.

Restaurant Hrast
Nikole Tesle 13, Poreč
✆ (052) 432-138
Nördlich, gegenüber der Altstadt am Meer; schöne Sonnenuntergänge bei Gitarrenmusik auf der Terrasse. Preiswerte, gute istrische Küche aus dem Familienbetrieb. Spezialitäten sind Fischgerichte.

Cafebar Rotondo
Kurz vor Narodni trg, Poreč

Altstadtgässchen in Poreč

Weingüter

Einer der bekanntesten Winzer in dieser Region ist sicherlich Elido Pilato, seinen Wein findet man in vielen Restaurants und Feinkostgeschäften in ganz Kroatien; Privatkauf in kleinen Mengen ist allerdings direkt nicht möglich. Nur organisierte Führungen. Vrh Lašići 16, Višinada, ✆ (052) 446-281.

Sonstige empfohlene Weingüter:
Frank Arman, Narduči 5, Vižinada, ✆ (052) 446-226.
Marijan Arman, Narduči 3, Vižinada, ✆ (052) 446-229.
Peter Poletti, Markovac 14, Višnjan, ✆ (052) 449-251.
Franko Radovan, Radovani 14, Višnjan, ✆ (052) 462-166.
Ivica Matošević, Krunčići 2, Sv. Lovreč, Mob.-✆ (098) 367-339.

Ganz oben im runden Turm kann man genüsslich bei einem Cocktail Sterne zählen.

Am **Trg Marafor** reihen sich schöne Cafés und Cocktailbars mit guter Musik für die lauschigen Nächte.

Jachthäfen

– **Marina Poreč**, südlich vom Stadthafen (Turističko šetalište 9, ✆ 052/451-913), 120 Liegeplätze im Wasser, 15 Stellplätze an Land; Sanitäranlagen, Servicewerkstatt, 5-t-Kran, Tankstelle. Ganzjährig geöffnet.

– **Marina Parentium**, in der Ferienanlage Zelena Laguna (6 km südlich), 200 Liegeplätze im Wasser, 50 Stellplätze an Land; Strom- und Wasseranschluss, Servicewerkstatt, Supermarkt, Restaurant, Ambulanz vom Hotel, 12-t-Travellift. Tankstelle 2 Seemeilen entfernt. Ganzjährig geöffnet.

– **Marina Červar Porat**, in der gleichnamigen Ferienanlage 6 km nördlich von Poreč. 200 Liegeplätze (3–25 m Länge) im Wasser, 50 Stellplätze an Land, mit allem ausgestattet wie Marina Parentium. Die Tankstelle ist zwei Seemeilen entfernt. Ganzjährig geöffnet.

Ausflüge bieten sich an ins **Mirna-Tal** mit sehenswerten Orten (s. S. 34). Diese Ausflüge kann man auch mit dem Zweirad machen, auf ausgeschilderten Bikewegen und -straßen; eine ausgeschilderte **Weinstraße** (Vinska Cesta Poreštine) gibt es auch.

4 Pula (Pola)

Bereits im Neolithikum war das Gebiet besiedelt. Unter Kaiser Augustus erlebte die Stadt ihre erste Blütezeit und wurde *Colonia Julia Pola Pollentia Herculanea* genannt; heute ist Pula mit seinen 80 000 Einwohnern kulturelles und wirtschaftliches Zentrum Istriens, eine Hafenstadt mit zahlreichen Werften und lebendige Touristenmetropole.

Südwestlich der Stadt in **Verudela** liegen die großen Hotels und Campingplätze, weiter nach Süden folgen die beliebten Feriensiedlungen **Medulin, Pomer, Premantura** und **Banjole** – Hotels, Appartements, Campingplätze, ein großes Sportangebot, Nachtleben, aber auch die Jachthäfen locken viele Besucher an.

Logo zur 3000-Jahr-Feier

Was einem sofort ins Auge fällt, sind die römischen Relikte überall – unübersehbar das **Amphitheater**, das Kaiser Vespasian als Gunstbeweis für seine Geliebte errichten ließ. Seine Ausmaße sind gigantisch: Der elliptische Bau ist 132 Meter lang, 105 Meter breit und 33 Meter hoch; früher bot er 23 000 Besuchern Platz. Das Volk sah sich blutrünstige Gladiatorenkämpfe an oder sogar Seeschlachtenspektakel in der gefluteten Arena. Heute können bis zu 12 000 Menschen in einer eher gedämpften und romantischen Atmosphäre Konzerte und Theateraufführungen genießen und ein Museum besuchen.

Beschaulichster Platz Pulas ist der **Forumsplatz** mit **Augustustempel** (2 v. Chr.–14 n. Chr.), **Dianatempel** (jetziges Aussehen 17. Jh.) und einladenden Cafés. Ein weiteres gut erhaltenes Relikt der imposanten Stadtgeschichte ist der **Triumphbogen der Sergier** (29–27 v. Chr.) am Ende der gleichnamigen Fußgängerzone.

Service & Tipps:

Touristeninformation Pula
TIC, Forum 3, 52100 Pula
✆ (052) 219-197, 212-987
Fax (052) 211-855
www.gradpula.com

Archäologisches Museum (Arheološki muzej istre)
Carrarina ulica 3, Pula
Mo–Sa 9–20, So 10–15 Uhr
Bedeutendstes istrisches Museum mit Funden der Histrer, der Römer und aus dem Mittelalter; gezeigt werden u. a. Grabausstattungen und -beigaben der Histrer, Byzantiner und Slawen; zudem Mosaike und viele Keramiken. Hinter diesem Museum kann man noch die Reste des kleinen römischen Theaters und das römische Doppeltor sehen.

Amphitheater
Im Hochsommer tägl. 8–20, sonst 8.30–16.30 Uhr
In den unterirdischen Gängen und Räumen findet die Dauerausstellung »Olivenzucht und Weinbau im antiken Istrien« statt.

Unübersehbar: das Amphitheater von Pula

Der Triumphbogen in Pula wurde im Auftrag der Familie Sergei 27–29 v.Chr. gebaut

Historisches Museum
Gradinski uspon 6, Pula
Hochsaison tägl. 9–19, ansonsten 9–18 Uhr
Hat seinen Sitz im venezianischen Kastell und dokumentiert neben der Geschichte Istriens vor allem den Schiffsbau.

Augustustempel (Augustov hram)
Forum, Pula
Mo–Fr 9–20, Sa/So 10–15 Uhr
Im Innern wird eine kleine Sammlung römischer Skulpturen gezeigt.

Kathedrale Sv. Marija
Trg Sv. Tome, Pula
Gegenüber vom Jachthafen steht das imposante Bauwerk aus dem 15. Jh., auf Resten eines Jupitertempels und einer Basilika erbaut. Sehenswert sind das Bodenmosaik aus dem 5. Jh. und der römische Sarkophag, der als Altar dient. Der angebaute Glockenturm stammt vom Ende des 17. Jh.

Franziskanerkloster und -kirche
Juli–Mitte Sept. 9–13 und 16–20 Uhr
Nördlich des Forums steht der Bau aus dem 14. Jh., der Franz von Assisi geweiht wurde, mit herrlichem Arkadengang.

Das Kircheninnere ziert ein hölzernes Polyptychon aus dem 15. Jh., im Kloster kann man ein mittelalterliches Lapidarium und Freskenkopien betrachen.

Marinefriedhof
Uskočka ulica, Pula
Südlich der Altstadt im Stadtteil Valkane kann man einen Spaziergang durch die beeindruckenden Gräber aus der K. u. k.-Zeit machen. Pula war Mitte des 19. Jh. wichtiger österreichischer Kriegshafen. Es entstand neben Villen und Kasernen auch der Friedhof, die schöne Marinekirche wurde von Kaiser Franz Joseph anlässlich seines 50-jährigen Thronjubiläums 1898 eingeweiht.

Tipp: Im Amphitheater finden im Sommer zahlreiche Veranstaltungen statt, u.a. Opernaufführungen, Konzerte und ein Filmfestival.

Aquarium
Fort Verudela bb
✆ (052) 381-402
Im Sommer tägl. 9–21, im Winter nur am Wochenende 11–17 Uhr
Der Sitz ist eine österreich-ungarische Festung aus dem Jahr 1886 auf der Halbinsel Verudela nahe dem Meer. In fünf Räumen (600 m^2) gibt es Meerwasserbecken mit Fauna und Flora der nördlichen Adria. Im offenen Becken leben u. a. Katzenhaie, die man fast hautnah erleben kann. 2004 wurde erstmals die »Blaue Schule« eingerichtet, auf einer 3-Stunden-Schiffstour werden anschaulich die Grundlagen der Meereskunde vermittelt.

Die Fußgängerzone von Pula

Milan
Stoja 4, Pula
✆ (052) 210-200
Stilvolles Hotel-Restaurant im Stadtteil Stoja, ganz im Zeichen der Olive. Man speist im Atrium, das um einen Olivenbaum herum erbaut ist; es gibt frische Fische, Krusten- und Schalentiere , auch leckere Fleischgerichte. Im Nebengebäude befindet sich ein Wintergarten mit Enoteca, das Treppengeländer ist aus einem Olivenbaumast gefertigt; eigene Olivenöl- und Essigherstellung.

Valsabbion
Pješčana uvala IX/26, Pula
✆ (052) 218-033
Das Gourmetrestaurant schlechthin, mit modernem Interieur in kräftigen Farben; von der in Weiß gehaltenen Terrasse Blick auf die Bucht Pješčana. Klangvolle Menünamen, eine große Auswahl und vielfältige Zubereitung von Krusten-, Schalentieren und Fischen, u. a. Seedrache in Weinblättern oder Carpaccio mit Trüffeln; ebenso groß ist die istrische und internationale Weinkarte. Das Küchenpersonal stellt sich auf Diabetiker und Allergiker ein.

Vela Nera
Pješčana uvala bb, Pula
✆ (052) 219-209
Schöne Terrasse oberhalb der Marina Veruda. Spezialitäten sind Fischgerichte und Meeresfrüchte und Nudeln mit Hummer.

Histria-Festival
Eine besondere Attraktion sind im Juli und August die Musik- und Theateraufführungen im Amphitheater mit grandioser Akustik; Ballett, Opern, Musicals und Konzerte von Klassik und Jazz bis Pop; gegeben wurden z. B. »Romeo und Julia«, »Giselle«,» Jesus Christ Superstar«, gesungen haben schon Sting, Joe Cocker, Placido Domingo, Julio Iglesias, Luciano Pavarotti. Kleinere Veranstaltungen in dieser Reihe finden auch im Römischen Theater

und Kastell statt. Reservierungen und Information über TIC.

Pula-Filmfestival
Mitte Juli findet an drei Orten (Amphitheater, Römisches Theater und Kastell) das Internationale Festival des europäischen Films statt.

Pulas **Nachtleben** beschränkt sich momentan auf Cafés am Forum, z. B. Cvajner, oder Diskothek Monte Serpente im Stadtteil Monteserpo, zudem Nachtclub und Casino im Hotel Histria.

ACI Marina Pula
✆ (052) 219-142
www.aci-club.hr
In Sichtweite des Amphitheaters in der Altstadt. 200 Liegeplätze im Wasser, 80 Stellplätze an Land, mit Strom- und Wasseranschluss; Sanitäranlagen, Restaurant, Servicewerkstatt, 10-t-Travellift, Tankstelle. Ganzjährig geöffnet.

Marina Veruda
✆ (052) 224-034
www.marveruda.com
Im Süden Pulas in der gleichnamigen geschützten Bucht gelegen. 630 Liegeplätze (bis 35 m) im Wasser, 250 Stellplätze an Land, mit Strom- und Wasseranschluss; Sanitäranlagen, Supermarkt, Servicewerkstatt und 15-t-Kran, Tankstelle. Sehr gute Restaurants in und um die Marina. Ganzjährig geöffnet.

Ausflüge in die Umgebung:

An Ausflugszielen hat Pula einiges zu bieten: im Norden die zum Nationalpark erklärte Inselgruppe **Brijuni** mit idyllischem Jachthafen und die Ausgrabungsstätte **Nesactium** und im Süden die Ferienorte **Medulin, Premantura, Banjole**, die natürlich auch zum längeren Verweilen einladen.

Das Örtchen **Pomer** ist mehr bei Bootsbesitzern bekannt, aufgrund der schönen Marina. Nur Medulin hat Hotels und bietet ein großes Sport- und Unterhaltungsprogramm, ansonsten nächtigt man in Pensionen oder Appartements. Für Campingfreunde gibt es in allen Orten eine Vielzahl schöner Plätze mit Tauch- und Surfbasen.

Das Badeparadies schlechthin ist die Halbinsel **Kamenjak** mit ihrer zerklüfteten Küste und endlosen Kieselstränden. Auch für Mountainbiker sind die Halbinsel sowie das Hinterland von Pula ein herrliches Revier.

Brijuni-Inseln
Besucht wird von diesem zum Nationalpark erklärten Archipel lediglich die Hauptinsel Veli Brijun, einst Sommersitz des jugoslawischen Staatschefs Tito. Zu sehen gibt es auf der »Insel des Friedens« ein Museum, die Ausgrabungsstätte des byzantinischen Castrums, Überreste imposanter römischer Villen und den großen Freilandzoo mit Giraffen, Mufflons und Pfauen. Durch den mit vielen exotischen und einheimischen Pflanzen bewachsenen großen Park kann man sich mit einem Mini-Eisenbähnchen fahren lassen.

Die Inseln können als Tagesausflüge gebucht werden, oder man mietet sich über Nacht in einem der luxuriösen Hotels ein und lauscht abends dem Gesang der 200 hier heimischen Vogelarten.
Information unter www.np-brijuni.hr.

Nescactium
Die antike Ausgrabungsstätte liegt ca. 10 km östlich von Pula. Nescactium war die Hauptstadt der Histrer. Zu sehen sind u. a. Reste von Thermen und ein Forum.

Kamenjak
Diese zerklüftete Landzunge wurde ebenfalls zum Naturreservat erklärt und birgt zahlreiche Badebuchten.

Fahrradausflüge kann man rund um Pula und viele Kilometer weiter durch Istrien auf speziell ausgeschilderten Fahrradwegen unternehmen, ebenso auf den Weinstraßen (Vinska cesta).

Windsurfcenter Premantura
Vor dem Campingplatz Stupice, Premantura 62
Mob.-✆ (091) 512-3646
Am Campingplatz Stupice kann man windsurfen und kitesurfen; auch Pri-

vatkurse für Anfänger. Außerdem werden Regatten veranstaltet. Wer Parasailing bevorzugt, ist hier ebenfalls richtig.

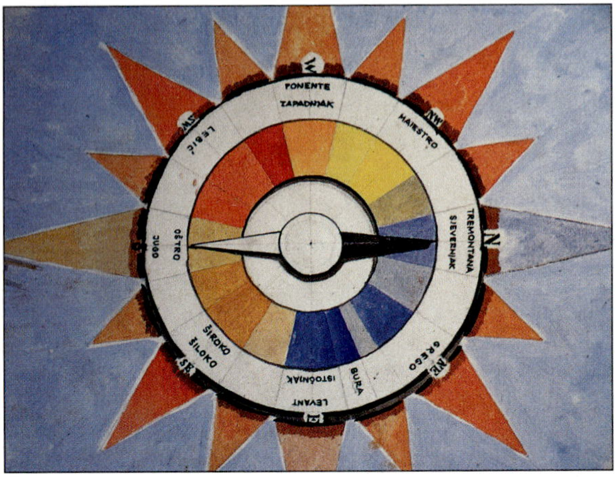

Kompassrose, auch Windrose genannt – auf ihr erscheinen die Namen der acht Winde und die daraus folgenden Windrichtungen

Vom kleinen **Flughafen** bei Medulin aus werden Panoramaflüge angeboten, die man telefonisch buchen kann (✆ 098/224-577).

Ranch Libora
Ližnjan
✆ (052) 576-800
Die Ranch liegt 2 km östlich von Medulin. Hier kommen Pferdeliebhaber auf ihre Kosten; Ausrittmöglichkeiten und gutes Restaurant.

Diskothek Dan beim Autocamp Medulin und **Disko-Club Imperial** Fucane 72, Medulin.

ACI Marina Pomer
10 km südlich von Pula und südlich der Ortschaft Pomer
✆ (052) 573-162
Wunderschön in der Bucht gelegen. 220 Liegeplätze im Wasser, 30 Stellplätze an Land, alle mit Strom- und Wasseranschluss; Sanitäranlage, Supermarkt, Servicewerkstatt und 10-t-Kran. Restaurant. Ganzjährig geöffnet.

Restaurant Oštriga
Pomer, Zentrum
✆ (052) 573-077
Gemütlich, mit schöner, von Pflanzen umwucherter Terrasse. Istrische Küche und Fischspezialitäten.

5 Rabac

Vom Städtchen Labin windet sich die Straße tief hinab zur geschützten großen Bucht und zum beliebten Badeort Rabac. Um die Bucht führt eine Uferpromenade mit zahlreichen Souvenirshops, Cafés usw. Es gibt jede Menge Hotels in allen Preislagen, Campingplatz und ein großes Unterhaltung- und Sportprogramm. Rund um die Landzunge und in Richtung Nordosten findet man eine Vielzahl kleiner Buchten, auch für FKK-Freunde. Die Umgebung lädt zu Spaziergängen und zu Mountainbiketouren ein.

Service und Tipps:

Touristeninformation Rabac
(auch für Labin)
Aldo negri 20 (kurz nach Altstadtabzweig), 52220 Rabac
✆/Fax (052) 855-560,
www.istra.com/rabac

Restaurant Nostromo
Obala M. Tita 7, Rabac
✆ (052) 872-601
Auf der oberhalb der Uferpromenade gelegenen Terrasse speist man ausgezeichnet Fisch, z. B. Seeteufel in Weißwein mit Polenta oder *fuži* mit Sardellen.

Für die Jüngeren und Tanzwütigen gibt es die **Disco St. Andrea** und den **Disco-Nightclub Girandella.**

❻ Rovinj

Ein Dächergewirr, aus dem ein hoher Kirchturm ragt, dicht zusammengedrängt auf einer Halbinsel, so präsentiert sich das Städtchen, das im 7. Jahrhundert von den Slawen seinen Namen erhielt. Wegen seiner zahlreichen Galerien und Kunstwerkstätten wird es gern das »istrische Montmartre« genannt.

Bis zum 18. Jahrhundert war Rovinj eine befestigte Insel, dann erst schüttete man den Kanal zu (heutige Fußgängerzone) und expandierte auf das Festland. Unter den Österreichern erlebte der Ort als größter Hafen an der Westküste seine Blüte. Erst Mitte des 19. Jahrhunderts verlor er durch die aufstrebenden Städte Triest und Pula an Bedeutung.

Rovinj zieht die verschiedensten Urlauber aufgrund seines mittelalterlichen Charmes und seiner Vielzahl an Lokalen, Boutiquen und Galerien an. Familien mit Kindern, gerade mit Jugendlichen, die sich vielleicht mal abends für ein paar Stündchen allein mit Altersgenossen treffen möchten, sind hier bestens aufgehoben – es gibt ein großes Sport- und Unterhaltungsprogramm und zahlreiche einladende Cafés.

Auch Bootstouristen sind aufgrund der schönen Altstadtlage der Marina gern Besucher der Stadt. Und Badeurlauber sind hier ebenfalls bestens bedient – um die Halbinsel Zlatni rt gegenüber der Altstadt gibt es zahlreiche herrliche Badebuchten, oder man schippert zu den vorgelagerten Hotelinseln **Sv. Katarina** und **Crveni otok**.

Um Rovinj gibt es Ferienanlagen aller Kategorien, mit Hotels und Campingplätzen auch für FKK-Freunde. Zudem ist die Stadt ein guter Ausgangspunkt für Ausflüge ins Hinterland – nach Pazin mit seinem Kastell oder noch weiter zu urigen kleinen istrischen Dörfern; auch die Highlights wie Brijuni-Inseln, Limski-Fjord und die Stadt Pula liegen in der nahen Umgebung. Mountainbikeliebhaber finden beste Bedingungen auf ausgewiesenen autofreien Wegen.

Blick auf die Altstadt von Rovinj ▷

Panoramablick auf Rovinj

Service und Tipps:

Touristeninformation Rovinj
TIC, Obala P. Budičin 12
52210 Rovinj
✆ (052) 811-566, Fax (052) 816-007
www.istra.com/rovinj

Kirche Sv. Eufemija
Tägl. 10–12 und 16–19 Uhr
Anfang des 18. Jh. an der Stelle eines altchristlichen Vorgängerbaus errichtet. Das Innere zieren wertvolle Gemälde (»Das Letzte Abendmahl« von Giovanni Contarini) und Skulpturen (von Gerolamo Laureato). Der 60 m hohe Kirchturm ist der höchste Istriens, man kann hinaufsteigen und weit über Land und Küste blicken.

Aquarium
Obala G. Paliage 5, Rovinj
Tägl. 9–21 Uhr
In verschiedenen Aquarien werden Einblicke in die Unterwasserwelt Kroatiens gewährt.

Heimatmuseum
Kurz vor Trg M. Tita, Rovinj
Ganzjährig tägl. 9–12.30, im Sommer zusätzlich 18–21.30 Uhr
Kleine archäologische und ethnologische Sammlung, wechselnde Kunstausstellungen.

Grizija
2. Sonntag im August ab 9 Uhr, Hauptgasse zur Basilika
Großes Open-Air-Kunstspektakel. Jeder kann seine schönsten Gemälde in der bekanntesten Straße der Altstadt an den Hausfassaden befestigen. Infos und Anmeldung unter ✆ (052) 816-720.

Rovinjer Sommer
Im Juli/Aug. Konzerte am Hauptplatz (alle Musikrichtungen), in der Kirche Sv. Eufemija und im Franziskanerkloster (Klassik).

Diskothek Monvi
Luja Adamovića, Rovinj
✆ (052) 811-088
Gegenüber Hotel Eden.

Konoba Veli Jože
Ulica Sv. Križa 1, Rovinj
✆ (052) 816-337
Uriges, traditionsreiches Lokal mit Sitzgelegenheiten auch nahe dem Kai. Aufgetischt werden typische Gerichte wie Vorspeisenteller mit marinierten Sardellen, hausgemachte *fuži* mit Gulasch, Seeteufel, Lammfleisch und dazu süffiger Wein.

Restaurant Amfora
A. Rismondo 23, Rovinj
✆ (052) 815-525
Vom traditionell gut geführten Fischlokal aus hat man einen wunderbaren Blick auf die Altstadt; Spezialitäten des Hauses sind Fischge-

In den Gassen der Altstadt von Rovinj

Mit allerlei Taucher- und Schifffahrtsutensilien ist die urige Kneipe »Konoba Veli Jože« in Rovinj ausgestattet

richte, Krustentiere und Lasagne mit Meeresfrüchten.

Restaurant Okra
Gripuli 70, Rovinj
✆ (052) 816-851
Das Restaurant hat einen großen Speiseraum mit Natursteinverkleidung und eine Terrasse, es ist beliebt und daher immer gut besucht. Die Speisekarte bietet selbstgemachte Pasta und *fuži* mit Trüffeln oder Wild, frischen Fisch, auf verschiedene Arten zubereitet, Krustentiere und Muscheln.

Cocktailbar Valentio
An den Felsen oberhalb des Meeres kann man auf Sitzkissen oder Stühlen ganz idyllisch die besten Longdrinks der Stadt zu sich nehmen, gratis dazu gute neueste Musik.

Sehr gut baden kann man auf der bewaldeten Landzunge **Zlatni rt** gegenüber der Altstadt oder auf den vorgelagerten Inseln **Sv. Katarina** und **Crveni otok.**

Ausflüge in die Umgebung:

Ausflüge locken vor allem ins Hinterland zur Stadt **Pazin** mit ihrer Burg und einem Museum und zu den Weilern **Roč** und **Hum**, bekannt für die Glagoliter-Kultur.

Pazin
Ca. 40 km nordöstlich von Rovinj
Die Stadt, das alte habsburgische Verwaltungszentrum Mitterburg, birgt eine der besterhaltenen Burganlagen mit einem sehenswerten ethnographischen Museum (Di–So 10–18 Uhr, Mo geschl.). Direkt neben der Burg tut sich eine 100 m tiefe Schlucht auf, in die der Fluss Fojba geräuschvoll hineinstürzt. Der Held in Jules Vernes Roman »Mathias Sandorf« floh hier über die Festungsmauer hinab zum Fluss aus der Gefangenschaft. Im Sommer werden in Pazin die Jules-Verne-Tage abgehalten.

Roč
Der kleine Weiler mit seiner gut erhaltenen Befestigungsanlage war Zentrum des weit verbreiteten glagolitischen Schrift- und Brauchtums, das im Widerstand zur lateinischen Kirche stand. In Erinnerung an die Glagoliza wurde an der Straße nach Hum die Glagolitische Allee (Aleja Glagoljaša) mit elf Denkmälern errichtet.

Hum
In der »kleinsten Stadt der Welt« endet die Glagolitische Allee mit dem Stadttor, das eine Begrüßung in glagolitischer Schrift ziert. Weit geht von hier der Blick über die Hügellandschaft Istriens.

Humska Konoba
Hum 2
✆ (052) 660-001
Tägl. 11–22 Uhr
Winzig ist auch das Lokal mit antiker Einrichtung, ebenso die Terrasse. Aber man isst hier vorzüglich istrische Spezialitäten und genießt den Ausblick – am besten beim berühmten Pfarrersschnaps »Biska«, hergestellt aus Misteln.

7 Umag

Das Küstenstädtchen mit Häusern aus der Renaissance- und Barockzeit und großem Kirchplatz liegt auf einer Landzunge mit einem der größten Jachthäfen Kroatiens. Um Umag findet man an der 45 Kilometer langen Küste große Ferienkomplexe mit riesigem Sport- und Unterhaltungsangebot – bereits die Römer hatten hier ihre Erholungssiedlung *Umacus*. Zudem ist Umag Nordkroatiens Tenniszentrum – jährlich im August findet hier das Croatia-Open-Turnier statt. Die »Blaue Fahne« wurde für die öffentlichen Badeplätze bei den Feriensiedlungen siebenmal vergeben. Umag ist der größte Ausfuhrhafen für istrische Weine. Im Hinterland gibt es eine ganze Reihe guter Weingüter, die besucht werden können, und viele kleine mittelalterliche Orte.

Service und Tipps:

Touristeninformation
TIC, Trgovačka 6
52470 Umag
✆ (052) 741-363, www.istra.com/umag

Taverna-Pizzeria Vili
Savudrijska cesta bb (Zufahrtsstraße zur Altstadt), Umag
✆ (052) 752-145
Spezialitäten sind die verschiedensten Pizzas, zudem Risotto mit Scampi und Spargel oder Hummer.

Konoba Buščina
Sv. Marija na Krasu, Buščina 18
Umag
✆ (052) 732-088
Das gute Lokal liegt 7 km östlich von Umag, Spezialitäten sind Lammfleisch, außerdem Gnocchi oder *fuži* mit Wild oder Trüffeln. Mi Ruhetag.

In der Feriensiedlung Katoro **Casino Solei**, auch mit Automaten, rund um die Uhr geöffnet. Nebenan Diskothek. Diskothek-Nachtclub im Hotel Kristal in der Altstadt.

Internationales Tenniszentrum Umag
Savudrijska cesta, Umag
✆ (052) 741-704
In der Feriensiedlung Stella Maris – mit 18 Tennisplätzen und Center-Court für 3 500 Zuschauer das Tenniszentrum Istriens. Hier findet jedes Jahr im August das Croatia-Open-Turnier statt. Gespielt und unterrichtet wird von April bis Ende Sept.

ACI-Marina Umag
Westlich der Altstadt, an der Landzunge Punta
✆ (052) 741-066, www.aci-club.hr
518 Liegeplätze im Wasser, 120 Stellplätze an Land, alle mit Wasser- und Stromanschluss; Sanitäranlagen, Wäscherei, Supermarkt, Servicewerkstatt, 50-t-Travellift, Tankstelle. Ganzjährig geöffnet.

Reitzentrum Juricanija
Gegenüber der Ferienanlage Katoro
✆ (052) 743-285
Großes Reitzentrum im Westen von Umag.

Pfarrkirche Sv. Marija und Sv. Pelegrin
Im Inneren der Kirche aus dem 18. Jh. ist eine Reliefplatte mit dem Bild des hl. Pelegrin, des Schutzpatrons der Stadt, eingemauert. Der Glockenturm nebenan stammt aus dem 15. Jh. Der große Kirchplatz wird für Veranstaltungen genutzt.

Stadtmuseum
Trg Sv. Martina bb, Umag
Tägl. 10–14, in der Hochsaison auch 19–22 Uhr
Im mittelalterlichen Stadtturm mit Funden aus der römischen Zeit. Im Erdgeschoss finden wechselnde Aus-

Das ATP-Tennisturnier von Umag
Infos unter: www.croatiaopen.hr

Die Uferpromenade von Umag

stellungen zeitgenössischer Künstler statt.

Savudrija
Savudrija liegt im Norden von Umag und ist ein Sammelname für etliche kleine Dörfer am Kap der Landzunge Savudrija. Attraktionen sind der 1826 errichtete, 36 m hohe **Leuchtturm** – der erste im östlichen Teil der Adria, den man mieten kann – und die Boote, die hier die Fischer zum Schutz vor Sturm und Flut auf Holzgestelle hängen. Zum Baden gibt es viele schöne kleine Buchten.

Buje (Buie)
Ca. 18 km von Umag entfernt
Die Römer umgaben das Städtchen Bullea mit einer heute noch erhaltenen Verteidigungsmauer. Die Lage auf 220 m Höhe bietet einen Blick aufs Meer und die umgebenden kleinen istrischen Dörfer. Die Pfarrkirche **Sv. Servul** wurde im 16. Jh. auf den Grundmauern eines römischen Tempels errichtet. Die Kirche **Sv. Marija Milosrdnica**, 15. Jh., birgt gotische Plastiken und Malereien aus der Tintoretto-Schule und der von Caspar della Vecchia.

Interessant ist sicherlich auch der Besuch des **Ethnographischen Museums** (Trg slobode 4, ✆ 052/772-023), u. a. Einrichtungsgegenstände eines istrischen Hauses. Geöffnet im Sommer Di, Do, Sa 9–13, Mo, Mi, Fr 16–19 Uhr. Es gibt in Buje auch einige Veranstaltungen, z. B. das Weinfest im September oder das Trüffelfest im Oktober.

Momjan
Wenige Kilometer östlich von Buje liegt der kleine alte Weinort mit Kirche Sv. Martin aus dem 15. Jh. und einem teils verfallenen Kastell mit einstiger Zugbrücke, ebenfalls aus dem 15. Jh. Das Kastell wurde bereits im 12. Jh. erbaut und bei Kämpfen zwischen den Grafen von Gorica (heutiges Slowenien) und den Venezianern zerstört. Heute zieht es die Gäste wegen des guten Weines und einiger Lokale in die Umgebung.

Restaurant Marino
Kremenje 96 b, Momjan
✆ (052) 779-047
Hervorragendes Lokal unweit von Momjan, dessen Spezialität Trüffelgerichte sind: Gnocchi, Pasta, Wild und Fleisch, dazu die köstlichen Weine aus den umliegenden Weinbergen.

Weingüter

Moreno Coronica, Umag, Koreniki 86, ✆ (052) 730-196
Moreno Degrassi, Savudrija, Basanija bb, ✆ (052) 759-844
Marino Markežić, Momjan, Kremenje bb, ✆ (052) 779-047
Gianfranco Kozlović, Momjan, Vall 78, ✆ (052) 779-177
Veralda, Brtonigla, Kršin 3, ✆ (052) 774-111
Lupi, Brtonigla, Palih boraca 17, ✆ (052) 774-717
Duvillo Zigante, Kostanjevica 66, ✆ (052) 776-320

8 Vrsar (Orsera)

Die Kleinstadt wurde auf einem Hügel erbaut; aus ihrer Mitte lugt der hohe Kirchturm der Pfarrkirche Sv. Martin aus dem 12. Jahrhundert. Es gibt einen schönen großen, geschützten **Jachthafen**, viele vorgelagerte Inseln und alte Steinbrüche – der Kalkstein von hier war ebenso beliebt wie der von der Insel Brac. Heute dient einer dieser alten Steinbrüche der **Sommerbildhauerschule Montraker**.

Einer, der mit dem Stein und anderen Materialien schon Weltruf erlangt hat, Dušan Džamonja, hat etwas außerhalb von Vrsar, in Valkanela, auf einem zypressenbestandenen Gelände seinen **Skulpturenpark**. Ganz in der Nähe und schön mit dem Fahrrad zu erreichen ist der lange Limski-Fjord, ein Naturschutzgebiet, an dessen Steilwand sich auch die **Romuald-Höhle** befindet. Bekannt in ganz Europa ist Vrsar aber auch bei FKK-Freunden, hier liegt einer der größten und schönsten Campingplätze direkt am Beginn des Fjords.

Der Jachthafen von Vrsar, dahinter die Pfarrkirche Sv. Martin

Interessante Werke sind im Skulpturenpark von Vrsar zu bestaunen

Service und Tipps:

Touristeninformation Vrsar
Rade Končara 46 (in der Altstadt, Einbahnstraße!), 52450 Vrsar
✆ (052)441-187
www.istra.com/vrsar

Restaurant Trost
Am Jachthafen, Vrsar
✆ (052) 445-197
Mit schöner Terrasse und Blick auf die Masten. Spezialität sind frische Fische und natürlich vom nahen Limski-Fjord köstliche Muscheln und Austern.

Skulpturenpark
Im Ortsteil Valkanela, ca. 2 km in Richtung Poreč

Im Sommer tägl. außer Mo 9–11 und 19–21 Uhr
Das Grundstück gehört dem international anerkannten Künstler Dušan Džamonja. Das schöne Freigelände mit Skulpturen aus Stein, Metall, Aluminium und Nägeln kann man besichtigen.

Sommerbildhauerschule Montraker
Wer in Vrsar Steine behauen und Skulpturen erschaffen möchte und Talent mitbringt, ist hier sicherlich richtig. Die Arbeiten bleiben allerdings in Vrsar und werden öffentlich ausgestellt. Zahlreiche schöne Stücke zieren bereits die Stadt, die Campingplätze usw. Ca. 2–3 Wochen (Ende Aug.–Mitte Sept.) findet dieser Workshop statt.
Auskünfte über ✆ (052) 441-187 oder (052) 431-595.

Marina Vrsar
Obala Maršala Tita 1
Vrsar
✆ (052) 441-052 und (052) 441-053
Gut geschützt und schön gelegener Jachthafen unterhalb der Altstadt mit 220 Liegeplätzen (bis 50 m) im Wasser und 40 Stellplätzen an Land, alle mit Strom- und Wasserversorgung; klimatisierte Sanitäranlagen, Taucherservice, Charter-Agentur, Tankstelle, Servicewerkstatt, 30-t-Kran, Restaurant und Café. Ganzjährig geöffnet.

Limski-Fjord (Limski kanal)
Der Limski-Fjord ist kein echter Fjord, sondern ein vor 10 000 Jahren versunkenes Karsttal und schlängelt sich ca. 10 km lang durch eine unberührte Landschaft in Richtung Pazin. In diesem Naturreservat werden Muscheln und Austern gezüchtet, die aufgrund von Süßwasserquellen besonders saftig schmecken. Der Fjord kann per Ausflugsboot besichtigt werden. Autozufahrt nur bis zu den beiden Restaurants.

Romuald-Höhle
Limski-Fjord
Juni–Sept. 11–18 Uhr
Die 105 m lange Höhle ist am einfachsten mit einem Ausflugsboot zu besichtigen. Man kann auch mit einem Mietfahrrad hinfahren und dann nach unten steigen.

Restaurant Viking
Limski kanal
✆ (052) 448-223
Tägl. 11–16.30 und 18.30–23 Uhr
Eine Stichstraße führt zum Restaurant mit großer Terrasse; Spezialitäten sind frische Muscheln, Austern aus dem Fjord und frische Fische.

In den kleinen Straßendörfern **Flengi**, **Gradina** und **Kloštar**, wenige Kilometer von Vrsar in Richtung Limski-Fjord, gibt's in zahlreichen Restaurants Wildschwein vom Grill.

Die Austern vom Limski-Fjord sind eine Spezialität

Kvarner-Bucht

Milder Süden im Norden

Küste, Inseln, Berge – so zeigt sich diese vielfältige Region im Norden Kroatiens. Hier wurde der Grundstein des kroatischen Tourismus gelegt – die Adligen aus den Wiener Hofkreisen kurten und feierten an den verschiedenen Rivieras, konnten sie doch bequem per Eisenbahn, eigens für ihren Reisekomfort erbaut, diesen milden Süden erreichen. Die Kvarner-Region liegt an der gleichnamigen großen Meeresbucht und umfasst die Küstenregion der Opatija-Riviera bis zu den im Süden liegenden Rivieras von Crikvenica und Novi Vinodolski, dazu die großen Inseln Cres, Lošinj, Krk und Rab. Das bergige Hinterland des Gorski Kotar erstreckt sich nordöstlich der Metropole Rijeka. An der Opatija-Riviera liegen u. a. die noblen Seebäder Opatija und Lovran mit ihren prachtvollen Villen im subtropischen Grün. Den schützenden Hintergrund bildet hier das bis über 1 400 Meter aufragende Učka-Gebirge, das zum Naturpark erklärt wurde. Wirtschaftliches Zentrum der Opatija-Riviera und der nördlichen Küste ist die große Hafenstadt Rijeka mit ihren klassizistischen Bauten und interessanten Museen. Richtung Süden wird die Küste gesäumt vom bis knapp 300 Meter hohen Vinodol. Hier liegen die alten Seebäder Crik-

Prachtvolle Villen findet man in Lovran

venica und Novi Vinodolski; das Ende der Kvarner-Küste bildet das Uskokenstädtchen Senj. Das grüne Hinterland des Gorski Kotar ist über 1 500 Meter hoch und hat seinen Höhepunkt im Nationalpark Risnjak, einem wunderschönen, teils unberührten Wandergebiet mit weiten Ausblicken.

Unterkünfte gibt es reichlich, ob an der Küste oder auf den Inseln: Hotels aller Kategorien, ebenso zahlreiche Pensionen

und ein großes Angebot an großen und kleinen Campingplätzen, auch spezielle Plätze nur für Nudisten.

Sportliebhaber kommen nicht zu kurz: Möglich sind Trekking- oder Wandertouren im Učka-Gebirge oder im Nationalpark Risnjak, die beide ein großes Wegenetz bieten, ebenso gibt es hier Rampen für Paraglider. Kletterfans finden Herausforderungen an vielen Felsen. Wer sich mit dem Mountainbike bewegen möchte, hat hier hervorragende Routen aller Schwierigkeitsgrade in zum Teil unberührten Gebieten wie im Vinodol-Hinterland oder im Velebit-Gebirge. Wassersportler können schnorcheln, surfen, tauchen oder segeln; Schulen und Basen für diese Sportarten gibt es in fast jedem Touristenort. Bootsbesitzer finden viele gut ausgestattete Marinas und Ankerplätze.

In der Kvarner Bucht findet man auch spezielle Strände für FKK-Liebhaber

Kulinarische Highlights sind die Vorspeisen *pršut* und *sir*, Schinken und Käse, dazu Oliven, und die guten Lammgerichte z.B. von der Insel Cres, nicht zu vergessen die fangfrischen Fische und Schalentiere, die in allen guten Restaurants angeboten werden. An Weinen wäre mit der goldgelbe Žlahtina der Insel Krk hervorzuheben. Von der Opatija-Riviera, d. h. von den Abhängen des Učka-Gebirges, kommen im Frühsommer die prallen, saftigen Kirschen, die frisch gegessen oder zu *štrukli*, Strudel, verarbeitet werden oder auch als guter Likör enden. Im Herbst sind die Maronen reif, und man kann sie geröstet an den Straßenecken kaufen; sie werden auch zu Kuchen und Kleingebäck verarbeitet und auf jeden Fall wochenlang bei Maronenfesten kräftig gefeiert.

Informationen für die Kvarner-Region: www.kvarner.hr

1 Cres (Insel)

Mit über 400 Quadratkilometern ist Cres die zweitgrößte Insel der Kvarner-Region; allerdings leben nur ca. 3 500 Menschen auf dem eher provinziellen, kargen Eiland, das von Steinmäuerchen und herrlich duftenden Kräutern überzogen ist. Die meist kahlen Berge sind bis zu 650 Meter hoch. Im Süden ist Cres mit der Insel Lošinj durch eine Drehbrücke verbunden. Touristische Zentren sind der Hauptort **Cres** mit seinem großen Jachthafen, das heimelige uralte Musikstädtchen **Osor**, der kleine Badeort **Valun** und nicht zuletzt Martinšćica mit seinem großen und sehr gut ausgestatteten Campingplatz und zahlreichen Ferienwohnungen. Inselmittig liegt der streng geschützte Süßwassersee Vransko Jezero, der Cres mit Trinkwasser versorgt – ein Naturphänomen, denn er reicht 61,5 Meter unter den Meeresspiegel. Interessant ist sicherlich ein Besuch des Eco-Centar in **Beli**, wo Gänsegeier betreut werden.

Blick auf Cres, Hauptort der gleichnamigen Insel

Anreise: Auto-Fährverbindung (Trajekt) von Brestova nach Porozina (Insel Cres) in der Hauptsaison stündlich rund um die Uhr. Fährverbindung auch mit der Insel Krk (Valbiska) von Merag (Insel Cres), ca. 15 x in der Hauptsaison.

Cres
Der Hauptort Cres mit seinem gemütlichen Zentrum um den Hafen, mit der Pfarrkirche Sv. Marija (15. Jh.) und der Kirche Sv. Isidor (14. Jh.) lädt zum Bummeln und Verweilen in einem der zahlreichen Cafés ein. Unter den Liburnern, Griechen und Römern wurde das Örtchen Crespa genannt, unter Kaiser Augustus oder Kaiser Tiberius erhielt es das Stadtrecht; einen Rückblick in diese Zeit kann man im **Stadtmuseum** tun. Wer gern wandert, läuft entlang der Küste oder durch uralte Olivenhaine. Etwas südlich der großen geschützten Bucht liegt eine Schiffswerft und anschließend die große, bestens ausgestattete Marina.

Cres, genauer gesagt das Palais Arsan, war die Geburtsstätte von Franjo Petrić (Francesco Patrizi da Cherso, 1529–97), einem bedeutenden Philosophen seiner Zeit. Er studierte in Venedig, Ingolstadt (bei dem Reformator Matthias Flacius Illyricus) und Padua. Im Dienste venezianischer Adliger unternahm er ausgedehnte Reisen, war Lehrer in Ferrara und ging 1592 nach Rom. Er verfasste Werke zur Philosophie, über Dichtung, Rhetorik, Geschichte u. a., übersetzte aus dem Griechischen ins Lateinische und besaß eine wertvolle Sammlung griechischer Texte.

Service und Tipps:

Touristeninformation Cres
Cons 10 (am Hafenbecken), 51557 Cres
✆ (051) 571-133, Fax (051) 571-225, www.tzg-cres.hr

Stadtmuseum
Im Palais Arsan
Tägl. 9–11 und 19–22 Uhr
In dem Gebäude wurde der Philosoph Franjo Petrić geboren. Zu besichtigen gibt es eine archäologische und ethnographische Sammlung.

Die Insel eignet sich bestens zum **Mountainbiking**, z. B. von Cres nach Valun und Lubenice oder von Cres nach Beli.

ACI-Marina Cres
Jadranska obala 22, Cres
✆ (051) 571-622, www.aci-club.hr
Gut geschützt und ebenso gut ausgestattet. 450 Liegeplätze im Wasser, 120 Stellplätze an Land, alle mit Strom- und Wasseranschluss; Sanitäranlagen, Wäscherei, Supermarkt, Fachgeschäft für Nautikausrüstung, Zahnarzt, Servicewerkstatt, 10-t-Kran, 30-t-Travellift, Mastkran (20 m), Tankstelle, Appartements, Restaurant und Café.

Bukaleta
In Loznati, 4 km südlich von Cres
✆ (051) 571-606
Ein rustikaler Landgasthof mit überdachter Terrasse, der Lammspezialitäten in allen Variationen auftischt: u. a. Lammsuppe und gekochtes, gebackenes oder gegrilltes Fleisch.

Beli
Als »Kopf der Insel«, *Caput insulae*, schon in der Antike bekannt, ist die ehemalige Fluchtburgsiedlung noch heute ein lohnendes Ausflugsziel. Dicht gedrängt stehen hoch oben auf dem Fels die steingrauen

Eco-Centar

Beli 4, ca. 30 km nordöstlich von Cres
✆ (051) 840-525
Dieses Umweltschutzzentrum liegt am Ortseingang der ehemaligen Fluchtburgsiedlung Beli, eines malerischen Orts oberhalb des Meeres. Hier werden die Gänsegeier (*Gyps fulvus*) betreut und registriert, die in der Umgebung an den Felsen brüten und hoch in den Lüften ihre Kreise ziehen. Im Gehege kann man einige der Geier beobachten, und im angrenzenden Gebäude dokumentiert eine Ausstellung die Tier- und Pflanzenwelt der Inseln Cres und Lošinj. Um Beli herum wurden ebenfalls Wander- und Lehrpfade unterschiedlicher Länge angelegt, ein Weg wurde mit Skulpturen und Sinnsprüchen verschönert.

Wiege der kroatischen Währung

Die kroatische Währung Kuna (=Marder) hat in gewisser Weise in Osor ihren Ursprung. 1018 kaufte sich die Stadt von Venedig mit einem Vertrag frei: 40 Marderfelle mussten jährlich als Tribut gezahlt werden. Eine Bronzeplastik erinnert daran.

Historische Kunamünze (ca. 1250) mit einem Kuna (=Marder)

Häuser. Am kleinen Hafen unterhalb des Ortes reihen sich die Fischerhäuser vor einem schönen Kiesstrand.

Im hübschen autofreien Badeort **Valun** (ca. 15 km südöstlich von Cres) kann man in der Ortskirche die »Tafel von Valun« mit lateinischer und glagolitischer Inschrift aus dem 11./12. Jh. betrachten. Valun ist umringt von hohen Bergen und liegt geschützt an einer tief einschneidenden Bucht, weshalb es bei Bootsbesitzern beliebt ist.

Gostiona Na Moru
Valun
✆ (051) 525-056
Schöne Terrasse direkt am Meer, Spezialität sind frisch gefangene Fische.

Einen Besuch lohnt die 3 500 Jahre alte Fluchtburgsiedlung **Lubenice**, auf einem Felsplateau hoch über dem Meer erbaut. Unten leuchtet eine türkisfarbene Badebucht und in der Nähe die »Blaue Grotte«.

Osor
Im südlichen Teil der Insel, angeschmiegt an den Kanal, der Cres von Lošinj trennt, liegt das 4 000 Jahre alte Städtchen mit geschichtsträchtigen Denkmälern. Die im Ortskern aufgestellten Bronzefiguren Musizierender weisen auf die jährlich im Sommer stattfindenden Musikabende in der Marienkathedrale (15. Jh.) hin. Osor war bereits unter den Griechen besiedelt und ist der älteste Ort der beiden Inseln. Unter den Römern war es eine Großstadt mit 20 000 Einwohnern (heute 100!), war von einer mächtigen Stadtmauer umgeben und besaß Tempel, ein Forum, Paläste und ein Theater. Aus dieser Epoche ist nichts mehr erhalten, lediglich Ruinen des Benediktiner- (11. Jh.) und des Franziskanerklosters (15. Jh.) erinnern an vergangene Glanzzeiten. Funde aus jener Periode zeigen das kleine archäologische Museum und die Schatzkammer im Bischofspalast.

Service & Tipps:

Musikabende von Osor, klassische Musik in der Kathedrale, von Mitte Juli bis Mitte August, 2 x wöchentlich.

Konoba Bonifačić
An der Stadtmauer (oberhalb des großen Parkplatzes am Kanal)
✆ (051) 237-413
Spezialitäten sind Fisch- und Lammgerichte.

Buffet Osor
In der Hauptgasse
✆ (051) 237-221
Lauschige, berankte Terrasse, Spezialitäten sind Schalentiere, Fisch und Oktopus.

2 Crikvenica

Die Stadt mit ihren rund 7 000 Einwohnern bildet den touristischen Mittelpunkt der Riviera von Crikvenica und Vinodol. Das schützende Vinodol-Gebirge sorgt für mildes Klima, üppige Vegetation und wenig Niederschlag im Sommer. Mit 120 Jahren Tourismus zählt Crikvenica zu den ältesten Seebädern Kroatiens, und einige Villen und Paläste, u. a. das Hotel Therapia, erinnern an die Zeit, als die Adligen aus Wien mit der Eisenbahn anreisten, um hier zu kuren. Die Römer hatten hier ihre Militärsiedlung Ad Turres, und die Fürsten Frankopan stifteten den Paulanern im 15. Jahrhundert ein Kloster (heute Hotel Kaštel), in dem der Maler Juraj Klović seine erste Ausbildung erhielt. Heute kommen die Touristen in erster Linie wegen der Bademöglichkeiten am zwei Kilometer langen Feinkiesstrand und der quirligen Atmosphäre. Wer etwas für seine Gesundheit tun möchte, findet im Kurhaus Thalassotherapie-Anwendungen und auch einen großen Wellnessbereich. Das Hinterland Vinodol eignet sich bestens für Mountainbiketouren inklusive einer Besichtigung der alten Orte und Kastelle der Fürsten Frankopan.

Service & Tipps:

Touristeninformation Crikvenica
Trg Stjepana Radića 1 (am Hafen)
✆ (051) 241-051,
✆/Fax (051) 241-151,-867
www.tzg.crikvenica.com

Ideale Strände für Sonnenhungrige und Ruhebedürftige …

Moslavina
Braće Dr. Sobol 13, Crikvenica
✆ (051) 783-456
Gutes, stilvolles Fischlokal mit Freisitz rund um das Haus; frische Fische, Risottos, Salatbuffet und Vorspeisen, große Weinkarte.

Restaurant Burin
Ul. Dr. Ivanna Kostrenčica
Crikvenica
✆ (051) 785-209
Gutes Fischlokal.

Aquarium
Vinodolska ulica 8, Crikvenica
Hauptsaison 9–23, sonst bis 18 Uhr
Einheimische und Korallenriff-Fische sind zu sehen.

Strand von Crikvenica – *der* Anziehungspunkt der Urlauber. Ein Sand- und Kiesgemisch, dahinter zahlreiche einladende Cafés und Restaurants; es bieten sich unendlich viele Wassersportmöglichkeiten und Beachvolleyballturniere. Und es weht die »Blaue Fahne« für gute Wasserqualität.

Ausflüge bieten sich ins Hinterland des Vinodol zu den malerischen Orten **Grižane** und **Bribir** an. In Grižane soll der mittelalterliche Miniaturenmaler Julius Clovius (Juraj Klović) geboren worden sein. In Bribir ist die Kirche Sv. Petar und Sv. Pavao mit dem Gemälde »Fußwaschung« von Jacopo Palma d. J. sehenswert.

Mountainbike-Touren durch das Hinterland des Vinodol
(Fahrradkarten – gratis – gibt es an den Info-Stellen.)
Auf dem Mountainbike kann man die Landschaft am schönsten erleben. Auf einer 5-Stunden-Tour von mittlerem Schwierigkeitsgrad kann man sich die Kastelle der Fürsten Frankopan ansehen. Von Crikvenica geht es auf Nebenstraßen in Richtung Kraljevica mit Schloss. Dann ins Hinterland nach Križišće und Richtung Drvenik mit Burg. Weiter entlang dem See Tribaljsko jezero nach Bribir.

Über die Dörfer Ogulin, Kišeri und Ugrini kommt man nach Ledenice mit Schloss. Weiter zur Stadt Novi Vinodolski am Meer mit ihrem Kastell. Ein Stück auf der Jadranska Magistrale. Dann über Selce zurück nach Crikvenica mit seinem Kastell, in dem heute ein Hotel untergebracht ist.

Eine schwierige 3,5-Stunden-Tour (45 km) wäre z. B. von Crikvenica nach Grižane, weiter in Richtung Vele Bašunji (Blick auf Tribaljsko jezero und Insel Krk) bergan. Weiter hinauf bis zum Plateau auf 780 m Höhe. Dann hinab Richtung Križišće und Richtung Drvenik, entlang dem Tribaljsko jezero und zurück Richtung Crikvenica.

3 Krk (Insel)

Die Insel Krk, auch »Insula Aurea«, die Goldene Insel genannt, ist mit 410 Quadratkilometern die größte aller kroatischen Inseln, hat über 15 000 Einwohner und ist durch eine imposante Brücke mit dem Festland verbunden. Sie verfügt über einen Flughafen und ein gutes Straßennetz und entwickelt sich immer weiter, da viele Kroaten inzwischen wieder lieber hier anstatt in der Großstadt Rijeka wohnen. Karstig und kahl zeigt sie sich von der Festlandseite, fruchtbar und üppig im Innern. Dort wachsen Oliven, Obst, Gemüse und der gute Wein Žlahtina.

Der Hauptort heißt **Krk**, weitere touristische Zentren sind **Punat** mit seinem großen Jachthafen, ganz im Süden der beliebte Ferien- und Badeort **Baška**, der Weinort **Vrbnik** und kleinere Orte wie **Njivice** und **Malinska**. Es gibt viele Hotels, Pensionen und zahlreiche Campingplätze – auch für FKK-Freunde. Die Insel bietet Wanderern und Mountainbikeliebhabern ein ausgewiesenes großes Wege- und Streckennetz.

Info:
Die Krker Brücke wurde 1980 fertig gestellt. Sie ist 1310 m lang und spannt sich in 60 Metern Höhe über den Meeresarm.

Beliebter Ferienort Baška

Glagoliza

Eine Schrift, die aller Wahrscheinlichkeit nach im 9. Jh. von Kyrillos aus Saloniki im Zuge seiner Mission bei den Slawen geschaffen wurde. Aus dieser glagolitischen Schrift entwickelte sich die kyrillische, die zuerst in Bulgarien eingeführt und dann von Russland übernommen wurde. In Kroatien blieb die ursprüngliche Glagoliza weiter in Gebrauch. Trotz Widerstand der lateinisch orientierten Kirche findet man sie bis heute in der slawisch kirchlichen Literatur. Besonders auf Krk ist die Glagoliza in vielen Steininschriften, Handschriften und Drucken erhalten.

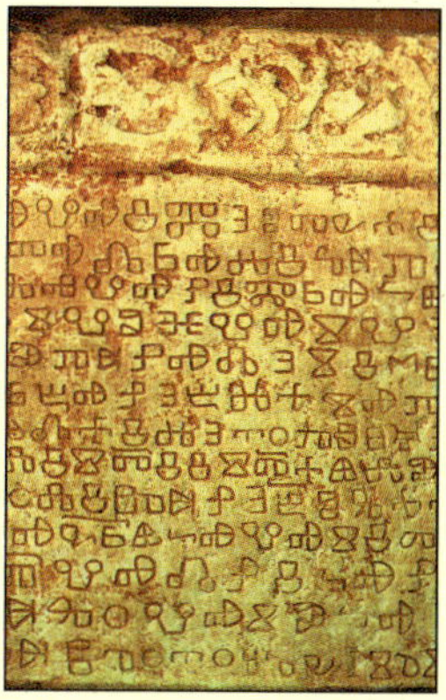

Krk, bereits von den Liburnern in der vorgeschichtlichen Zeit bewohnt, wurde unter den Griechen und Römern als *Curicum* erwähnt; die berühmtesten Herren und Beschützer der Insel waren die Frankopanen-Fürsten, die hier von Anfang des 12. bis Ende des 15. Jahrhunderts walteten. Natürlich herrschten hier auch die Byzantiner, nach der Teilung des Römischen Reiches, zwischen dem 9. und 12. Jahrhundert die kroatischen Könige, von 1480 bis Ende des 18. Jahrhunderts die Venezianer. All diese kulturellen Einflüsse kann man noch heute auf Krk sehen. Die Insel war ebenfalls ein Zentrum des Glagolitentums.

Anreise: Mit dem Auto über die mautpflichtige Brücke (ca. 1,50 €). Zudem über die Insel Cres (s. S. 59) nach Valbiska (Insel Krk) oder von der Insel Rab (Lopar) nach Baška (Insel Krk) von Ende Mai bis Ende Sept. 2–5 x tägl.

Service & Tipps:

Touristeninformation Krk
Tourismusverband der Insel
Trg Sv. Kvirina 1, 51500 Krk
✆ (051) 221-359
Fax (051) 222-336
www.krk.hr
Ausführliche Informationen zu Unterkunftsmöglichkeiten (auch Camping).

Der Hafen von Krk

Krk
Der Hauptort der Insel war schon in der Antike kein unbeschriebenes Blatt, lieferten sich doch hier bereits Pompejus und Cäsar wilde Seeschlachten; später war das mächtige, noch gut erhaltene Bollwerk mit Kastell (12. Jh.) Sitz der Frankopanen-Fürsten. Seitlich befindet sich der **Bischofspalast**, der wertvolle Gemälde italienischer Meister aus dem 16./17. Jahrhundert beherbergt. Die mit ihrem Turm hoch aufragende **Marienkathedrale** wurde im 5./6. Jahrhundert auf römischen Thermen erbaut und im 12./13. Jahrhundert erweitert.

Das Städtchen mit seiner mächtigen Stadtmauer, den Plätzen und verwinkelten Gassen lohnt einen Besuch, schon eine römische Inschrift besagt dies – »Splendissima civitas Curictarum« (Wunderbare Stadt Krk). Auch das Unterkunftsangebot für Gäste ist gut, ob Hotels, Pensionen oder die zahlreichen Campingplätze um die Stadt.

Service & Tipps:

Touristeninformation Krk
Tourismusverband der Stadt
Trg bana J. Jelačića 1
51500 Krk
✆ (051) 222-415
✆/Fax (051) 221-126
www.krk.hr

Restaurant Frankopan
Trg Sv. Kvirina, Krk
✆ (051) 221-437
Mitten in der Altstadt liegt dieses traditionelle Restaurant.

Restaurant Grota
Kvarnerska ulica, Krk
✆ (051) 221-511
Etwas oberhalb und westlich der Altstadt; auf der Terrasse speist man gut Fisch- und Fleischgerichte.

Restaurant Curicata
Ul. Kralje Tomislava 4, Krk
✆ (051) 221-227
Spezialitäten sind Fisch- und Fleischgerichte.

Marienkathedrale
Bereits im 5./6. Jh. auf Fundamenten römischer Thermen erbaut. Die Kapitelle im Innern zieren noch altchristliche Symbole. Schmuckstück ist sicherlich das Altarbild, eine vergoldete Silberreliefarbeit, die die Krönung der Mutter-

Blick auf Krk, den Hauptort der gleichnamigen Insel

gottes und etliche Heilige zeigt (von P. Koler, 1477).

Sehenswert auch zwei Lesepulte aus der Renaissance und die hölzerne Kanzel aus dem 17. Jh. Im Seitentrakt ist ein Sakralmuseum (tägl. 9–12 Uhr) eingerichtet.

Quirinus-Basilika (Sv. Kvirin)
Sie lehnt sich an die Marienkathedrale und wurde im 10. Jh. im romanischen Stil zweistöckig und dreischiffig erbaut. Durch das dritte Schiff verläuft heute eine Straße. Der Eingang führt durch den Glockenturm (16.–18. Jh.).

Sommerfestival
Juli und August u. a. Konzerte in der Kathedrale.

Rund um Krk wurde ein **Wandergebiet** mit 40 km markierter Wege ausgewiesen. Die Routen verlaufen um Krk, Punat und Glavotok. Wanderkarten in der Touristeninformation erhältlich.

Glavotok
Ca. 17 km nordwestlich von Krk
In dem kleinen Weiler, verträumt am Meer, in Sichtweite der Insel Cres, liegt das Franziskanerkloster aus dem Jahr 1468, ein Geschenk des Fürsten Ivan Frankopan an glagolitische Mönche.

Punat

Mit 1 700 Einwohnern die größte Ansiedlung an der Westseite der Insel Krk. An der langen Uferpromenade und dahinter reihen sich die immer gut gefüllten Restaurants und Cafés. Gut geschützt in einer großen Einbuchtung liegt hier einer der größten und ältesten Jachthäfen Kroatiens. In der Mitte des Meerbusens findet sich ein kleines Juwel, die Klosterinsel **Košljun**.

Seit ein paar Jahren ist Punat Treffpunkt der europäischen Wakeboarderszene, und es wurden auch Meisterschaften ausgetragen. Das menschenleere bergige Hinterland lädt zu Wanderungen ein. Für Mountainbiketouren ist Punat ebenfalls bestens geeignet.

Service & Tipps:

Touristeninformation Punat
Obala 72, 51521 Punat
✆ (051) 854-860, -970
Fax (051) 854-970, www.punat.com

Restaurant Kanajt
Gegenüber der Marina
✆ (051) 654-342
Die lauschige Terrasse ist Treffpunkt der Jachtler; Spezialitäten sind Schalentiere und Fischgerichte.

Restaurant K Ribaru
Starobašćanska 22, Punat
✆ (051) 854-554
Beliebtes, gutes Fischlokal oberhalb der Stadt.

Klosterinsel Košljun
Das von Steineichen bewachsene Inselchen liegt in der Puntarska drage. Das Kloster wurde im 13. Jh. von Benediktinern gegründet und im 15. Jh. von Franziskanern übernommen. Die älteste Ansicht der Stadt Krk findet sich auf dem Altargemälde in der Kirche: Der hl. Quirin (Schutzpatron) hält ein Modell der Stadt in seinen Händen. Heute leben auf der Insel noch einige Mönche, einer von ihnen, Fra Ivo Peran, zählt zu den bekanntesten Komponisten Kroatiens, er schrieb Messen, Oratorien und sogar eine Oper.

Im Museum kann man archäologische Funde besichtigen; reich mit glagolitischen Handschriften und Wiegendrucken ist die Klosterbibliothek ausgestattet. Zur Insel gelangt man mit dem Taxiboot (mehrmals am Tag) von Punat aus.

Wakeboarder-Center
Infos unter Mob.-✆ (091) 262-7301/7302, www.waterski-krk.com
Drei junge Wakeboarder aus Rijeka betreiben an der Bucht von Punat diesen neuesten Wasserfunsport. Bereits 2002 war das Team Gastgeber des Europameisterschaftfinales der Wakeboarder. Es gibt eine Wasserski- und Wakeboardanlage, Trainingsgeräte und kompetente Lehrer wie z. B. Varna Laco.

Marina Punat
Puntica 7, Punat

Entspannung auf Krk ▷

✆ (051) 654-111
www.marina-punat.hr
Einer der bestausgestatteten und gut geschützten Jachthäfen Kroatiens. Über 830 Liegeplätze im Wasser, 300 Stellplätze an Land, alle mit Strom- und Wasseranschluss. Hotel, Internetcafé, Restaurant, Wäscherei, Sanitäranlagen, Servicewerkstatt, 10-t-Kran, Helling, 100-t-Travellift, Slipanlage für bis zu 500-t-Schiffe, Lackierhalle; Tankstelle im Stadthafen von Krk. Ganzjährig geöffnet.

Vrbnik

Malerisch liegt das Weinstädtchen mit seinen verwinkelten Gassen auf einem 50 Meter hohen Felsen oberhalb der Ostküste. In der fruchtbaren Ebene um Vrbnik wächst der goldgelbe Žlahtina. Vrbnik war Bollwerk der Frankopanen und eine Hochburg des Glagolitentums. Die Bibliothek Dinko Vitezić Vrbničanin birgt 15 000 Bände, darunter viele glagolitische Schriften und den »Atlas Scholasticus et Itinerarius« von G. D. Kochler, der 1748 in Nürnberg gedruckt wurde.

Service & Tipps:

Grill Nada
Vrbnik
✆ (051) 857-065
Schon lange betreibt die Familie Juranič dieses Lokal. Von der Dachterrasse aus fantastischer Blick auf das Küstengebirge; es gibt hausgemachten Käse und *pršut*, Fleisch- und Fischgerichte und natürlich den süffigen Žlahtina. Im Keller hängen die großen Schinken, und eine Hausecke weiter ist der Weinkeller, wo man nach Anmeldung an einer Verkostung teilnehmen kann.

Weingut Katunar
Anton Katunar, Sv. Nedija bb
✆ (051) 857-391
Bei den netten Winzern kann man den Žlahtina kaufen und Kleinigkeiten essen.

Höhle Biserujka
Rudine
In der Saison tägl. 10–17 Uhr
Ca. 18 km nördlich von Vrbnik an der Ostküste liegt der kleine Ort Rudine. Die nur 12 m unter der Erde liegende Höhle birgt schöne Stalagmiten und Stalaktiten.

Mountainbiketour
Insgesamt ca. 45 km
Von Vrbnik kann man über die kleinen Weindörfer zum alten Ort Dobrinj fahren mit herrlichem Blick über die Bucht von Soline und das Küstengebirge. Dann hinab nach Soline an der gleichnamigen Bucht und weiter nach Rudine und dabei z. B. die Höhle Biserujka besuchen. Zurück über die Orte Rasopasno, Kras und Garica nach Vrbnik.

Baška

Das 1 000-Einwohner-Städtchen und wichtiger Fährort zur Insel Rab liegt an einer großen, geschwungenen Bucht, umrahmt von kahlen weißen Bergen. Die Pfarrkirche birgt ältere Gemälde, u. a. von Giacomo Palma, und es gibt ein Heimatmuseum. Einen fantastischen Weitblick über Baška und die vorgelagerten Inseln genießt man von der frühromanischen Kirche Sv. Ivan aus sowie von der mittelalterlichen Burgruine oberhalb von Baška beim Friedhof.

Das Städtchen zieht im Sommer Tausende von Urlaubern an, die sich in den zahlreichen Hotels, Pensionen und den beiden großen Campingplätzen (auch FKK-Camp) einquartieren. An der Uferpromenade laden Cafés und Restaurants zum Verweilen ein. Baška ist zudem ein Wanderparadies, bis hinüber nach Stara Baška kann man meist ungestört die kahle Schönheit dieser Bergregion erkunden. Vorgelagert liegen die ebenfalls fast kahlen **Inseln Privić** (schon mehr in Richtung der Insel Rab). **Sv. Grgur** und **Goli**.

Service & Tipps:

Touristeninformation Baška
Kralja Zvonimira 114, Baška
✆ (051) 856-817, www.tz-Baska.hr

Restaurant Cicibela
Emila Geistlicha 21, Baška
✆ (051) 856-013
Großes Lokal an der Uferpromenade; Pizza, Fisch- und Fleischgerichte.

Schwierigkeitsstufen auf insgesamt 60 km angelegt. Wanderkarten sind dort erhältlich. Zudem gibt es die Hirtenwege, auf denen man z. B. auch Jurandvor und Punat erreichen kann.

Die Bucht von Baška

Konoba Papariba
In der Ortsmitte von Baška
Traditionelles, preisgünstiges kleines Lokal; hier isst man frischen Fisch vom Grill.

Rund um Baška erstreckt sich ein kilometerlanger Sand-Kies-Strand; für Kinder bestens geeignet, da er am Rande ganz flach ist. Zudem gibt es ein großes Wassersportangebot. Zu den entfernteren Nachbarbuchten fahren Taxiboote und Ausflugsboote zur in Sichtweite liegenden Insel Privić, zur Insel Sv. Grgur, einem ehemaligen Straflager, filmkulissenreif, und zur Ex-Gefängnisinsel Goli mit dem Verfall preisgegebenen Gebäuden. Bis auf Goli – hier gibt es ein Kiefernwäldchen – sind die Inseln kahl; alle haben Badebuchten.

Der Tourismusverband hat rund um Baška und hinüber nach Stara Baška 14 schöne markierte **Wanderwege** verschiedener Längen und

Kirche Sv. Trojice
In der Ortsmitte von Baška
1773 erbaut. Sehenswerte Gemälde sind u. a. »Das Letzte Abendmahl« von Giacomo Palme und »Jungfrau mit Heiligen und Engeln« von Marko Marciala. Neben der Kirche befindet sich das Heimatmuseum von Baška.

Jurandvor
Im kleinen Ort kurz vor Baška steht das frühromanische Kirchlein Sv. Lucija (in der Saison tägl. 9–12 und 16–21 Uhr), das auf einer Villa rustica und einer altchristlichen Kirche im 6 Jh. erbaut wurde. In ihrem Boden fanden Wissenschaftler 1851 das älteste kroatische Schriftdenkmal – die aus dem frühen 12. Jh. stammende »Tafel von Baška«, eine Schenkungsurkunde. Hier ist nur noch die Kopie zu besichtigen, das Original wird in der Akademie der Wissenschaft und Künste in Zagreb aufbewahrt.

❹ Lošinj (Insel)

Eine Drehbrücke über den Kanal von Osor verbindet die touristische Insel Lošinj mit der Insel Cres. Auf nur 75 Quadratkilometern leben rund 6 000 Bewohner. Die Insel bleibt von den Stürmen meist verschont, hat also milderes Klima. Sie ist teilweise üppig bewachsen, dank der Seefahrer, die exotische Setzlinge aus fremden Ländern pflanzten. Der Tourismus konzentriert sich auf den Hauptort **Mali Lošinj** und auch noch auf **Veli Lošinj** - sie haben wegen ihres milden Klimas eine über 100-jährige Tradition als Kurorte. In Veli Lošinj ist das Delphinprojekt angesiedelt. Die Insel ist umrahmt von vielen kleinen Eilanden, die zu Ausflügen einladen.

Anreise: Auto-Fährverbindung (Trajekt) über die Insel Cres (s. S. 59) oder von April bis Ende Oktober mit dem Trajekt von Pula und Zadar (1-4 x wöchentlich). Zudem verkehren Personenfähren nach Rijeka und zu den vorgelagerten kleinen Inseln Susak, Unije, Ilovik und Silba.

Mali Lošinj

Der quirlige Hauptort der Insel liegt mit seinen bunten stattlichen Häusern rund um die große geschützte Hafenbucht Valle d'Augosto, in der prachtvolle Jachten ankern. Namensgeber dieser Bucht war Kaiser Augustus (Oktavian), der hier 31 v. Chr. bei der Seeschlacht bei Aktium Schutz suchte. Der Ort wurde im 14. Jahrhundert von Einwanderern als Malo Selo gegründet. Den Beobachtungsturm oben am Berg errichteten die Venezianer im 15. Jahrhundert, die Pfarrkirche **Sv. Marija**, die aus den Dächern lugt, wurde 1696 erbaut. Seine Bedeutung erlangte der Ort im 17./18. Jahrhundert durch die Seefahrt, es gab sechs Werften, auch Hochseesegelschiffe wurden gebaut. Die moderne Dampfschifffahrt machte den Seglern schließlich den Garaus. Dann brachte der Kurtourismus Geld und Ruhm.

An der Uferpromenade reihen sich einladende Cafés, und es herrscht reges Treiben. Auf der Halbinsel Čikat verstecken sich im

Mali Lošinj der größte Ort der Insel liegt an der großen geschützten Hafenbucht von Valle d'Augosto

Handarbeitende Frauen in Veli Lošinj

Kiefernwald prachtvolle Villen und Hotels, und man findet zahlreiche Bademöglichkeiten. In und um Mali Lošinj gibt es viele kleine und große Hotelanlagen sowie Campingplätze. Schön ist ein Spaziergang hoch in die ruhigere Altstadt. Kunstliebhaber sollten sich die **Mihičić**- und die **Piperata-Sammlung** ansehen.

Service & Tipps:

Touristeninformation Mali Lošinj
Riva Lošinjskih kapetana 29
Mali Lošinj
✆ (051) 231-884, Fax (051) 231-547
www.tz-malilosinj.hr

Baracuda
Priko 31, Mali Lošinj
✆ (051) 233-309
Sehr gut geführtes und immer belebtes Lokal; frischer Fisch, Schalen- und Krustentiere sind die Spezialitäten, dazu ausgewählte Weine.

Restaurant Nino
Matije Gupca 30, Mali Lošinj
✆ (051) 231-490
Auf der großen Terrasse speist man wunderbar Fischgerichte, und es gibt auch eine große Auswahl an Vorspeisen.

Restaurant Artatore
An der Bucht Artatore am Beginn der Halbinsel Kuril, ca. 8 km nördlich
✆ (051) 232-932 und (051) 235-200
Das Lokal zählt inzwischen zu den besten Kroatiens. Spezialitäten sind Hummer, Jakobsmuscheln, fangfrischer Fisch und Lamm.

Mihičić- und Piperata-Sammlung
V. Gortana 35, Mali Lošinj
✆ (051) 231-173
In der ehemaligen Volksschule sind auf zwei Etagen die Sammlungen der jeweiligen Gründer und Stifter untergebracht. Die Mihičić-Sammlung zeigt Werke zeitgenössischer kroatischer Künstler, die Piperata-Sammlung Werke italienischer Maler aus dem 17./18. Jh.

Friedhof und Kirche Sv. Martin
An der Nordseite der Stadt liegt fast am Meer der Friedhof, auf dem in prachtvollen Gräbern Kapitäne und Adlige ihre letzte Ruhestätte fanden. Die Kirche Sv. Martin wurde 1450 erbaut.

Marina Mali Lošinj
Privlaka bb, Mali Lošinj
✆ (051) 231-626, www.yc-marina.hr
Der Jachthafen liegt am Ostufer der großen Bucht, ca. 500 m von der Altstadt entfernt. Es gibt 150 Liegeplätze im Wasser, 100 Stellplätze an Land, alle mit Wasser- und Stromanschluss.

Unterbringungsmöglichkeit in einer Halle für 40–50 Jachten (bis 15 m); Restaurant, Supermarkt, Fachgeschäft für Jachtausrüstung in der Nähe, Sanitäranlagen, Wäscherei, Tauchzentrum, Servicewerkstatt, 3-t-Kran, 16-t- und 35-t-Travellift, Helling bis 60 t. Tankstelle 0,5 Seemeilen entfernt.

Segelregatta 1. Wochenende im August, zudem Tennismeisterschaften im Juni, Juli und September.

Erholsam ist sicherlich ein Spaziergang durch den 100-jährigen Kiefernwald zum beschaulichen Städtchen Veli Lošinj. Es gibt einen schattigen Uferweg, und wer Glück hat, entdeckt Delphine.

Von Mali Lošinj aus kann man zu den umliegenden Badeinseln **Susak, Unije, Ilovik** oder **Silba** schippern, im Rahmen von organisierten Ausflugstouren oder auch individuell per Linienschiff.

Faszinierend ist eine Wandertour von Nerezine zum höchsten Berg der Insel, dem fast 600 m hohen Televrin des Bergzugs **Osoršćica**; nach 1,5 Std. kann man eine herrliche Aussicht genießen.

Panoramaflüge werden auf der Halbinsel Kuril angeboten; direkt hinfahren oder buchen über ✆ (051) 231-666.

Veli Lošinj

Der ehemalige Hauptort liegt am Inselende und zieht sich mit seinen stattlichen Häusern und von hohen Natursteinmauern eingefassten Gassen über einen Hügel. Zwei Hafenbuchten hat das hübsche Örtchen, ebenfalls ein Kurort, zu bieten. Zudem befindet sich hier das Zentrum zum Schutze der Delphine. Im Uskokenturm am Stadthafen ist das Informationszentrum für Delphine eingerichtet.

Service & Tipps:

Sirius
Rovenska-Bucht
✆ (051) 236-399
Sehr gutes Fischlokal direkt an der Hafenbucht, romantisch isst man nachts bei Kerzenschein z. B. Hummer, Scampi und Edelfische wie Drachenkopf oder Zahnbrasse.

Mol
Rovenska-Bucht
✆ (051) 236-008
Wie im Sirius gibt es leckere Fischgerichte. Hier treffen sich eher die Bootsbesitzer, denn hier ist die Mole und der nette Besitzer legt zusätzlich im Sommer Muringtonnen zum Ankern aus.

Marina
Stadthafen von Veli Lošinj
✆ (051) 236-223
Fangfrischer Fisch vom Holzkohlengrill, Schalentiere und Spaghetti mit Muscheln oder Hummer.

Basilika Sv. Antun
Die Kirche an der Hafeneinfahrt wurde 1480 erbaut und 1774 im Barockstil verändert. Sehenswert sind die Skulpturen und Gemälde, u. a. »Madonna und Heilige« von Bartolomeo Vivarini, 1455.

Delphin-Projekt
Information: ✆/Fax (051) 236-406 oder über Zagreb ✆ (01) 424-995
Fax (01) 424-998
www.island-losinj.com
Seit 1987 arbeitet in Veli Lošinj ein kroatisch-italienisches Team in Kooperationt mit dem Tethys Research Institute (Mailand) und dem Naturhistorischen Museum in Zagreb für den Schutz der hier beheimateten Delphine. Im Gewässer rund um die Inseln Cres und Lošinj leben rund 100–150 Große Tümmler. Wer möchte, kann das Projekt unterstützen und Pate eines Delphins werden.

1. Samstag im August: Tag des Delphins.

Diskothek Punta
Im Hotel Punta, Veli Lošinj
Zieht immer noch die Jugendlichen in Scharen an.

Südlich der Rovenska-Bucht befindet sich das Strandbad, wei-

Marina Mali Lošinj

ter entlang der Fußgängerpromenade gibt es Felsbadeplätze und nach ca. 2 km und weiter folgen kleine Kiesbuchten. Ebenso in Richtung Mali Lošinj über die schattige Strandpromenade findet man schöne Felsbadeplätze mit Einstiegshilfen.

5 Novi Vinodolski

Novi, wie die Stadt auch kurz und bündig genannt wird, liegt an der gleichnamigen Riviera, gegenüber der Insel Krk. Die Stadt wurde auf einem Hügel um das **Frankopanen-Kastell** aus dem Jahr 1225 erbaut. 1288 wurde in dem Kastell das Vinodoler Gesetzbuch geschrieben, das zu den bedeutendsten kroatischen Rechtsurkunden zählt und in der Glagoliza (s. S. 65) verfasst wurde. Damit sollten die bis dahin freien Gemeinden des Vinodol unter die Herrschaft der Frankopanen kommen. Ein Erdbeben 1750 zerstörte das Kastell, im 19. Jahrhundert wurde es teils abgerissen und umgebaut. Heute ist darin ein Heimatmuseum (tägl. 8–14 Uhr) untergebracht. Ebenso wie Crikvenica war Novi Vinodolski zu Zeiten der K. u. k.-Monarchie ein beliebter Kurort. Heute ist es eher ein ruhiger Urlaubsort mit einigen Hotels. Auch von hier kann man gut mit dem Mountainbike ins Hinterland radeln.

Service & Tipps:

Touristeninfomation Novi Vinodolski
Kralja Tomislava 6
51250 Novi Vinodolski
✆ (051) 244-306
www.multilink.hr/novi_vinodolski

Heimatmuseum
Im Frankopanen-Kastell
Novi Vinodolski
Tägl. 8–14 Uhr
Sammlung prächtiger alter Volkstrachten und eine Bibliothek.

Schön zum Sitzen sind oben in der Altstadt die **Pizzeria Frankopan** und das **Restaurant Oleander**.

Das Hinterland, der Vinodol (Weintal), lädt zu Wanderungen und Mountainbiketouren ein, es gibt zahlreiche Kastelle der Frankopanen zu besichtigen (s. S. 63).

6 Opatija

Das älteste Seebad Kroatiens mit 15 000 Einwohnern liegt an der gleichnamigen, 30 Kilometer langen Riviera; vor kalten Winden schützt das bis 1 400 Meter aufsteigende Učka-Gebirge im Hinterland. In subtropischem Grün verstecken sich die prachtvollen Villen einer glanzvollen Zeit.

Der Fabrikant Scarpa aus Rijeka baute 1844 für sich und seine Freunde das herrlich gelegene Feriendomizil **Villa Angiolina**. Großzügig stellte er das Anwesen der Gemahlin des ehemaligen Kaisers Ferdinand I. von Österreich zum ärztlich verordneten Kuraufenthalt zur Verfügung. Deren Begeisterung für diesen Landstrich sprach sich bald herum, und ein Bauboom setzte ein. Klangvolle Namen, schillernde Persönlichkeiten und viele Wohlhabende kamen, um sich hier bei gesundem Meeresklima den Winter zu verkürzen und Feste in wunderschönen Ballsälen zu feiern. Besonders die Silvesterbälle an der Riviera waren in den Wiener Hofkreisen sehr beliebt. Daran erinnern u. a. der »Kristallsaal« im Hotel Kvarner und der »Goldene Saal« im Hotel Imperial.

Heute ist Opatija wieder ein Tipp für unternehmungslustige Gäste, denn hier gibt es für jeden Geschmack Musik zum Tanzen und Feiern. Und so ist im Sommer ganz schön was los im Städtchen, die Cafés und Restaurants sind brechend voll und die Parkplätze rar.

Die spätklassizistische Villa Angiolina in Opatija

Service & Tipps:

Touristeninformation Opatija
Šetalište Maršala Tita 101/4
51410 Opatija
✆ (051) 271-310
www.opatija-tourism.hr
Informationen für die gesamte Riviera: www.kvarner.hr

Ariston
Maršala Tita 174 (stadtauswärts, kurz vor Ičići), Opatija
✆ (051) 271-379
Stilvolle Villa in üppigem Grün; romantisch speist man auf den Terrassen oberhalb der Uferpromenade. Raffinierte Gerichte wie Fohlen in Brombeerwein oder Meeresfrosch mit Mangold.

Plavi Podrum
Obala F. Supila 12 (am Hafen), Volosko
✆ (051) 701-223
Traditionsreiches, gut geführtes Fischlokal mit Terrasse.

Bevanda-Lido
Zert 8 (südl. vom Strandbad) Opatija
✆ (051) 701-412
Die verglaste Terrasse liegt direkt am Meer mit Blick auf Rijeka; immer gut besucht, reichliche Auswahl.

Laurus
Nova cesta 12 a, Opatija
✆ (051) 741-355
Sehr gutes Lokal mit schöner Terrasse oberhalb von Opatija, leckere Fisch- und Fleischgerichte.

Vranješ
A. Mikića 9, Opatija
✆ (051) 711-907
Etwas oberhalb der Hauptstraße von Opatija mit schöner Terrasse und Blick aufs Meer. Spezialitäten sind Fleischgerichte vom Grill und Fisch.

ACI Marina Opatija
POB 60, Ičići
✆ (051) 704-004

Vom Fischerdorf zum Seebad: Opatija bei Nacht

Traditionell – Opatijas Karneval im Frühjahr

www.aci-club.hr
Liegt ca. 1 km von Opatija entfernt in Ičići. 300 Liegeplätze im Wasser, 30 Stellplätze an Land, alle mit Strom- und Wasseranschluss; Restaurant, Sanitäranlagen, Wäscherei, Fachgeschäft für Nautik, Servicewerkstatt, 15-t-Kran, Helling. Tankstelle im Stadthafen von Opatija, 2 sm entfernt. Ganzjährig geöffnet.

Marina Admiral
Hotel Admiral, Maršala Tita 139
Opatija
✆ (051) 271-882
Im Zentrum der Stadt gelegen. 160 Liegeplätze im Wasser, 40 Stellplätze an Land, alle mit Strom- und Wasseranschluss; 5-t-Kran, alle Angebote des Hotels (Restaurant, Pool, Sauna usw.) können genutzt werden, Tankstelle 0,5 sm entfernt im Stadthafen. Ganzjährig geöffnet.

Colosseum
Bei Villa Madona
Sehr beliebt ist diese riesige moderne Diskothek (tägl. 23–6 Uhr).

Feste und Veranstaltungen
Frühjahr: Opatijas Karneval mit traditionellen Masken aus Schaffell und Hammelhörnern ist u. a. berühmt wegen seiner prächtigen Straßenumzüge und des großen Kinderprogramms. Zudem eine Segelregatta mit geschmückten, verzierten Schiffen.
Anfang Juli und 3. Wochenende im November: Segelregatta des Jachtclubs Opatija
Anfang Juli: Liburnia Jazzfestival
25. Juli (gefeiert wird am Wochenende): Stadtfest Sv. Jakov, Konzerte, Ausstellungen usw.

Wunderschön ist der **Lungomare**, eine vor 100 Jahren errichtete Uferpromenade mit Bänkchen und vielen lauschigen Felsbadebuchten – durch Lorbeerbäume und Pinien angenehm schattig –, die sich über 10 km nach Lovran windet.

Eine schöne Wanderung bietet sich in 1,5 Std. zur einstigen Fluchtburg **Veprinac** oberhalb von Opatija an. Der steile Aufstieg wird mit einem fantastischen Ausblick belohnt.

Naturpark Učka
✆ (051) 293-753, -751
www.pp-ucka.hr
Ein beliebtes Wandergebiet mit vielen geschützten und auch endemischen Pflanzen, Kalksteintürmen und Grotten; die Aussicht vom Gipfel Vojak (1 400 m) über die Kvarner-Inseln und Istrien ist fantastisch. Es führen viele Wege hinauf – für den längsten, von Opatija aus, benötigt man ca. 7 Std. Kürzer ist es von Lovran, ca. 4,5 Std. (man kann auch den Bus bis Lovran nehmen). Es gibt inzwischen auch geführte Wanderungen. Auf der Nordwestseite kann man paragliden und klettern. Infos und Wanderkarten in der Touristeninformation (s. S. 76).

Portalverzierung am Hauptplatz von Lovran

7 Opatija-Riviera

Die Opatija-Riviera zieht sich von Opatija in Richtung Südwesten über Ičići mit seinem großen Jachthafen zum schönen Kurort Lovran und endet bei Mošćenička Draga, einem beliebten Badeort.

Lovran
Das Städtchen ist ein stilvoller Kurort mit zahlreichen hübschen Villen und Prachtbauten, aber nicht so quirlig wie Opatija. Der Ortsname geht auf das antike *Lauriana* zurück, vom lateinischen *laurus*, Lorbeer – dieser Baum kommt hier neben Kastanien und Eichen sehr häufig vor. Der Altstadtkern um die Kirche des hl. Georg aus dem 15. Jahrhundert ist malerisch und lädt zu einer beschaulichen Kaffeepause ein.

Bekannt ist Lovran für seine Maronen, die im Herbst überall angeboten werden. Auch Kirschen gedeihen an den Učka-Hängen prächtig. Beide Früchte werden in Lovran eifrig gefeiert. Um das Städtchen gibt es herrliche Villen zu mieten, nicht schlecht, um sich einmal gediegen zurückzuziehen.

Service & Tipps:

Touristeninformation Lovran
Šetalište Maršala Tita 63
51415 Lovran
✆ (051) 291-740
www.tz-lovran.hr

Najade
Am Hafen von Lovran
✆ (051) 291-866
Am Ortsausgang Richtung Pula, schöne Terrasse direkt oberhalb vom Meer, gutes Fischlokal.

Von Lovran führt ein markierter Wanderweg hinauf durch die Maronenwälder ins **Učka-Gebirge** und zum Gipfel Vojak (1400 m); ca. 4,5 Std. ohne Hetze muss man rechnen.

Galerie Fortezza
In der Altstadt von Lovran
Hier hat der berühmte Künstler und Maler Charles Billich seine Ausstellungsräume.

Feste
2. Juniwoche: Kirschenfest. Es gibt viele Kirschgerichte, z. B. einen riesigen Kirschstrudel.
3. Oktoberwochenende: Maronen-

Bootshafen von Lovran

fest »Marunada«. Veranstaltungen zum Thema und diverse Gerichte (z. B. geröstete Maronen und Maronenkuchen) werden überall angeboten.

Mošćenička Draga
Beliebter Badeort 10 km südlich von Lovran mit Hotels, Pensionen und Campingplatz; sehr schöner Feinkiesstrand. Oberhalb des Ortes befindet sich das mittelalterliche Mošćenice mit kleinem ethnographischem Museum. Man hat einen herrlicher Blick über die große Bucht.

94 Quadratkilometer Sonne – die beliebte Insel Rab

8 Rab (Insel)

Rab ist eine der bekanntesten Ferieninseln Kroatiens und beherbergt schon seit über 100 Jahren Touristen aus aller Welt. Auf nur 94 Quadratkilometern leben 8 500 Menschen, vor allem um den Hauptort Rab ist die Insel dicht besiedelt. Sie zählt zu den sonnigsten Orten Europas, hat mildes Klima, teils üppige Vegetation und schöne Badestrände. Unter den Griechen hieß die Insel *Mertorides*, unter den Römern *Arbe*. Kaiser Augustus ließ hier einen wichtigen Kriegshafen und ein Munizipium bauen, danach die Stadt mit Tempel, Foren und Theater. Bischofssitz wurde Arbe/Rab bereits im Jahr 530. Goten und Slawen machten die Stadt allerdings dem Erdboden gleich.

Im 15. Jahrhundert dann waren es die Einwohner selbst, die ihre wieder aufgebaute Stadt verwüsteten: Die Pest war ausgebrochen, und um sie zu bekämpfen, wurden die Häuser der Kranken zugemauert und mitsamt den Bewohnern niedergebrannt. Die Venezianer brachten der Insel und der Stadt als wichtigem Flottenstützpunkt im Levantehandel wieder Aufschwung. Eine Blütezeit erlebte sie im kroatischen Königreich, vor allem durch die Franziskaner und Benediktiner, die hier Klöster und Kirchen bauten.

Das befestigte Museumsstädtchen **Rab** auf einer Landzunge mit seinen vier Glockentürmen als Wahrzeichen lädt ein zu einem Bummel durch die Vergangenheit. Zu sehen gibt es viele Kirchen und Klöster und reliefverzierte Tore. Von der Landseite kommend, stößt man auf den Trg Municipium

Arba mit Cafés und dem **Fürstenpalast** mit romanischen, gotischen und Renaissancefenstern. In der Fußgängerzone steht die Stadtloggia, in der Porträtisten gern arbeiten. Fast an der Spitze der Landzunge befindet sich das im 15. Jahrhundert errichtete Frauenkloster **Sv. Antun** und gleich daneben das bedeutendste Bauwerk der Stadt wie auch der gesamten Insel: die romanische dreischiffige Domkirche **Sv. Marija** (11. Jh.), 1177 vom Papst persönlich geweiht. Im 15. Jahrhundert wurde die Kirche erneuert und über dem Haupteingang ein Pietà-Relief von Petar Trogiranin (Peter von Trogir) angebracht. Das Innere zieren ein mit Ornamenten des Frühchristentums gearbeitetes Relief und ein hölzernes Chorgestühl aus dem Jahr 1445. In der Schatzkammer wird das Reliquiar des hl. Christophorus, des Schutzpatrons der Stadt, aufbewahrt. Etwas entfernt steht der 25 Meter hohe Kirchturm mit pro Stockwerk wachsender Anzahl zierender Fensterbögen. Man kann hinaufsteigen und die Aussicht auf Rab genießen.

Die Altstadt von Rab

Nahe dem Trg slobode steht das Benediktinerinnenkloster **Sv. Andrija**. Die Klosterkirche ziert ein Polyptychon von Vivarini (1485). Kurz danach folgt die Kirche **Sv. Justina** mit einem Altargemälde aus der Tizianschule und einem Kirchturm zum Hinaufsteigen. Weiter westlich in der Gornja ulica folgen das Kirchlein **Sv. Križ** und danach die erhaltenen Säulen und der Turm der einstigen Basilika **Sv. Ivan** aus dem 7. Jahrhundert. Am Ende der Straße steht **Sv. Kristofor** mit Lapidarium. Dann kann man wieder hinabspazieren Richtung Hafen über die Treppen der **Festung Galjarda** aus dem 15. Jahrhundert oder in den schönen, mit Steineichen, Zypressen und Palmen bepflanzten **Park Komrčar**.

Neben dem Museumsstädtchen Rab ist noch das im Norden der Insel gelegene **Lopar** mit seinem Sandstrand beliebtes Ferienquartier.

Service & Tipps:

Anreise: Auto-Schiffsfährverbindung (Trajekt) vom Festland (Jablanac) nach Mišnjak (Insel Rab) im Sommer fast rund um die Uhr, Trajekt von Lopar (Insel Rab) nach Baška (Insel Krk) von Ende Mai bis Ende Sept. 2–5 x täglich. Zudem Personenfähre nach Pag um 9 und 17 Uhr und Katamaran nach Novalja (Insel Pag).

Touristeninformation Rab
Trg Municipium Arba 8
51280 Rab
✆ (051) 724-064
Fax (051) 725-057, www.tzg-rab.hr

Santa Maria
Ulica Dinka Dokule, östl. Ende der Hauptgasse, Rab
Stilvolles Lokal, mit Gemälden von Segelschiffen und Modellen dekoriert. Spezialitäten sind leckere Fischgerichte.

Gran Paradiso
S. Radića 2, Rab
✆ (051) 777-157
Im Innenhof des Cernota-Palastes mit Palmen, Säulen und luftiger Terrasse; gegenüber in der Stadtloggia Restaurant, Café und Vinothek; sehr guter Service und ebensolche Qualität.

Trg Municipium in der Altstadt von Rab

Konoba Rab
Kneza Branimira 3, Rab
✆ (051) 725-666
Rustikales Lokal mit Kamin, Galerie. Spezialitäten sind Gerichte aus der Peka (Lamm, Huhn, Kalbshaxe).

ACI Rab
Stadthafen, Rab
✆ (051) 724-023
www.aci-club.hr
Wunderschöne Marina, innerhalb des Stadthafens. 140 Liegeplätze im Wasser, alle mit Wasser- und Stromanschluss; Sanitäranlage, Cafébar, Servicewerkstatt, Laden, 3-t-Helling, Tankstelle. Geöffnet von April bis Ende Okt. Weiterer und größerer Jachthafen in Supetarska Draga.

Täglich um 9 und 17 Uhr legen vom **Stadthafen** Schiffe nach Lun auf der Insel Pag ab.

Raber Musikabende
Juli–Mitte Sept. 1–2 x wöchentlich klassische Konzerte in der Domkirche Sv. Marija und der Kirche Sv. Križ.

Raber Festtage
Vom 25. bis 27. Juli werden die Stadtheiligen Sv. Ana, Sv. Jakov und Sv. Kristofor mit mittelalterlichem Essen, Musik und Tanz gefeiert. Die Altstadt ist mit Fackeln bestückt und Raber Bürger der verschiedenen Vereine sind in alten Trachten kostümiert, die gesamte Altstadt taucht ein ins Mittelalter. Eine besondere Attraktion ist der Armbrustschützen-Wettbewerb.

Ritterspiele und Armbrustschützen-Wettbewerbe auch noch am 9. Mai (Tag von Rab), 30. Mai und 15. August.

Franziskanerkloster Sv. Fumija (Euphemia)
Das Kloster liegt am Ende der gleichnamigen Bucht und ist über den schönen Uferweg von Rab aus zu erreichen. Es wurde 1444 gegründet und besitzt einen schönen Kreuzgang und Klostergarten. Sein Inneres zieren wertvolle Gemälde, u. a. von Vivarini aus dem Jahr 1485. Tägl. 10–12 und 16–18 Uhr.

Dundo-Wald
Schön ist ein Ausflug von Rab auf die Halbinsel Kalifront im Südwesten der Insel, ca. 12 km entfernt. Hier findet sich weitläufig angelegter Wald aus Kiefern, Pinien und Zypressen, durchzogen von schönen Radwegen. Badegelegenheiten gibt es auch genug.

Lopar
Hier wurde der hl. Marinus geboren, der später in Italien jene Einsiedelei gründete, auf die der Staat San Marino zurückgeht. Die Menschen kommen allerdings mehr wegen der fantastischen Bademöglichkeiten am sandigen Paradies-

strand, besonders schön für Kleinkinder und ihre Eltern, da das Wasser nicht sehr tief ist. Auch rund um Lopar gibt es ruhigere Buchten für Erholungsuchende.

Schäferin auf der Halbinsel Lopar

ACI Supetarska Draga
Supetarska Draga, 7 km nördlich von Rab
✆ (051) 776-268, www.aci-club.hr
Sehr gut ausgestattete Marina. 270 Liegeplätze im Wasser, 50 Stellplätze an Land, Wasser- und Stromanschluss; Restaurant, Sanitäranlagen, Supermarkt, Servicewerkstatt, 10-t-Kran, Helling, Tankstelle in Rab. Ganzjährig geöffnet.

Restaurant Belveder
Supetarska Draga, Ortsausgang Richtung Lopar
✆ (051) 776-162
Von der Straße etwas unterhalb gelegen mit wunderschöner Terrasse; Blick aufs Meer und traumhafte Sonnenuntergänge. Von den Bootsleuten (es gibt auch Anleger für bis zu 15 Boote) wird das Lokal auch »Stiegenwirt« genannt, denn für sie heißt es laufen – hinauf über 100 Stufen zum verlockenden Essen. Spezialitäten sind die Fischplatten.

9 Rijeka

Rijeka ist mit 160 000 Einwohnern die größte und wichtigste Hafenstadt Kroatiens und auch wichtiges Transitzentrum. Die Altstadt birgt viele Prachtbauten und Paläste, die den italienischen Novecento-Stil erkennen lassen, eine Reihe sehenswerter Museen und oberhalb der Stadt die **Festung Trsat**. Illyrer, Römer, Frankopanen und Habsburger wachten über die Stadt, und für die österreichisch-ungarische Doppelmonarchie war sie ebenfalls wichtiger Seehafen.

Rijeka, die größte und wichtigste Hafenstadt Kroatiens

Nach dem Ersten Weltkrieg besetzte der italienische Schriftsteller und Nationalist Gabriele D'Annunzio Rijeka; als Fiume gehörte es bis zum Ende des Zweiten Weltkrieges zu Italien. Es lohnt sich durchaus, ein paar Tage in der Stadt zu verbringen, die Museen bieten reichlich Anschauungsmaterial, und zudem kann man ja einen kurzen Badeabstecher ins nahe Opatija oder ins bergige Hinterland zum Wandern unternehmen. Eindrucksvollste Bauten der Stadt sind der **Dom Sv. Marija** aus dem 12. Jahrhundert, das **Stadttor** mit Uhrturm aus dem 15. Jahrhundert, das **Volkstheater**, in dem bereits 1885 Aufführungen stattfanden, und das **Palais Modello** mit seiner Fassade der Hochrenaissance und des späten Barock. Die **Kapuzinerkirche Gospe Lurdske** (1904) hat eine farbenprächtige Fassade aus weiß-rotbraunem Mosaik.

Stadttor mit dem Uhrturm von Rijeka

Nonnen auf den Stufen zur Festung Trsat

Service & Tipps:

Touristeninformation Rijeka
Korzo 33, 51 000 Rijeka
✆ (051) 335-882, Fax (051) 214-706
www.tz-rijeka.hr

Fährverbindungen: Die sog. Küsteneilfähre fährt in der Hauptsaison 4 x wöchentlich nach Dubrovnik: Rijeka-Zadar-Split-Hvar-Korčula-Sobra (Insel Mljet)-Dubrovnik-Bari (Italien) 2 x in der Woche nur bis Korčula. Außerhalb der Hauptsaison ebenfalls verkürzte Fahrtrouten. Informationen zu den Fähren unter www.jadrolinija.hr.

Trsatika
Ulica J. Rakovca 33, Rijeka
✆ (051) 217-087
Beliebte Ausflugsgaststätte und Café oben auf der Festung Trsat mit Garten. Es gibt einheimische wie internationale Küche.

Zlatina Školjka
Kružna ulica 12 (östl. vom Jadranski trg, Beginn Korzo), Rijeka
✆ (051) 213-782
Traditionell gutes Fischlokal.

Feral
Matije Gupca 5, Rijeka
✆ (051) 212-274
Bei den Einheimischen beliebtes Lokal, hier isst man ebenfalls sehr gut Fischgerichte.

Bonavia
Dolac 4, Rijeka
✆ (051) 357-100
Das Hotel-Restaurant bietet vorzügliche Küche, ob Fleisch- oder Fischgerichte.

Konoba-Café/Bar Nina
Im Hafen, Rijeka
Mob.-✆ (098) 371-951
Auf einem Boot, nicht zu übersehen, ist das Lokal, das bereits mittags seine hausgemachten Nudel- sowie Fisch- und Fleischgerichte anbietet; 40 verschiedene Weinsorten werden offeriert. Abends entwickelt sich das Ganze zu einem beliebten Treffpunkt.

Cafés und **Bistros**, auch abends beliebt, in der Fußgängerzone Korzo, z. B. **Cocktailbar Hemingway** oder **GAL**. Livemusik gibt es im **El Rio**, am Jadranski trg. Wer auf Rock steht, geht ins **Svid Rock Café**, Riva 14. Wer Caféhausatmosphäre sucht und eine Kleinigkeit essen möchte, ist in der **Brasserie As** richtig, Trg Republike Hrvatske 2.

Im Juli/Aug. Theateraufführungen und Konzerte.

Während des **Karnevals** im Frühjahr ist Rijeka Hochburg mit farbenprächtigen Umzügen.

Pilgerfest zur Festung Trsat, 15. August - ein ganz wichtiges Fest in der Stadt, große Prozession hinauf zur Burg.

Festung Trsat
Am Ufer der Riječina beginnt der Wallfahrtsweg mit 559 Stufen hinauf zum Berg Trsat mit Votivkirche und Festung. Auf dem strategisch wichtigen Platz bauten bereits die Illyrer eine Fluchtburg, die Römer ihr Kastell Tarsatica. Später wurde die Burg Sitz der Grafen Frankopani. Das Pilgerfest findet am 15. August statt.

Seefahrts- und Historisches Museum
Muzejski trg 1, Rijeka
✆ (051) 213-578 und (051) 335-772,
Di–Sa 9–13 Uhr, So/Mo geschl.
Entwicklung der Schifffahrt, Modelle, Waffen und antike Möbel.

Stadtmuseum
Muzejski trg 1/1, Rijeka
✆ (051) 336-711
Mo–Fr 10–13, Sa/So geschl.
Zeugnisse des Volksbefreiungskampfes und der Revolution sowie eine Sammlung zur älteren und neueren Geschichte Rijekas.

Naturwissenschaftliches Museum
Lorenzov prolaz 1, Rijeka
✆ (051) 334-988
Mo–Sa 9–19, So 9–15 Uhr
Meeres- und Landesfauna, geologische Funde, Sammlung von Schnecken und Muscheln aus verschiedenen Meeren.

Museum für zeitgenössische Kunst/Moderne Galerie
Dolac 1/II, Rijeka
✆ (051) 334-280
Di–So 10–13 und 17–20 Uhr, Mo geschl.
Jährlich wechselnde Kunstausstellungen.

Wissenschaftliche Bibliothek
Dolac 1, Rijeka
✆ (052) 336-129
Tägl. 8–15 Uhr
Ausstellung von glagolitischen Inschriften, handgeschriebenen Messbüchern und Wiegendrucken.

Kastav
Kleines mittelalterliches Städtchen wenige Kilometer nördlich und oberhalb von Rijeka. Durch das bewehrte Städtchen mit seiner stürmischen Geschichte führt der Europäische Fernwanderweg Nr. 6. Der Blick hinab auf das brodelnde Rijeka ist beruhigend. Bereits 1866 gab es hier die erste istrische Lesehalle. Bedeutendste Söhne der Stadt waren die Maler Vincent und Ivan von Kastav.

Kukuriku
Kastav 120
✆ (051) 691-417
Schöne Terrasse vor dem prächtigen Haus dieses Slow-Food-Restaurants. Fisch- und Fleischgerichte und wunderbare Weine.

Nationalpark Risnjak

Ca. 30 km nordöstlich von Rijeka, Informationzentrum ist in Crni Lug, ✆ (051) 836-133, www.risnjak.hr.
Ein waldreiches Bergmassiv, in dem noch der Luchs, *ris*, der Namensgeber, umherschleicht. Höchster Gipfel ist der Veliki Risnjak (1528 m) mit Aussicht bis zum Meer und den Inseln. Neben den Luchsen gibt es auch Bären, Wölfe und Gämsen sowie verschiedenste Vogelarten. Der Wald besteht aus Buchen, Tannen und Kiefern und es wachsen viele verschiedene geschützte Pflanzen. Das Gebiet ist 6 400 ha groß, darin verstreut liegen kleine Dörfer, es gibt viele Wanderwege. Einen Besuch lohnt auch die Karstquelle Kupa, ein türkisfarbener See mitten im Wald. Übrigens liegt hier auch zwischen Platak und Snježnik Kroatiens größtes Skigebiet, in dem auch Meisterschaften ausgetragen werden.

⑩ Senj

Die Stadt der Uskoken, der Bora, Wiege des Glagolitentums und Schauplatz des Jugendromans »Die Rote Zora und ihre Bande«. Rund 5 500 Einwohner hat das geschichtsträchtige Städtchen mit seinen Bollwerken, das einst von

Uskokenfestung Nehaj – Wahrzeichen von Senj

einem Befestigungssystem von einem Kilometer Länge und 13 Türmen umgeben war. Nur wenige Türme blieben erhalten.

Größter und schönster Platz ist der **Trg Cilnica** mit dem Frankopanen-Kastell von 1340. Das älteste Bauwerk ist der dreischiffige **Dom Sv. Marija** aus dem 11. Jahrhundert. Er wurde im 18. und 20. Jahrhundert renoviert und birgt ein bischöfliches Wandgrab und das Wappen der Familie Petrović von 1491, das älteste kroatische Staatswappen. Von dieser Kirche aus wurde die glagolitische Schrift in andere slawische Länder getragen.

Ausflüge locken zum **Nationalpark Plitvicer Seen** mit seinen vielen Wasserfällen und zum **Nationalpark Nord-Velebit**, in dem man herrliche Wanderungen unternehmen und zudem den dort gelegenen Botanischen Garten besichtigen kann.

Service & Tipps:

Touristeninformation Senj
Stara cesta 2 (Kreuzung nach Plitvice), 51270 Senj
✆ (053) 881-068, Fax (053) 881-219
www.senj.hr

Konoba Lapidarij
Im Stadtmuseum, Senj
Juli–Sept. 10–24 Uhr
Im lauschigen Innenhof und auch im Untergeschoss des Museums befindet sich dieses nette Lokal.

Stadtmuseum
Westl. vom Domplatz in Senj
In der Saison Mo–Fr 8–14 und 18–20, Sa/So 10–12 und 18–20 Uhr
Im Renaissancepalast Vukasović aus dem 15. Jh. sind eine archäologische und ethnographische Sammlung sowie die Entwicklung der Glagoliza und der glagolitischen Buchdruckkunst zu besichtigen.

Uskokenburg Nehaj
Tägl. 10–18, im Hochsommer bis 21 Uhr

Wahrzeichen von Senj ist die oberhalb am Berg liegende Burg, die 1558 errichtet wurde.

Nationalpark Nord-Velebit (Sjeverni Velebit)
N.P.-Verwaltung, Obala kralja Zvonimira 6, Senj
✆ (053) 884-552, Fax (053) 884-551
www.np-sjeverni-velebit.hr
Von Senj aus sind es ca. 27 km südöstlich, Abzweig bei Sv. Juraj, dann hoch in die Berge und bei Oltari Abzweig nach Süden. Im Nationalpark Nord-Velebit, einem Teil des Naturparks Velebit, gibt es wunderbare Wanderwege, einige Unterkunftshütten und einen Botanischen Garten. Der höchste Berg in diesem Gebiet, Zavižan, misst 1 677 m, es gibt noch weitere zu erkunden und die Aussicht auf die Kvarner Inselwelt ist grandios. Am Fuße des Berges Vučak, 1 645 m, stehen die meteorologische Station und die bewirtschaftete Berghütte Zavižan. Etwas südlich davon erstreckt sich der 50 ha umfassende Botanische Garten, durch den schön angelegte Wege mit Beschilderungen der Pflanzen führen.

Nationalpark Plitvicer Seen (Plitvička jezera)

Touristeninformation: ✆ (053) 751-015/014, Fax (053) 751-013
www.np-plitvice.com oder www.np-plitvicka-jezera.hr
Eingang 1 ganzjährig ab 8 Uhr (Juli/Aug. ab 7 Uhr) bis Sonnenuntergang, Eingang 2 nur von Ostern bis Okt.

Dieser beeindruckende Nationalpark liegt auf einer Fläche von fast 30 000 ha in unberührter Natur mit dichten Wälder, in denen u. a. Bären, Wildschweine und Wölfe leben. Attraktion sind die 16 miteinander durch Überläufe, Wasserfälle und Höhlensysteme verbundenen Seen auf einer Länge von ca. 7 km und mit ca. 135 m Höhendifferenz. Das Karstgebiet lässt immer neue Barrieren und Wasserläufe entstehen. Um die Seen führen markierte Wanderwege und über den Kozjak-See fährt ein Elektroboot. Man sollte sich einen ganzen Tag Zeit nehmen oder sich in den umliegenden Hotels oder auf dem Campingplatz einquartieren. Baden ist leider untersagt.

REGION 4
Norddalmatien

Norddalmatien

Lange Inseln, tiefe Schluchten

Dieses Gebiet umfasst das Küstenland ab der Stadt Senj bis hinab nach Rogoznica, kurz vor Trogir. Der Norden dieses Landstrichs hat nur einen schmalen Küstensaum, im Hintergrund ragt das karstig weiße Velebit-Gebirge auf mit den Nationalparks Nord-Velebit (s. S. 87) und Paklenica mit den beiden tiefen Schluchten, die schon als Filmkulisse dienten. Dann geht es über die Maslenica-Brücke zur großen, flachen Halbinsel Ravni kotari. Hier lohnt die alte Stadt Nin mit der »kleinsten Kathedrale der Christenheit« einen Stopp.

Nordwestlich dieser Halbinsel erstreckt sich die Halbinsel Pag mit ihren schönen Badestränden. Kultur- und Wirtschaftsmetropole Norddalmatiens ist Zadar, das mit einer hübschen Altstadt und zahlreichen Museen aufwartet, zudem ist die Stadt Ausgangspunkt für viele vorgelagerte Inseln. Ein schönes Ausflugsziel ist z. B. die »lange Insel«, Dugi Otok, mit dem Naturpark Telašćica. An der Küste folgt südlich von Zadar die »weiße Stadt am Meer« Biograd mit ihren Jachthäfen. Sie ist ein guter Ausgangspunkt für den Kornatenarchipel.

Bei Bootsbesitzern beliebt ist ebenso die Insel Murter, die praktisch in Sichtweite der Kornaten liegt. Der Nationalpark Kornaten, ein aus über 100 Inseln und Riffen bestehender Archipel, wird gern von Bootsbesitzern angelaufen; wer kein eigenes Boot hat, kann von fast jeder Stadt einen organisierten Ausflug unternehmen. Sehenswert ist die große Stadt Šibenik mit

Felswände in der Schlucht Velika Paklenica dienten in verschiedenen Winnetou-Verfilmungen als Filmkulisse

Stinica
Jablanac
Gornji Kosinj
Bakovac Kosinjski
Kružčičko
Studenci
Canak
Kozjan
Ponor
Korenički
Bjelopolje
Melinovac
Dubrovsko
Lipa
Širovača
Crni Padež
Šatorina
1623
Kaluđerovac
Perušić
Konjsko Brdo
25
Ljubovo
1134
Bunić
Frkašić
E 71
Nebljusi
791
E 65
8
Klanac
jezero
50
Lički Osik
Krbava
Pećane
1269
Plješevica
Kruge
218
Oršac
Stara Novalja
Prizna
Novalja
Žigljen
1178
H
R
V
A
T
S
K
A
Široka Kula
Podlapača
1199
Krbavsko polje
1
Ozeblin
1657
Mišljenovac
Budak
Ostrvica
Mekinjar
Jošan
Donji Lapac
Cesarica
928
Baške Oštarije
Gospić
Časka
106
Zubovići
Karlobag
Trnovac
Vrebac
Udbina
Kuk
1142
Boričevac
Pag
5
Mišnjak
Susanj
25
Lički Novi
Bilaj
Srednja Gora
Podkuk
Gornji Lapac
Kolan
Metajna
Brušane
1339
Divoselo
A1
Mogorić
Ondić
Dobroselo
Mandre
Paški zaljev
Velebit
Maunski kanal
Lički Ribnik
Lika
Jadova
Krbava
1591
Maun
Pag
Lukovo Šugarje
Lički Čitluk
Medak
Gornja Ploča
E 59
Mazin
Brezovac
Maun
Počitelj
Zaklopac
Gorica
Kuklijć
Rudopolje Bruvanjsko
Košljun
106
8
Barić Draga
1639
Vaganski vrh 1757
Raduč
Lovinac
1179
Bruvno
Dinjiška
Tribanj-Krušćica
Šibuljina
Paklenica Nacionalni Park
Velebitski kanal
Otuča
Povljana
Sv. Rok
50
Ričice
Štikada
Deringaj
1012
Bukov vrh
1401
Rt. Vrulja
Lozice
Vlašići
Miletići
Starigrad-Paklenica
Ričica
Gračac
Velika Popina
Vir
Vir
Rtina
Seline
1
218
Privlaka
Ražanac
1180
Cerovačke pećine
1404
E 71
Malovan
E 59
Sučevići
Molat
Vrsi
Vinjerac
Podprag
767
Brgulje
Nin
4
Aenona
Donja Slivnica
Jasenice
27
1175
Molat
Rt. Križ
Zaton
Poljica
Radovin
Islam Latinski
Posedarje
Zrmanja-Vrelo
Tun Veli
Sestrunj
Punta Skala
Bokanjačko blato
Visočane
Obrovac
Zrmanja
Gornje Bilišane
Krupa
Sedlo
1058
Zverinac
Rivanj
Grusi
Poličnik
E 65
Novigrad
Zrmanja
Kožino
Karinsko more
Soline
Briševo
Suhovare
Kaštel Žegarski
Božava
Sestrunj
Murvica
Zelengrad
Selo
Ugljan
Zadar
9
8
502
Donji Zemunik
Smilčić
Dragove
Ugljan
Dubraja
Ervenik
Lukoran
Škabrnje
Medviđa
Zadarski kanal
640
Brbinj
Savar
Bibinje
Galovac
Prkos
56
Popovići
Biovičino Selo
Mokro Polje
Padene
Iž Veli
Kali
Sukošan
Benkovac
Raducić
Iž
Srednji kanal
Gorica
Kukljica
E 65
Polača
Podlug
Lisičić
Brgud
Rava
Rava
Mali Iž
Ždrelac
8
Ivoševci
Macure
365
Rudele
Dugi Otok
2
Dobropoljana
Krmčina
Kakma
503
Perušić
Miranje
509
Citluk
Luka
Žman
Pašman
Turanj
Sv. Filip i Jakov
A1
Bulić
Kistanje
Oklaj
Sali
Lavdara
Kurba Mala
Sit
Pašmanski kanal
Pašman
1
Biograd na Moru
Vukšić
Biljirske Mostine
Varivode
Smrdelje
Škarica
Glamoč
Tkon
27
Stankovci
56
Roški slap
Park prirode Telašćica
Gangarol
Košara
Žižanj
Drage
Klarići
Bratiškovci
Man. Visovac
Širitovci
Pristanište
Gangaro
Arta
Dazlina
2004
Mala Čista
Plastovo
Kornati
Žut
Vrgada
Vela
Dubravice
Bristani
Žutski kanal
Murvenjak
Betina
Prukljansko jezero
Kulić
Kaočine
Levrnaka
Vrulje
Murtersko more
Murter
Pirovac
Skradin
Nacionalni Park Krka
Skradinski Buk
Pokrovnik
Mana
Kornat
Tijesno
Jezera
Raslina
Jadra (Piškera)
Murter
3
8
Zaton
Lozovac
56
Konjevrate
Tribunj
Lavsa
Vodice
Šibenik
Mirlović Zagora
Nacionalni Park Kornati
Smokvica
Gominjak
Skulj
Kurba
Vela
Prvić
8
Tetovišnjak
Kaprije
Tijat
Zablaće
2004
Kraljice
Slivno
Zmajan
Rt. Žirje
Kakan
Kaprije
Zlarin
Zlarin
Jadrtovac
58
Vrpolje
Žirje
Mažirina
Grebaštica
Boraja
Jadransko More
E 65
Primošten
6
Kruševo
8
Rastovac
Podorljak
Rogoznica
7
Rt. Movar
Sevid
Murvica
N
0
5
10 km

ihrer beeindruckenden Kathedrale, den zahlreichen vorgelagerten kleinen Inseln und mit dem im Hinterland gelegenen Nationalpark Krka. Das geographische Schlusslicht Norddalmatiens bilden das malerische Kleinod Primošten und das Städtchen Rogoznica, bekannt bei Bootsbesitzern durch seine Marina. Von der Küstenstraße aus, die sich vor allem im Norden über unzählige Einbuchtungen und Schluchten windet, bieten sich traumhafte Ausblicke auf die unzähligen kleinen und großen Inseln.

Prächtige Zahnbrasse

Mit Unterkünften ist Norddalmatien gut versorgt. Man findet Hotels in allen Kategorien, zahlreich sind auch Pensionen, und es gibt viele Campingplätze verschiedener Größe. FKK-Campingplätze sind hier allerdings weniger vertreten als in Istrien und im Kvarner-Raum. Kulturliebhabern wird mit zahlreichen Museen und Baudenkmälern einiges geboten. Sportsfreunde kommen mit Mountainbiketouren, vor allem auf den Inseln, beim Klettern u. a. in der Paklenica-Schlucht oder bei Trekkingtouren im Velebit-Gebirge auf ihre Kosten; für Wasserratten gibt es viele Tauchbasen, vor allem auf den Inseln, und Bootsbesitzer finden zahlreiche gut ausgestattete Jachthäfen in herrlicher Landschaft.

Kulinarisch ist der Schafskäse von der Insel Pag bekannt, *paški sir*, der in ganz Kroatien angeboten wird. Zadar wartet auf mit seinem Kirschlikör Maraskino, der aus den Kernen der Weichselkirsche gebrannt wird. Von den vorgelagerten Inseln wie Dugi Otok und Pašman mit ihren Fischfabriken kommen die beliebten Sardellen. Aber auch Goldbrasse, Zahnbrasse und Drachenkopf gibt es in den fischreichen Gewässern. In der Gegend um Šibenik werden exzellente Weine wie der weiße Debit oder Skradin und der Roséwein Opol produziert. An Spezialitäten aus dem Fluss Krka gibt es Flussaale und Forellen; oder vielleicht probiert man auch mal *skradinski rižot* (Reis mit Huhn und Kalbfleisch).

1 Biograd na moru

Die »weiße Stadt am Meer« ist beliebtes Feriendomizil mit einigen Jachthäfen und Fährhafen für die Inseln Pašman und Ugljan; außerdem geht es von hier aus zum Nationalpark Kornaten. Die Stadt mit heute 5000 Einwohnern wurde im 10. Jahrhundert gegründet und war Sitz des kroatischen Königs. Ältestes Baudenkmal ist die Pfarrkirche **Sv. Stošija** aus dem 17. Jahrhundert. Entlang dem Meer verläuft eine breite Uferpromenade mit unzähligen Cafés und Restaurants. Wenige Kilometer entfernt liegt der 3 000 Hektar große **Vransko jezero**, ein See, der durch unterirdische Kanäle mit dem Meer verbunden ist. Der nordwestliche Teil ist ornithologisches Reservat. Vor der Küste liegen die beiden Inseln **Ugljan** und **Pašman**.

Service & Tipps:

Touristeninformation
Trg hrvatskih velikana 2
23210 Biograd
✆ (023) 385-123, Fax (023) 383-382
www. tzg-biograd.hr

Museum
Strandpromenade, Biograd
Tägl. außer So 9–12 und 20–22 Uhr
Ein großer Anker kennzeichnet den Eingang. Funde aus römischer und altkroatischer Zeit.

Marina Kornati
Šet. kneza Branimira 1, Biograd
✆ (023) 383-900
Fax (023) 384-500
www.marinakornati.com
Gut ausgestattete Marina. 600 Liegeplätze im Wasser, alle mit Wasser- und Stromanschluss, 60 Stellplätze an Land; Restaurant, Supermarkt, Nautikfachgeschäft, Sanitäranlagen, Wäscherei, Servicewerkstatt, 10-t-Kran, 50-t-Travellift, Charterservice. Ganzjährig geöffnet.

Marina Šangulin
Kraljice Jelene 3, Biograd
✆ (023) 385-020, -150, www.sangulin.hr
Die Marina liegt direkt vor der Marina Kornati. 150 Liegeplätze im Wasser, alle mit Wasser- und Stromanschluss, 10 Stellplätze an Land; Sanitäranlage, 12-t-Kran. Tankstelle 0,5 sm entfernt. Ganzjährig geöffnet.

Meduza
Augusta Šenoe 24, Biograd
✆ (023) 384-025
Beliebt bei den Einheimischen, gute Fisch- und Fleischgerichte.

Žućo
Augusta Šenoe 25, Biograd
✆ (023) 383-717
Nahe dem Restaurant Meduza, gutes Fischlokal.

Marktstand in Biograd na moru

Kornati
In der Marina Kornati
Šet. kneza Branimira
Ein bei Bootsfreunden beliebtes Lokal, schöner Blick auf die Masten; gute Fischgerichte.

Vransko jezero
Mit 3 000 ha ist er der größte natürliche See Kroatiens und wurde zum Naturpark erklärt – hier leben Schwärme von Meeräschen, Aale, Welse, Hechte; außer Reihern lockt das natürlich viele Angler in dieses Gebiet (Angelschein!).

Das Sumpfgebiet am Nordufer ist ein ornithologisches Reservat, hier gibt es eine Kolonie von Purpurreihern, einzigartig in Kroatien.

Inseln Pašman und Ugljan
12 x tägl. in der Hochsaison Fähre Biograd–Tkon, Fähre Zadar–Ugljan verkehrt 17 x tägl.

Die beiden Inseln liegen der Küste vorgelagert zwischen Zadar und Biograd und sind untereinander durch eine Brücke verbunden. Die **Insel Ugljan** mit dem gleichnamigen Hauptort und dem Fährort Preko ist mehr die Vorstadt Zadars. Schüler und Erwachsene pendeln täglich zu ihrer Schule oder dem Arbeitsplatz.

Ansonsten gibt es noch ein paar ruhige Fischerorte mit Pensionen und wenigen kleinen Hotels, einige Campingplätze und viele Badebuchten. In Kali befindet sich eine große Fischfabrik. Im Süden der Insel steht die kleine Kirche Gospa od Sniga (Maria Schnee), zu der am 5. August eine Schiffsprozession stattfindet.

Die **Insel Pašman** ist noch ruhiger, keine Hotels, keine Bank, kleine Fischerorte; ruhig ist auch der Hauptort Pašman. Tkon blüht etwas auf durch die Fährverbindungen und die nahen Campingplätze. Sehenswert auf der Insel sind das Franziskanerkloster Sv. Dujma u Kraju mit Museum (tägl. 16–18 Uhr) beim Ort Kraj und oberhalb von Tkon das romanische Benediktinerkloster mit kleinem Museum (tägl. 16–18 Uhr) und schönem Blick. Zum Mountainbiking eignen sich beide Inseln wegen des geringen Verkehrs.

Das Kloster Kozma i Damjan bei Tkon auf der Insel Pašman

❷ Dugi Otok (Insel)

Die »lange Insel« ist bis auf den kleinen Touristenort Božava im Nordosten und das Fischerdorf Sali im Südosten relativ unbewohnt und touristisch wenig erschlossen. Die Landschaft ist herrlich, die fast einzige Straße führt über den Bergkamm mit schöner Aussicht.

Neugierige Esel

Ganz im Süden liegt der **Naturpark Telašćica** mit einer großen Meereseinbuchtung, mit acht Kilometer Länge und bis zwei Kilometer Breite den größten Naturhafen der kroatischen Adria bildend, in dem viele Boote ankern. Zur Südseite wird die Bucht begrenzt durch über 160 Meter abfallende Klippen, an denen zahlreiche Vögel nisten. Die Aussicht auf die Kornaten ist fantastisch. Sehenswert und eine Attraktion ist ebenfalls der oberhalb der Bucht liegende **Salzsee Mir** (Achtung: viele Esel, die neugierig auf den Inhalt von Rucksäcken sind). Im Hochsommer ist hier tagsüber allerdings so einiges los, ein Ausflugsboot nach dem anderen legt in der großen Bucht unten an, und dann bewegen sich ganze Menschenströme auf dem Fußweg in Richtung See.

Am besten erkundet man die Insel, vor allem den südlichen Teil, per Mountainbike, zu Fuß oder natürlich auch mit dem Boot. Die schönsten Badebuchten findet man nordwestlich von Božava. Hotels gibt es in **Božava** und **Sali**, Pensionen auch in den weiteren kleinen Orten wie **Zaglav** oder **Luka**.

Service & Tipps:

Anreise: Von Zadar aus 3–4 x tägl. nach Brbinj mit dem Trajekt. Zudem Personenfähre nach Sali 2 x tägl. und Schnellboote für die Hotelgäste von Božava nach Zadar.

Informationen über den Naturpark Telašćica: www.telascica.hr, zur Insel Dugi Otok am besten unter www.zadar.hr

❸ Murter (Insel)

Murter ist durch eine Drehbrücke mit dem Festland verbunden. Attraktionen sind drei große, gut ausgestattete Jachthäfen in den Orten Jezera, Murter-Stadt und Betina. Der Schiffsbau hat hier eine lange Tradition. Zudem ist die Insel Sprungbrett zu dem nahe gelegenen **Nationalpark Kornaten**. Es gibt viele Campingplätze und einige nicht zu große Hotels, Pensionen, zahlreiche gute Restaurants und Konobas und viele schöne Badebuchten. Mit dem Fahrrad kann man die Insel gut erkunden. Die Bewohner von Murter waren

Bootsbauer, Bauern und Fischer und lebten auch von der Schafzucht. Ihre Tiere und auch Olivenbäume hatten sie auf den Kornaten.

An der seit 1832 existierenden Drehbrücke empfängt einen das ruhige Städtchen **Tisno**. Im Norden der Insel liegt an einer großen geschwungenen Meereseinbuchtung der Hauptort **Murter** mit Jachthafen, Werft, Fischer-

Der Jachthafen Jezera (Insel Murter)

hafen und einem kleinen Ortskern; er zieht sich hinauf zum hübschen **Stari Murter** mit Natursteinhäusern. Oberhalb von Stari Murter steht auf dem Vršina-Hügel die Kapelle **Sv. Roka** von 1760 – von hier genießt man einen herrlichen Überblick auf die Insel und auf den Mastenwald der Marina. Auf dem **Berg Gradina** (oberhalb der Marina Hramina) lag die erste Siedlung, hier lebten Illyrer, was Funde belegen. Unter den Römern hieß die Ansiedlung dann *Colentum*. Einziger Zeuge der früheren Besiedlung ist heute die mittelalterliche Kirche **Sv. Marija**.

Das alte Bootsbauerstädtchen **Betina** mit dem weithin sichtbaren Kirchturm des Šibeniker Baumeisters Ivan Skok aus dem Jahr 1736 und der Kirche des hl. Franziskus aus dem 17. Jahrhundert liegt östlich des Gradina-Hügels an dem geschützten Kanal von Murter. Am nördlichen Ortsrand befinden die über 250 Jahre alte Werft für Sport- und Fischerboote und die Ende des 20. Jahrhunderts erbaute schöne Marina. Im Ort **Jezera** im Süden, mit vielen vorgelagerten Inselchen, dominiert die große ACI-Marina, umgeben von zahlreichen Restaurants.

Service & Tipps:

Touristeninformation Murter
Rudina bb, 22243 Murter
© (022) 434-995
www.tzo-murter.hr

Feste
In **Murter**: Fest Sv. Mihovil 28./29. September mit Messe, Segelregatta in traditionellen kleinen Segelschiffen und Feierlichkeiten. 1. Sonntag im Juli: Schiffsprozession zur

Kapelle Gospe o Tarce auf der Insel Kornat. Im April Segelregatta um den Kornat-Cup.
In **Betina**: 1. Sonntag im August Muschelfest Brganja-fešta – Muscheln, Wein und Folklore.

Restaurant Bison
Goričane bb, Murter
✆ (022) 434-618
Bekannt gutes Fischlokal mit Klimaanlage.

Konoba Boškin Škver
Luke 66, Murter
✆ (022) 434-479
Uriges, gemütliches Lokal am Hafen. Spezialitäten sind Fischgerichte und Muscheln; ausgezeichnete Weine.

Restaurant Tic-Tac
Vlade Hrokešina bb. Murter
✆ (022) 435-230
Traditionelles Lokal. Schalentiere, Muscheln und Fisch sind die Spezialitäten des Hauses. Wer möchte, bekommt auch Pizza.

Waian Gigi
Zdrače 11, Betina
✆ (022) 435-288
Wer in Kroatien einmal indisch essen möchte, ist hier bestens aufgehoben, die weinumrankte Terrasse lädt ebenfalls ein. Fisch mit exotischen Gewürzen und Gemüse.

Konoba Stari Mlin
Altstadt von Betina
Schönes Mühlengebäude, uriges Sitzen – *pršut*, Käse, Sardellen und Hauswein.

Carevi Dvori
Hafenpromenade von Jezera
✆ (022) 439-120
Langjähriges gutes Restaurant mit Terrasse; Spezialitäten sind Fischgerichte und Scampi *buzzara* oder Fisch *buzzara*.

Marina Hramina
Put Gradine bb, Murter
✆ (022) 434-111
www.marina-hramina.hr
Gut geschützte Bucht, beste Lage, bestens ausgestattet. 400 Liegeplätze im Wasser, alle mit Wasser- und Stromanschluss, 250 Stellplätze an Land; gutes Restaurant (Butina), Hotel, Supermarkt, Nautikfachgeschäft, Sanitäranlage, Servicewerkstatt, Wäscherei, 15-t-Kran, 70-t-Travellift, Helling für kleinere Schiffe, Jachtcharter, Tauchschule, Tankstelle. Ganzjährig geöffnet.

Marina Betina
Nikole Škevina bb, Betina
✆ (022) 434-497
www.marina-betina.hr
Hübsche Bauweise, Ende 20. Jh. 180 Liegeplätze im Wasser mit Wasser-

Südliche Insel des Nationalparks Kornaten

und Stromanschluss, 90 Stellplätze an Land; gutes Restaurant (Kalafat, © 022/434-840), Sanitäranlagen, Servicewerkstatt, 50-t-Kran, 260-t-Travellift und 20-t-Travellift. Tankstelle in Murter, 0,5 sm entfernt. Ganzjährig geöffnet.

ACI-Marina Jezera
Jezera
© (022) 439-315, www.aci-club.hr
200 Liegeplätze im Wasser mit Strom- und Wasseranschluss, 35 Stellplätze an Land; Restaurant, Sanitäranlagen, Servicewerkstatt, 10-t-Kran, Segelschule. Tankstelle am Arbeitsplateau. Ganzjährig geöffnet.

Schöne Badestrände befinden sich an der **Slanica-Bucht** und Richtung Süden, an der **Čigrada**- und der **Kosirina-Bucht.**

Nationalpark Kornaten

Nationalparkinformation: Butina 2, Murter
© (022) 434-662, Fax (022) 435-058, www.kornati.hr
Der Archipel zählt zu den beeindruckendsten Gegenden Kroatiens. Mit rund 300 km² und knapp 150 Inseln und Riffen ist er die größte Inselansammlung in der Adria. Die schroffen und kahlen Inseln haben fantastische Namen, die die einsamen Fischer ihnen gaben. Diese Inseln dienten immer wieder fremden Herrschern als Brückenkopf für Eroberungen des Festlandes und waren schon in der Jungsteinzeit bewohnt. Verstreut liegen noch einige Häuschen aus Trockenmauern und Landvillen aus römischer Zeit.

Als Zadar von den Venezianern 1345 belagert wurde, überließ man die Inseln für eine Weile sich selbst. 1835 kauften sie die Bauern von Murter, betrieben Fischfang und legten Olivenhaine und Weingärten an. Die starken Winde allerdings ließen den erhofften üppigen Bewuchs nie mehr richtig zu. Im Zweiten Weltkrieg waren die Inseln Partisanenversteck. Heute kann man sich Robinsonhäuschen mieten, an einsamen Badebuchten schwimmen und per eigenem Boot oder Bootsausflug die Schönheit der Inselwelt entdecken. Auf den Kornaten gibt es zwei schön gelegene Marinas: **ACI-Marina žut** und **ACI-Marina Piškera** (beide unter www.aci-club.hr). Inzwischen existiert eine große Anzahl an Restaurants auf den Kornaten und jährlich kommen neue hinzu. Eine Buchempfehlung: Liegeplätze- und Restaurantführer »Kornaten« von Bodo Müller, Edition Maritim.

Der Nationalpark Kornaten umfasst insgesamt 147 Inseln

4 Nin

Das Städtchen auf einer kleinen Insel, durch eine Auto- und eine Fußgängerbrücke mit dem Festland verbunden, zieht mit seinen zwei Kirchen, illyrischen Gräbern und der Erinnerung an den mutigen Bischof Grgur Ninski (Gregor von Nin) Kulturbegeisterte an.

Das Stadttor von Nin

Service & Tipps:

Touristeninformation Nin
Trg hrvatskih branitelja 1 (vor der Altstadt bei der Post)
✆ (023) 264-280, Fax (023) 265-247
www.grad-nin.kr

Sv. Križ
Die »kleinste Kathedrale der Christenheit« wurde im 9. Jh. erbaut und ist noch vollständig erhalten. Außerhalb der Stadt (Straße nach Zadar) steht auf einem Hügel die kleine gut erhaltene Wehrkirche **Sv. Nikola** vom Ende des 11. Jh. Etwas jünger ist die Pfarrkirche **Sv. Anzelmo** in der Stadt, ihr heutiges Aussehen erhielt sie im 18. Jh. Von der ehemaligen romanisch-gotischen Kathedrale blieben nur noch Seitenkapellen, die Reliefs von Anselmus und Ambrosius an der Außenmauer und das Nordportal. Der Glockenturm nebenan wird ins 12./13. Jh. datiert.

Bronzestatue des Bischofs Grgur Ninski
Von Ivan Meštrović; der Bischof setzte sich für die slawische Volkssprache und die Glagoliza ein.

Archäologisches Museum Nin
Juni–Aug. tägl. 9–13 und 18–21, sonst Mo–Sa 8–13 Uhr
Liburnische, römische und altkroatische Funde und eine Kopie des um 800 entstandenen Taufbeckens von Fürst Višeslav.

Wehrkirche Sv. Nikola bei Nin

Nationalpark Paklenica
Touristeninformation in der Nationalpark-Verwaltung Starigrad Paklenica
©/Fax (023) 369-202, www.paklenica.hr
Der Nationalpark umfasst zwei wilde Karstschluchten des Velebit-Gebirges. Der Zugang zur größeren und erschlossenen Schlucht Velika paklenica befindet sich nahe dem Städtchen Starigrad Paklenica. In den Schluchten wurden Winnetou-Filme gedreht. Heute sieht man an den schroffen Felswänden die Freeclimber, die hier alle Schwierigkeitsgrade vorfinden. Aber auch Wanderer kommen in dem herrlichen Gebiet mit markierten Wegen auf ihre Kosten.

5 Pag (Insel)

Nordwestlich von Nin gelangt man über eine Brücke zur 285 Quadratkilometern großen, lang gestreckten Insel Pag mit ihren karstig-kahlen Bergen, von Steinmäuerchen durchzogen, mit Salzgärten und schönen Badebuchten. Von hier kommen der berühmte Pager Käse, *paški sir*, und die geklöppelten Pager Spitzen, die Reticella-Spitze, die Pagerinnen auch am Wiener Hof arbeiteten. Der Hauptort **Pag** lohnt einen Besuch, ebenso das quirlige **Novalja** mit der beliebten großen Pager Bucht, die rundum schöne Badestellen hat. Es gibt zahlreiche Pensionen und Appartements, viele Campingplätze (auch FKK) und einige kleine Hotels. Die Insel eignet sich auch sehr gut zum Mountainbiking.

Autofährverbindung von Prizna (Festland) nach Žigljen, in der Hauptsaison nonstop 8–20 Uhr. Bootsverbindung von Lun 2 x tägl. mit Rab-Stadt, Katamaran in der Hochsaison von Novalja nach Rab 2–4 x wöchentlich.

Pag
Ein *Pagus* wurde bereits in der Antike erwähnt, die Siedlung war beim heutigen Stari Grad. Im 13. Jahrhundert bekam der Ort Bedeutung aufgrund der umliegenden Salzfelder. 1376 erklärte König Ludwig der Große Pag als freie Stadtgemeinde. Für den Plan der Altstadt des heutigen Pag war 1443 der Baumeister Juraj Dalmatinac verantwortlich. Sehenswert ist die **Pfarrkirche** (früher Kathedrale), die damals begonnen wurde, mit ihrer hübschen Rosette an der Fassade. In Stari Grad, nahe den Salzgärten, steht die Pfarrkirche aus dem 13. Jahrhundert, daneben die Ruinen des **Franziskanerklosters**. Stari Grad wurde im 15. Jahrhundert, als die Pest wütete, abgerissen und bis auf die Kir-

che Stein für Stein für das heutige Pag verwendet. Die Kirchenpforten öffnen sich nur einmal im Jahr bei der Prozession zu Mariä Himmelfahrt am 15. August. Die Salzproduktion mit inzwischen modernsten Maschinen läuft immer noch, wer Probleme mit Rheuma hat, kurt mit dem Heilschlamm.

Service & Tipps:

Touristeninformation Pag
Katine 2, 23290 Pag
✆ (023) 611-281, www.pag-tourism.hr

Spitzenmuseum
Kralja Zvinimira bb, Pag
Im Sommer tägl. 18–21 Uhr
Hier sind die berühmten Pager Spitzen zu bewundern.

Prozession am 15. August: Das Gnadenbild der Muttergottes wird von der Kirche in Stari Grad nach Pag getragen.

Novalja

Das heutige Novalja entstand an Stelle des antiken Hafens *Cissa*. Reste einer frühchristlicher Basilika belegen die antike Zeit. Die unterirdische Wasserleitung der Römer kann man in einem überdachten Stollen betrachten. In der »kleinen Kirche« nahe dem Markt, 1828 anstelle einer im 17. Jahrhundert erbauten Kirche errichtet, stieß man bei Erdarbeiten auf einen schönen Mosaikboden, den man in das 4./5. Jahrhundert datiert. Durch eine Glasscheibe kann man ihn bewundern.

Ansonsten ist Novalja mehr bekannt wegen der hervorragenden Badeverhältnisse. Im Sommer brodelt es regelrecht an der Pager Bucht, besonders an der **Zrće-Bucht**, für Jugendliche eine tolle Sache.

Service & Tipps:

Touristeninformation Novalja
53291 Novalja
✆ (023) 661-404
www.novalja.hr

Kleine Bergtour zum höchsten Inselberg **Sv. Vid** (348 m) vom

Über eine Brücke erreicht man die Insel Pag

einige Kilometer von Novalja entfernten Ort Kolan aus. In ca. 1,5 Std. erreicht man den Gipfel und hat herrliche Sicht auf die Insel und das Küstengebirge.

Restaurant Starac i More
Braće Radić, Novalja
✆ 023/661-205
Großer Gartenbetrieb zum Teil unter Fischernetzen, bestes Fischlokal am Ort.

Großer Spaß auf dem Ausflugsboot

Rund um die **Pager Bucht** bestehen sehr gute Bademöglichkeiten. Am meisten Betrieb herrscht an der Zrće-Bucht mit Restaurants, Wassersportverleih, Tauchclub, Diskothek, Disko-Club, Cafés. Auch die Caska-Bucht mit ihrem Erkennungszeichen, dem Thunfischauslugturm, wird langsam immer mehr mit Cafés und Kiosken bestückt. Im Hochsommer pendelt ein Bus von Novalja zu den Stränden.

ACI-Marina Šimuni
Kolan, ✆ (023) 697-457
www.aci-club.hr
Ca. 14 km südöstlich von Novalja an einer geschützten Bucht gelegen. 175 Liegeplätze im Wasser, mit Strom- und Wasseranschluss, sowie 30 Stellplätze an Land; Restaurant, Sanitäranlagen, Supermarkt, Nautikgeschäft, Servicewerkstatt, 15-t-Kran, Helling für bis 8-m-Jachten, Tankstelle in Novalja, 7 sm. Ganzjährig geöffnet.

6 Primošten

Malerisches Städtchen, auf einem Inselhügel erbaut, heute durch einen Damm mit dem Festland verbunden. Eng aneinander gebaute Häuser aus dem Mittelalter, kleine Gassen und Plätze laden zum Bummeln ein. Von der einstigen Befestigung und den Wachtürmen blieb so gut wie nichts erhalten. Am höchsten Punkt steht die Kirche **Sv. Juraj**, im 15. Jahrhundert erbaut und 1760 renoviert, sie birgt den Sarkophag des Šibeniker Bischofs Josip Arnerić. Auf dem Plateau befindet sich auch der Friedhof.

Die Kirche **Sv. Marija** wurde erstmals 1553 erwähnt. Der Weitblick von hier ist fantastisch. Auf der Altstadthalbinsel und entlang der Promenade gibt es sehr viele Restaurants. Primošten ist die Heimat des Weines Babić, der auf den Hügeln rundum wächst, ebenfalls gedeihen hier Oliven. Gegenüber der Altstadt auf einer bewaldeten, fast runden Landzunge liegen die Hotels und der Campingplatz. Der sehr geschützte Jachthafen befindet sich südlich von Primošten.

Service & Tipps:

Touristeninformation Primošten
Rudina Biskupa Josipa Arnerića 2
22202 Primošten
✆ (022) 571-111, Fax (022) 571-703
www.primosten.hr

Feste
27. Juli: Gospe od Porat, Prozession rund um den Ort mit Schiffen zur Hafenmadonna; zudem dalmatinische Lieder
10. Mai: Gospe od Loretta, Altstadtfest am Wochenende
15. August: Treff der Klappa-Gruppen
2. Wochenende im August: Fischerfest

Dalmacija
Altstadt, Primošten
✆ (022) 570-009
Sitzmöglichkeiten vor der Tür und im Innenhof; Spezialitäten sind Langusten oder Hummer nach Primoštener Art (Weißwein-Tomaten-Sauce, Zwiebeln, Petersilie, serviert mit hausgemachten grünen Nudeln) oder Pašticada-Platte (Rindfleisch geschmort mit Rotwein-Tomaten-Sauce, Karotten, Sellerie, Zwiebeln und Pflaumen, serviert mit Gnocchi).

Babilon
Težačka 15
Primošten
✆ (022) 570-769
Schöne große Terrasse, beliebtes Lokal; gute Fisch- und Fleischgerichte.

Marina
Podakraje 28, Primošten
✆ (022) 570-197
Schöne Sitzgelegenheiten an der Uferpromenade, gutes Fischlokal.

Konoba Barba Marko
Altstadt, Primošten
Der Treffpunkt, auf Fässern und Holzbänken Sitzmöglichkeiten im Freien, innen gibt's aus den Weinfässern den Babić-Rot- und -Roséwein und Debit-Weißwein.

Stadtansicht von Primošten

Konoba Kod Marta
Westseite der Altstadt Primošten
Uriges kleines Lokal, auf Baumstämmen bei Kerzenlicht Sitzmöglichkeiten um das Haus; die Hausprodukte stammen aus ökologischem Anbau, es gibt guten Käse, Schinken, Oliven und Wein.

Marina Kremnik
Splitska 24, Primošten
✆ (022) 570-068
www.primosten-hoteli.hr
Sehr gut geschützte Marina mit 395 Liegeplätzen im Wasser, alle mit Strom- und Wasseranschluss versehen, und 150 Stellplätzen an Land; Restaurant, Supermarkt, Nautikfachgeschäft, Sanitäranlagen, Servicewerkstatt, 5-t-Kran, 80-t-Travellift, 50-t-Slipanlage, Tankstelle.

Idylle bei Primošten

Entlang der Uferpromenade Richtung Hotelhalbinsel und weiter Richtung Norden findet man viele schöne Badebuchten.

Diskothek Aurora
1 km östlich von Primošten in Richtung Vadalj
Tägl. 23–4.30 Uhr
Riesige, bis zu 3 000 Personen fassende Freiluftdisko mit Billard, Pizzeria, Grill. Die besten europäischen DJs sind hier tätig.

7 Rogoznica

Eine Kleinstadt im südlichsten Eck von Norddalmatien. Die Altstadt mit einer schönen Palmenallee liegt auf der einstigen **Insel Kopara**, die in der zweiten Hälfte des 19. Jahrhunderts durch einen Damm mit dem Festland verbunden wurde. Attraktion ist die **Marina Frapa**, eine der schönsten und bestausgestatteten Marinas Kroatiens; zu sehen sind hier wegen der Ankermöglichkeiten auch wirkliche Mega-Jachten. Zudem gibt es eine Fechtschule, und es werden internationale Turniere ausgetragen. Die **Pfarrkirche** wurde 1615 erbaut und 1746 mit Barockelementen verziert. Auf dem Kap Ploča südlich der Stadt steht die **Kirche des hl. Ivan von Trogir** aus dem Jahr 1324.

Service & Tipps:

Touristeninformation Rogoznica
Kneza Demagoja bb
22203 Rogoznica
✆ (022) 552-253, www. rogoznica.net

Atrium
Miline 44, Rogoznica
✆ (022) 559-082
Zufahrt zur Marina an der Bucht; schöne Terrasse unter Bäumen, Blick auf die Jachten. Spezialität: die Platte »Atrium« (verschiedene Fleischsorten).

San Marco
Kneza Demagoja 31 (Altstadtbeginn), Rogoznica
✆ (022) 559-552
Frische Fische und Scampi sind die Spezialitäten.

Gospa od Kapelice, 2. Juli, Schiffsprozession mit dem Bild der Muttergottes

Marina Frapa
Uvala Soline
Rogoznica
✆ (022) 559-900
www.marinafrapa.com
Diese Marina erhielt die drei »Goldenen Segel« für die beste Marina in der Adria sowie die »Blaue Fahne« für bewahrte Umwelt. Sie ist bestens von allen Seiten geschützt.

300 Liegeplätze im Wasser und 150 Stellplätze an Land, mit allem ausgestattet; Luxusappartements, Vinothek, Restaurants, Casino, Nachtclub, Sportzentrum mit Tennisplatz, Schwimmbad, Supermarkt, Boutiquen, Sanitäranlagen, Servicewerkstatt, 50-t-Travellift, Tankstelle.

8 Šibenik

Die große Industriestadt mit 45 000 Einwohnern liegt an der Mündung der Krka und hat eine sehenswerte Altstadt, die seit dem Jahr 2000 unter dem Schutz der UNESCO steht. Stark waren die Verwüstungen, die der letzte Krieg hinterlassen hatte. Mit viel Aufwand und Geld hat man die Altstadt renoviert, auch den prachtvollen **Dom**, dessen Kuppel von Bomben beschädigt war.

Šibenik ist eine relativ junge Stadt, die Siedlung wurde erstmals 1066 als *Castrum Sebenici* erwähnt. Ihre Blütezeit hatte sie unter den Venezianern, die sie befestigten und zur damals größten Stadt Dalmatiens machten; selbst die Türken hatten keine Chance, sie zu erobern. Ein Bummel durch die verwinkelten Gassen der Altstadt mit ihrer Vielzahl an Kirchen und Palästen und hoch zur Festung Sv. Mihovil ist beeindruckend. Gegenüber dem Dom stehen das Rathaus und die **Loggia** im Stil der Renaissance (Mitte 15. Jh.); vom **Bischofspalast** (15. Jh.), der die Südseite flankiert, blieben nur Arkaden erhalten. Etwas weiter die Kirche **Sv. Barbare** (15. Jh.). Im Stil der Gotik und der Renaissance wurde die nordöstlich der Kathedrale stehende Kirche **Sv. Ivan** erbaut. Meister Firentinac schuf die Balustrade, den geflügelten Löwen und das Lamm Gottes. Die Kirche **Sv. Duh** wurde vom Meister Antun Nogulović im Stil der Spätrenaissance entworfen. Kurz vor der Hafenpromenade steht das **Kloster Sv. Frane** mit einschiffiger Kirche aus dem 14. Jahrhundert. Diese birgt eine Kassettendecke mit Bildern von Marko Capogrosso aus dem Jahr 1674, das Kloster eine große Schatzkammer und Bibliothek. Über der Stadt thronen die **Festungen Sv. Mihovil**, **Sv. Ivan** und **Šub-**

Alte Fassade in Šibenik

ićevac und an der Kanaleinfahrt die **Nikolausfestung**. Die schöne Palmenpromenade entlang dem Meer verführt zu Cafépausen, und die hübschen Boutiquen leeren das Portemonnaie. Ausflugsziele sind der Nationalpark Krka oder die vorgelagerten Inseln.

Šibenik mit der Kathedrale Sv. Jakov

Service & Tipps:

Touristeninformation Šibenik
Fra Nikole Ružića bb (beim Trg palith šibenskih boraca), 22000 Šibenik
✆ (022) 219-072, Fax (022) 212-346
www.summernet.hr/sibenik

Kathedrale Sv. Jakov
Trg Republike Hrvatske, Šibenik
An dem imposanten Bauwerk mit einer für die damalige Zeit einmaligen Dachkonstruktion arbeiteten bedeutende Baumeister von 1431 bis 1555. Juraj Dalmatinac begann im venezianisch-gotischen Stil. Nach seinem Tod vollendete Niccolò Fiorentino (Nikola Firentinac) das Werk im Stil der Frührenaissance. Die Dachkonstruktion besteht aus ineinander verschachtelten Steinplatten, die Hauptschiff, Seitenschiffe und Apsiden ohne Stützen überwölben. Die Apsiden sind mit einem Skulpturenfries (über 70 Porträtköpfe) von Juraj Dalmatinac verziert. Vor der Westfassade der Kathedrale steht das Denkmal, das der berühmte Bildhauer Ivan Meštrović dem Baumeister aus Zadar gewidmet hat.

Stadtmuseum
Šibenik, tägl. außer Mo 10–13 und 17–20 Uhr
Im Rektorenpalast neben der Kathedrale untergebracht; gezeigt werden verschiedene Funde sowie eine Darstellung der Stadtgeschichte.

Konoba/Vinotheka Dalmatino
Ul. Frane Nikole Ružića, Šibenik
Ein schön eingerichtetes Delikatessengeschäft mit verschiedensten Weinen und Grappas. Man kann auch

Kleinigkeiten wie Schinken, Käse, Brot und Sardellen essen und natürlich die guten Weine kosten. Der traditionelle Šibeniker Wein ist ein Roséwein und heißt Opol.

Gradska Vjećnica
Trg Republike Hrvatske 1
Šibenik
✆ (022) 213-605
Im Erdgeschoss und der Loggia des Rathauses; von der Terrasse, auf der gelegentlich Pianokonzerte stattfinden, hat man einen wunderbaren Blick auf die Kathedrale. Große Auswahl an Vorspeisen, Fisch- und Fleischgerichte.

Veranstaltungen
Ende Juni–Anfang Juli: Kinderfestival, zwei Wochen lang Ballett- und Theateraufführungen und sonstige Aktivitäten von und für Kinder
3. Augustwoche: »Chansons of Dalmatia« mit Chansonabenden

Jazzclub Café no 4
Trg Dinka Zavorovića 4, Šibenik
Schön zum Sitzen auch in der Gasse, im Sommer Jazzveranstaltungen, es gibt auch Snacks.

Diskothek Aurora
20 km entfernt, kurz vor Primošten

Eindrucksvoll - die Kathedrale Sv. Jakov in Šibenik

Riesiger Komplex mit DJs aus ganz Europa.

Ausflüge in die Umgebung:

Nationalpark Krka
15 km von Šibenik, Information Skradin
Fax (022) 336-836 oder über die Verwaltung

Beim Frisör

Wasserfälle im Krka-Nationalpark

✆(022) 217-720, www.npkrka.hr
Der Nationalpark liegt 15 km nordöstlich von Šibenik, beim malerischen, an einem tiefen Fjord mit Jachthafen gelegenen Städtchen Skradin. Auf einer Länge von 56 km stürzt der Karstfluss Krka von seiner Hauptquelle bei Knin bis nach Skradin über zehn Stufen unterschiedlicher Höhe hinab, bildet unterwegs den **See Visovac**, in dessen Mitte das gleichnamige **Franziskanerkloster** auf einem Inselchen thront, überwindet die imposanten Fälle Roški slap und Skradinski buk und erweitert sich bei Skradin zum **Prukljan-See**, um bei Šibenik ins Meer zu strömen.

Allein bei den Barrieren von Roški slap und Skradinski buk fließt die Krka in 17 Stufen abwechselnd über Fälle und durch kleine, seenähnliche Bassins, wobei sie 46 Höhenmeter überwindet. Die Wege in diesem Gebiet sind markiert. Das Franziskanerkloster kann per Boot ebenfalls besucht werden. Baden ist lediglich bei Skradin am Seeufer möglich. Es gibt Ausflugsboote von Skradin, die am Eingang 1 anlegen und von 9 bis 17 Uhr stündlich pendeln.

Prstaci
Ribarska 50, Skradin
✆ (022) 771-312

Zlatne Školjke
Grgura Ninskog 9, Skradin
✆ (022) 771-022
Hier kann man Flussfische essen,

aber auch Muscheln und kleine Tintenfische, besonders lecker, wenn alles miteinander gekocht wird; Spezialitäten sind *skradinski rizot* oder *skradinski brudet*. Dazu den süffigen weißen Debit aus dieser Gegend.

Die vorgelagerten **Inseln Žirje, Kaprije, Zlarin und Privić** werden von einer Personenfähre 1-3 x tägl. von Šibenik und auch teils von Vodice aus angefahren. Die Insel Privić liegt in Sichtweite von Vodice, eine Fährverbindung von hier ist günstiger. In Zlarin gibt es ein kleines Hotel und ein Korallenmuseum. Ansonsten kann man auf den Inseln wunderbar baden, wandern und sich erholen.

Vorhänge aus Wasser: die Wasserfälle Slapovi Krka

9 Zadar

Die Touristenmetropole und einstige Hauptstadt Dalmatiens zählt rund 80000 Einwohner und ist Sprungbrett zu zahlreichen Inseln. Die hübsche Altstadt liegt auf einer Landzunge, gesäumt von einer Stadtmauer, und lädt zum Bummeln und Einkaufen ein. Erwähnt wurde die Siedlung unter den Griechen im 4. Jahrhundert v. Chr., die Römer nannten sie *Jadera* und *Diadora* und bauten Tempel und Forum. 614 wurde sie Hauptstadt des byzantinischen Dalmatiens, da Salona zerstört war. 1409 wurde Zara, so der damalige Name, an Venedig verkauft. Hauptstadt Dalmatiens wurde es erneut unter den Österreichern und Franzosen. Durch den Vertrag von Rapallo, der das Stadtgebiet Italien zusprach, verlor Zadar seine wirtschaftliche Bedeutung. Erst der Tourismus brachte eine neue Blütezeit. Wegen seiner Kunstschätze wird Zadar auch die »Stadt des Goldes und Silber« genannt.

Zadar lädt zum Bummeln ein, dazu, sich schick neu einzukleiden, denn es gibt viel Trendboutiquen, sich schöne Konzerte in der Kathedrale oder im

Fassade der Kirche Sv. Stošija

An der Kathedrale von Zadar

Freien am Forumsplatz anzuhören, Museen zu besichtigen und einzutauchen in der Vergangenheit oder einfach nur umherzuschlendern entlang dem Meer und durch die Stadt, um immer neue Eckchen zu entdecken. Schön ist es auch, frühmorgens auf den Fischmarkt zu gehen und das bunte Treiben zu beobachten.

Narodni trg mit der Stadtwache in Zadar

Touristischster und meistfotografierter Platz ist das große Ruinenfeld des **Römischen Forums**. Erhalten blieben Säulenreste und Pflaster. Dahinter steht die im 9. Jahrhundert als schlichter Rundbau mit drei Apsiden errichtete Kirche **Sv. Donat** mit fantastischer Akustik. Danach folgen die Kathedrale **Sv. Stošija** (Baubeginn im 12 Jh.) und ihr abseits erbauter hoher Glockenturm mit Fensterbögen. Südlich die Kirche **Sv. Marija** (16. Jh.) und ihr Glockenturm (12. Jh.). Im benachbarten Benediktinerinnenkloster ist die herrliche Sammlung »Gold und Silber aus Zadar« zu besichtigen. In Richtung Westen steht die aus dem 18. Jahrhundert stammende serbisch-orthodoxe Kirche **Sv. Ilija**. Kurz dahinter befindet sich das älteste **Franziskanerkloster** der Adriaküste, im 13. Jahrhundert errichtet und später durch Umbauten umgestaltet; schöner Arkadengang im Renaissancestil mit Grabtafeln. Die Klosterkirche birgt mehrere Altäre mit wertvollen Gemälden und ein reiches Chorgestühl.

Der Hauptplatz der Stadt ist der **Narodni trg** mit Stadtloggia, dem Rathaus und schönen Cafés. Westlich davon steht mächtig die mit Blendarkaden verzierte einstige Benediktinerkirche **Sv. Krševan** aus dem 12. Jahrhundert. Im Inneren werden die Arkadenwände von antiken Säulen gestützt, zudem sieht man die Statuen der Schutzheiligen von Zadar und ein Kruzifix von 1380, das Jacopo di Bonomo angefertigt haben soll.

Im Westen der Stadt diente der **Trg pet bunar**, der Fünf-Brunnen-Platz, einst der Wasserversorgung. Unterhalb das verzierte **Landtor**, einst einziger Zugang zur Stadt, und der alte **Hafen Foša**. Den nördlichen Zugang zur Stadt bildete später das **Seetor** mit venezianischen Löwen und einer Tafel zum Gedenken an die Seeschlacht bei Lepanto.

Service & Tipps:

Touristeninformation Zadar
Touristhotel
Poljana Šime Budinića 1
23000 Zadar
✆ (023) 211-005, Fax (023) 313-320
www.zadar.hr

Archäologisches Museum (Arheološki muzej)
Am Forumsplatz, Zadar

Mo–Fr 9–13 und 18.30–21.30, Sa 9–13 und 18–21, So 18–21 Uhr
Funde aus der ganzen Region und verschiedenen Epochen.

Museum der Stadt Zadar (Muzej grada Zadar)
Beim Seetor, Zadar
Mo–Fr 9–13 und 19–21, Sa 9–13 Uhr, So geschl.
Naturwissenschaftliche und kulturgeschichtliche Abteilung. Schön die Modelle von der Entwicklung Zadars.

Moderne Galerie
Ulica Meduliceva 2, Zadar
Mo–Fr 9–13 und 19–21, Sa 9–13 Uhr, So geschl.
Ausstellungen von dalmatinischen Malern und Bildhauern.

Ausflüge bieten sich nach Nin (s. S. 97) und in die Nationalparks Paklenica (s. S. 98) und Kornaten (s. S. 96) an.

Foša
Ulica Kralja Dmitra Zvonimira 2
Zadar
✆ (023) 314-421
Das rustikal eingerichtete Fischlokal liegt malerisch am alten Hafen Foša. Herrlich speist man auf der Terrasse direkt am Meer mit Blick auf die Zitadelle und die Insel Ugljan in der Ferne.

Niko
Obala Kneza Domagoja 9, Zadar
✆ (023) 331-138
Traditionsreiches Fischlokal gegenüber der Marina Borik mit großer überdachter Terrasse. Sehr guter Service, Fischgerichte in allen Variationen, Schalen- und Krustentiere, dazu ausgesuchte Weine.

An den hübschen Plätzen Zadars gibt es eine Reihe guter Cafés, die bis spätabends geöffnet haben: das Szene-**Café Zentral** (Ulica Široka), **Café Lovre** am Narodni trg, **Café Atrij** (Jurja Barakovića, stilvolles Ambiente, Cocktails und Pianomusik) und das **Café Forum** am Forumsplatz.

Zadarer Sommer
Im Juli und August finden auf dem Forumsplatz Theateraufführungen, Folkloredarbietungen und Konzerte statt. Klassische Konzerte mit hervorragender Akustik ein- bis zweimal wöchentlich in der Kirche Sv. Donat.

Saturnus
Kurz vor Nin in der Feriensiedlung Zaton
Riesige Diskothek.

Zadar ist eine große Hafenstadt, von hier kann man alle umliegenden Inseln erreichen und per Tragflügelboot oder Trajekt bis Pula und Italien fahren, die Küstenlinie stoppt hier ebenfalls.

Sonntag am Hauptplatz von Zadar, dem Narodni trg

Mitteldalmatien

Marmor, Macchia und mehr

Diesen Küstenabschnitt prägen imposante Städte und reiches Kulturerbe: das mittelalterliche Museumsstädtchen Trogir, Split, die Metropole dieser Region, mit dem Diokletianspalast, die Riviera von Makarska. Hübsch und voller geschichtsträchtiger Bauten sind auch die vorgelagerten Inseln: Hvar und Vis mit ihren schmucken Städten, die Insel Brač, aus deren Stein viele Bauten entstanden. Auch das mitteldalmatinische Hinterland wartet wegen seiner strategisch günstigen Lage an alten Handelswegen mit zahlreichen historischen Sehenswürdigkeiten auf. Hier finden sich der Ort Klis mit seiner gewaltigen Festung und das Städtchen Sinj, in dem jährliche Reiterspiele stattfinden.

Mitteldalmatien ist geprägt von einer abwechslungsreichen Landschaft: gewaltiger Karst, wuchernde Macchia, subtropische Vegetation, Gebirge und Flusslandschaft. Der den Meeressaum schützende Naturpark Biokovo, der mit seinen Gipfeln bis über 1700 Meter ansteigt, erlaubt Panoramablicke sowohl

Idyllische Aussicht auf das Adriatische Meer

zu den Inseln als auch in das waldreiche Landesinnere der Dalmatinska Zagora und bietet Wanderern eine schöne Durchquerung auf dem ausgewiesenen Biokovo-Wanderweg.

Das Cetina-Tal bildet einen abwechslungsreichen grünen Kontrast. Die Inseln bestechen mit ihrer vielfältigen Naturwelt und laden zu Erkundungen ein. Das Klima ist mild, doch ab und an können die kühlen Ostwinde ungebremst über das Dinarische Gebirge zur Küste wehen.

Es gibt Hotels in allen Kategorien, zahlreich sind auch Pensionen. Das Angebot an Campingplätzen an der Küste ist reichlich, wenngleich nicht mehr so groß wie im Norden; auf den Inseln gibt es bis auf Vis eher Miniplätze. FKK-Campingplätze sind bis auf die Insel Hvar dünn gesät.

Badefreunde sind in Mitteldalmatien bestens aufgehoben: z. B. an der Makarska-Riviera mit ihren vielen schönen Kiesstränden oder am Goldenen Horn auf der Insel Brač. Der beliebte Tauchsport ist bei glasklarem Wasser und weiter Sicht ebenfalls fast in jedem Touristenort möglich. Auch andere Sportfreunde kommen in Mitteldalmatien auf ihre Kosten: Hier kann man wandern, radeln, klettern oder eine Rafting- oder Kajaktour auf der Cetina machen.

An Gaumengenüssen bietet Mitteldalmatien Vielfältiges: ob Süßwasser- oder Meeresfische, Frösche, Krebse, Lamm in allen Variationen und natürlich die sonnenverwöhnten Weine, z. B. von der Insel Hvar der gute Faros oder von der Insel Vis der goldgelbe Vugava – damit kann man auf einer dem Meer zugewandten Restaurantterrasse einen Urlaubstag wunderbar ausklingen lassen.

1 Brač (Insel)

Das Gestein der Insel, der weiße Marmor, wurde bereits von den Römern abgebaut, für berühmte Gebäude wie den Diokletianspalast in Split, das Weiße Haus in Washington und das Berliner Reichstagsgebäude wurde er verwendet. Der bedeutende Bildhauer Ivan Rendić wurde auf Brač geboren, ebenso der kroatische Dichter Vladimir Nazor. Auf der Insel wachsen viel Macchiapflanzen, Nadel- und Laubbäume, es werden neben Gemüse Kiwis und neuerdings die Maraska-Kirsche angebaut, und in den Orten selbst wuchert es subtropisch.

Kulinarische Spezialität sind Lammgerichte vom Holzofen. Bademöglichkeiten, ob an kleinen Kiesbuchten oder Felsküsten, gibt es rund um die Insel.

Das goldene Horn auf der Insel Brač

Ferienorte sind im Norden die Fährstadt **Supetar**, das kleine **Milna** an der Westküste mit seinem ACI-Jachthafen, die Steinmetzstadt **Pučišća** im Nordosten mit dem heute größten Marmorsteinbruch der Insel. In **Povlja**, noch etwas weiter östlich, gab es wahrscheinlich ein altchristliches Religionszentrum, von hier stammt die »Urkunde von Povlja«, die als ältestes kroatisches Schriftdenkmal gilt. Fast unbedeutend ist **Sumartin**, gäbe es nicht die Fährverbindung mit Makarska. Wichtigste Stadt im Inneren ist das 1 000 Einwohner zählende **Selce**, fast komplett aus Marmor erbaut. Ivan Meštrović schuf in der hoch aufragenden Kirche die Herz-Jesu-Statue. Daneben gibt es weitere kleine Orte, hübsch gelegen und meist mit kunstvollen Kirchtürmen.

Autofährverbindung von Split nach Supetar bis zu 13 x tägl. Von Makarska (Festland) nach Sumartin bis zu 5 x tägl.

Bol
Wichtigster touristischer Inselort mit Flughafen ist das 1 500-Einwohner-Städtchen an der landschaftlich reizvollen Südküste mit den schroffen Felshängen der Vidova Gora im Hintergrund. Attraktionen sind das **Goldene Horn** *(Zlatni rat)*, eine Landzunge mit Feinkiesstrand und großem Wassersportangebot, und die »Ladies Open«-Tennisturniere. Als umweltfreundliches Transportmittel zwischen dem Goldenen Horn und dem Zentrum pendelt eine kleine rote Eisenbahn; der kleine Altstadtkern um das Hafenbecken ist autofrei. Ohne Verkehrslärm genießt man hier Restaurants, verschiedene Läden, Souvenirstände und den Obst- und Gemüsemarkt. Skulpturen von Fran Krcinic und Valerije Michieli verleihen dem Örtchen ein künstlerisches Flair. Sehenswert ist das **Dominikanerkloster**, als Ausflugsziele bieten sich die Eremitenstätte **Blaca** und die **Drachenhöhle** bei Murvica an; ein Aufstieg zum Hausberg **Vidova Gora** lohnt sich besonders.

Service & Tipps:

Touristeninformation Bol
Porat bolskih pomoraca bb (am Hafenbecken), 21420 Bol
✆ (021) 635-638
Fax (021) 635-972
www.bol.hr

Dominikanerkloster (Dominikanski samostan)
Rabadana 4, Bol
✆ (021) 778-000
Tägl. 10–12 und 17–20 Uhr
Malerisch am Meer gelegen, umrahmt von Pinien; das Museum zeigt u. a. Amphoren, glagolitische Messbücher und Gemälde von Tintoretto. Sehenswert ist auch die Kirche mit dem modernen Altarbild von Josip Botterie aus dem Jahr 1974. Der Klostergarten mit seinen mächtigen Bäumen ist eine wahre Insel der Ruhe. Bis heute leben hier Dominikaner. Sie pflegen die kulturelle Arbeit, vermieten Zimmer und unterhalten das Museum.

REGION 5
Mitteldalmatien

Fährhafen Supetar auf Brač

Ribarska Kućica
Bol
✆ (021) 635-348
Gutes Fischlokal mit Terrasse am Meer und Blick auf das Dominikanerkloster. Gute Fisch- und Fleischgerichte, dalmatinische Vorspeisen.

Konoba Mali Raj
Nahe dem Goldenen Horn
✆ (099) 480-457
Üppig bewachsene Natursteinterrassen; es gibt Gerichte vom Holzkohlengrill, z. B. Lamm, bei Vorbestellung auch von der Peka (Kalb) oder Fisch.

Vidova Gora
In ca. 2 Std. erreicht man von Bol aus die höchste Erhebung der Insel, den sagenumwobenen 778 m hohen Berg. Traumhafter Blick auf die gegenüberliegende Insel Hvar und das Küstengebirge. Bei guter Sicht lassen sich sogar die Umrisse des italienischen Apenningebirges erkennen. Vom Herzen Bols führt ein Wanderweg an den Ruinen von Podborje vorbei und weiter steil bergauf. Gutes Schuhwerk ist nötig!

Eremitenstätte Blaca
Mai–Okt. tägl. außer Mo 10–17.30 Uhr
Das Kloster mit Museum liegt taleinwärts westlich von Bol, gut getarnt am Fels in sengender Sonne. Bereits 1305 wurde es in Schriften erwähnt. Im 16. Jh. lebten hier Einsiedler, die die Glagoliza pflegten und wissenschaftlich arbeiteten, darunter der bekannte Astronom Nikola Milićević, dessen Bibliothek und Instrumente ebenso zu sehen sind wie ein Schulzimmer, wo die Kinder der Umgebung unterrichtet wurden.
Anfahrt: von Bol per Ausflugsschiff zur Bucht Dračeva luka, mit dem Auto Zufahrt Richtung Vidova Gora von Nerežišća aus und dann abbiegen (ausgeschildert). Ein Fußmarsch – je nach Transportmittel vom Meer nach Blaca oder vom Parkplatz nach unten – ist trotzdem erforderlich.

Drachenhöhle
Besichtigung nur mit Führung, Information über Touristeninformation (s. S. 113)
Ein schöner Ausflug ist sicherlich auch eine Wanderung von dem Weiler Murvica (ca. 7 km westlich von Bol) hoch über die Ruinen eines verfallenen Klosters zur Drachenhöhle. Im Innern zeigt sich u. a. das beeindruckende Drachenrelief. Die Höhle wurde von den Ordensbrüdern als Zufluchtsort genutzt.

Supetar
Ein hübsches Fährstädtchen mit

Natursteinhäusern rund ums Hafenbecken und einem interessanten **Mausoleum**. Das Hafenbecken ist umsäumt von Palmen und herrschaftlichen altösterreichischen Bauten. Gemütliche Cafés und Restaurants laden zum Verweilen ein. Der Ort liegt an der Nordküste der Insel Brač, ist deren Verwaltungszentrum und zählt 3500 Einwohner. Tourismus, Fischfang, Wein- und Obstanbau sind die Haupteinnahmequellen.

Service & Tipps:

Touristeninformation Supetar
Porat 1 (am Hafen)
21400 Supetar
✆ (021) 630-551,www.supetar.hr

Mausoleum
Westlich der Hafeneinfahrt steht am Meer das Mausoleum der Familie Petrinović, schon leicht kitschig angehaucht, ein Werk von Toma Rosandić. Eigentlich sollte der Bildhauer Ivan Rendić den Auftrag erhalten, ihm wurde dann aber, da man auf Ivan Meštrović rechnete, abgesagt. Keiner der beiden Meister hat sich also auf dem Halbinselchen mit einem wirklichen Kunstwerk verewigt.

Konoba Vinotoka
Jobova 6, Supetar
✆ (021) 631-341
Bestes Lokal der Stadt. Gespeist wird im Gewölbekeller oder auf luftiger Terrasse, es gibt Fischspezialitäten wie Hummer, Scampi, Fischpasteten und eine große Auswahl an selbst gekelterten Weinen und Schnäpsen.

Ein schöner Feinkiesstrand befindet sich in der Bucht **Vlačica.**

Splitska
Kleiner Ort im Norden der Insel. Hier wurde der Marmor für die Prachtbauten gebrochen. Heute ist der Ort bedeutend wegen des Muttergottesgemäldes von Bassano in der Pfarrkirche aus dem 13. Jh. In der Nähe liegt herrlich auf dem Hochplateau das älteste Dorf der Insel, heute ein Freilichtmuseum – **Škrip**.

Service & Tipps:

Museum
Škrip
Tägl. außer Mo 10–17 Uhr
Zu sehen sind u. a. der Römerfriedhof, Herkulesstatue, Sarkophage.

Konoba Herkules
Splitska
✆ (021) 646-330
Mai–Okt. 10–18 Uhr
Hübsches Natursteinhaus mit Biergarten. Es gibt Lamm vom Spieß und Holzofengerichte (Fleisch und Fisch).

2 Hvar (Insel)

Hvar zählt zu den sonnenreichsten dalmatinischen Inseln und ist überzogen von Lavendel- und Rosmarinbüschen und einer artenreichen Macchia. Touristenmagnet der 300 Quadratkilometer großen, sehr langen Insel ist im Westen der mittelalterliche Hauptort gleichen Namens. Kleinere touristische Orte sind **Stari Grad**, **Jelsa** und das verschlafene **Vrboska**, ebenfalls im Westteil der Insel. Die restliche Insel birgt bis auf den kleinen Fährort **Sućuraj** im Osten kleine Weiler und schöne Badebuchten. Der Inselname kommt von den Griechen, die im 4. Jh. v. Chr. Pharos – das heutige Stari Grad – gründeten. Im 3. Jahrhundert kamen Römer, im 7. Jahrhundert Neretljaner, dann ungarisch-kroatische Könige, danach die Venezianer, die sich mit den Türken bekriegten, dann die Franzosen und Österreicher. Kulinarische Genüsse sind der rote Faros-Wein und der weiße Bogdanuša, Prošek mit Kräutern und Raki mit Feigen oder Mandeln und eingelegte Sardellen und natürlich der gute Honig aus den Rosmarin- und Lavendelblüten.

Lavendel – Markenzeichen von Hvar

Autofährverbindung: Trajekt Split–Stari Grad bis zu 5 x täglich. Trajekt Drvenik (Festland)– Sućuraj bis zu 9 x täglich. Die Küsteneilfähre hält hier mehrmals die Woche. Zudem Katamaranverbindungen mit Split.

Hvar (Stadt)
Ein mittelalterliches Städtchen mit Luxusflair – Megajachten, Gourmetrestaurants, Palmenpromenade, schicke Boutiquen, moderne Galerien, Kulturgut und viel Natur rund um die Stadt zum Erholen. Hvar liegt an der Südküste der Insel; zu den vorgelagerten Hölleninseln, Pakleni otoci, kann man sich morgens zum Baden schippern lassen. Bootsbesitzer haben die Wahl, zwischen den Inselchen zu kreuzen oder in der Stadt oder in der schönen **ACI-Marina** auf der Insel Sv. Klement zu ankern. Durch die blumenumrankten Gassen kann man gemütlich entlang prachtvoller Bauten und altem Ge-mäuer schlendern und in einem der kleinen Cafés oder Konobas Halt machen.

Überragt wird das 4 000 Einwohner große Städtchen von der Festung **Španjol**, von der sich ein bezaubernder Blick über Altstadt und Hölleninseln bietet. Sehenswert sind das **Franziskanerkloster** aus dem 15. Jahrhundert und die dreischiffige Renaissance-Kathedrale **Sv. Stjepan** mit dem schönsten Glockenturm Dalmatiens. Ebenso interessant ist das Benediktinerinnenkloster mit Gemälden und Ikonensammlungen von Hanibal Lucić und den Handarbeiten der Benediktinerinnen, feinen Spitzendeckchen aus Agavenfäden. Am Hafenbecken steht die Ruine der Kirche **Sv. Marko**, in deren Apsis sich die archäologische Sammlung und das Lapidarium des Dr. Grga Novak befinden. Ein Ausflug in das Umland von Hvar lohnt sich: Die vielen Buchten oder die kleinen Inselchen in herrlicher Landschaft sind wie gemacht zum Ausruhen vom städtischen Treiben.

Service & Tipps:

Touristeninformation Hvar
Trg Svetog Stjepana (im Arsenal)
✆/Fax (021) 741-059, 742-977
www.tzhvar.com

Stadtansicht von Hvar

Die Bucht von Hvar

Capitano
Uferpromenade Hvar, neben Hotel Delfin
✆ (021) 742-230
Gute Fisch- und Fleischgerichte.

Macondo
Ulica Budrović, Hvar
✆ (021) 741-851
Dieses gediegene Fischlokal liegt in der Altstadtgasse; gute Fisch- und Fleischgerichte und große Weinkarte.

Konoba Menego
In der Altstadtgasse gegenüber dem Benediktinerinnenkloster, Hvar
Eine typisch dalmatinische Kneipe, in der es süffigen Wein und leckere Vorspeisen und als Nachspeise »betrunkene Feigen« gibt.

Konoba Luviji
Nebengasse rechts der Kathedrale Sv. Stjepan, Hvar
Weinschänke mit rustikalem Mobiliar.

Café-Bar Carpe Diem
Uferpromenade in Richtung Franziskanerkloster, Hvar
Musik und gute Cocktails unter Arkaden.

Panorama
Ca. 2,5 km nördlich Richtung Vira, am Berg (ausgeschildert)
✆ (021) 742-515
Natursteinbau mit großer Terrasse und offenem Kamin – die Aussicht rundum ist fantastisch, die Sonnenuntergänge fast immer vollkommen. Spezialitäten vom Holzofengrill sind Lamm oder Wildschwein.

Spanische Festung Španjol
Die Festung (geöffnet von morgens bis Sonnenuntergang) oberhalb der Stadt wurde unter den Venezianern 1557 gemeinsam mit spanischen Soldaten errichtet. Im Inneren ist heute ein Amphorenmuseum eingerichtet.

Kathedrale Sv. Stjepan
Trg Sv. Stjepana, Hvar
Tägl. 10–12 und 17–19 Uhr
Dreischiffiger Renaissancebau mit angebautem hohem Turm aus dem 16. Jh., verwendet wurden auch gotische Bauteile der einstigen Klosterkirche der Benediktiner. Sehenswert sind die Barockaltäre, besonders der der Familie Hektorović. Der Kirchturm gilt als einer der schönsten Dalmatiens.

Franziskanerkloster mit Museum
Tägl. 10–12 und 17–19 Uhr
Mitte des 15. Jh. auf der Landzunge südlich der Stadt im Renaissancestil errichtet. Wertvolle Ausstattung: Gemälde und geschnitztes Chorgestühl, Relief am Kirchenportal von Niccolò Fiorentino (Nikola Firentinac), auf dem Hauptaltar ein Polypty-

chon von Francesco da Santacroce aus dem Jahr 1583, das 2,5 x 8 m große Gemälde »Das Letzte Abendmahl« von Matteo Ingoli aus Ravenna (Anfang 17. Jh.). Vor dem Hochaltar

Regenbogen hinter Jelsa

ruht der Dichter Hanibal Lucić. Die Bibliothek bewahrt u. a. einen ptolemäischen Atlas von 1524.

Arsenal
Trg Sv. Stjepana, Hvar
Tägl. 10–13 und 17–23 Uhr
Die Hvarer führten bereits im 14. Jh. vor der Kathedrale religiöse Stücke auf. 1612 baute man das Arsenal, einst Lagerhaus für Kriegsgaleeren, zur Theaterbühne um und konkurrierte mit Italiens ältesten Bühnen. Aufgeführt wurden u. a. Werke von Hanibal Lucić und Petar Hektorović. Heute beherbergt es eine Galerie.

Archäologische Sammlung von Dr. Grga Novak
Kirche Sv. Marko, Hvar
Tägl. 10–12 und 20–23 Uhr
In der verbliebenen Apsis der ansonsten ruinösen Kirche sind die Archäologische Sammlung und das Lapidarium des bedeutenden Archäologen und Historikers Dr. Grga Novak untergebracht. Die verbliebenen Mauern bilden eine gute Kulisse für Skulpturen und Steinfragmente, und in dem lauschigen Garten ist ein Café untergebracht, wo man abends ganz romantisch Pianomusik hören kann.

Hvarer Sommer
Klassische Konzerte in der Kirche Sv. Stjepan und im Franziskanerkloster.

Zum Baden pendeln Ausflugsschiffe und Taxiboote auf die vorgelagerten Hölleninseln **Pakleni otoci** und zur Südwestküste zum Badeort **Milna**, das man aber auch mit dem Auto erreichen kann.

ACI-Marina Palmižana
Insel Sv. Klement
✆ (021) 744-995, www.aci-club.hr
Idyllische Marina in der Bucht Palmižana. 160 Liegeplätze im Wasser, alle mit Wasser- und Stroman-

Von Stari Grad nach Hvar auf dem Esel ...

schluss; Restaurant, Sanitäranlage, kleiner Supermarkt. Tankstelle im Stadthafen von Hvar (Križna luka).

Stari Grad
Das älteste Städtchen der Insel (14 km östlich von Hvar), heute Fährstadt und Treffpunkt der Schwimmmarathonies, liegt an einer tief eingeschnittenen großen Bucht an der Nordwestseite. Zu sehen sind blumenberankte Natursteinhäuser aus dem 16. Jahrhundert in einem Labyrinth von Gassen und schönen Plätzen wie z. B. der Piazza Skor. Aus der griechischen Epoche, vom ehemaligen *Pharos*, gibt es Reste der Zyklopenmauer. Viel Kulturgut liegt noch unter der Erde, jährlich arbeiten in den Sommermonaten Archäologiestudenten in internationalen Workshops daran, mehr an die Oberfläche zu bringen. Sehenswert ist das gut erhaltene **Wehrschloss Tvrdalj** (16. Jh.). Im **Dominikanerkloster**, das in seinem heutigen Aussehen aus dem 16. Jahrhundert stammt, ist ein kleines archäologisches und sakrales Museum eingerichtet (tägl. 9–12 und 18–20 Uhr).

Service & Tipps:

Touristeninformation Stari Grad
Am Hafenbecken, neben dem Markt
21460 Stari Grad
✆ (021) 766-231, Fax (021) 765-763
www.stari-grad-faros.hr

Konoba San Roko
Östlich vom Wehrschloss
Stari Grad
Nur in der Hochsaison geöffnet
Alter Weinkeller von 1893, offener Kamin: Hier wird das Feuer für die Peka geschürt - es gibt Lamm, Oktopus oder Kalb. Auch im Freien Sitzplätze.

Stadtmuseum
Palais Biankini, Stari Grad
Tägl. 9–13 und 18–21 Uhr
Auch Faros-Museum genannt. Gezeigt werden vor allem Ausgrabungsfunde. Im zweiten Stock sind eine maritime Sammlung und vor allem die **Galerie Juraj Plančić** (bekannter kroatischer Maler, 1899 in Stari Grad geboren, 1930 in Paris gestorben) sehenswert. Gezeigt werden Arbeiten von Plančić, Ivan Meštrović und dem zeitgenössischen Maler Bartol Petrić.

Wehrschloss Tvrdalj
10–12 und 18–20 Uhr
In dem Wehrschloss mit Fischteich aus dem 16. Jh. residierte der Dichterfürst Petar Hektorović. Hier schrieb er seine Werke und Verse, die er in Naturstein verewigte, und empfing Freunde zum geistigen Austausch. Im hübsch eingerichteten ethnographi-

... und per Drahtesel

schen Museum bekommt man Einblick in die vergangene Zeit.

Jelsa

Kleines Wein- und Touristenstädtchen, an einem Fjord im Norden gelegen. Hier gibt es etliche Campingplätze und Hotels, deren Gäste den Ort abends beleben. Ansonsten ist Jelsa auch Einkaufsstadt für die Bewohner der Südküste und des wenig besiedelten Ostens von Hvar. Wanderfreudige können in einer Stunde hinauf zum Beobachtungsposten Tor aus dem 3./4. Jahrhundert v. Chr. oder noch etwas weiter zum Grad, zu den römischen Festungsruinen, laufen. Die Mühe belohnt ein herrlicher Weitblick. Interessant ist auch ein Ausflug zur alten Hirtensiedlung **Humac**.

Service & Tipps:

Touristeninformation Jelsa
Am Hafenbecken, 21465 Jelsa
✆ (021) 761-918

Gostiona Dominko
Altstadtgasse in Jelsa
Hier erhält man Inselspezialitäten, u. a. eingelegte Sardinen, Lammsuppe und natürlich Fischgerichte. Für die Verdauung trinkt man hinterher ein Kräuterschnaps: *martinovaća* mit Myrte oder *travarica* mit Salbei und Anis.

Humac
Ca. 8 km östlich von Jelsa Richtung Sućuraj
Die Hirtensiedlung mit steingeschichteten Häusern (und einer Konoba) ist 200–300 Jahre alt. Mit Führung (über die Touristeninformation) gelangt man von hier in 30 Min. zur Höhle **Gračeva špilja**. Hier wurden 1912–52 sensationelle Funde einer Kultur der Zeit von 4 500 bis 1 000 v. Chr. gemacht. Heute kann man noch Stalagmiten und Stalaktiten bewundern.

Konoba Humac
✆ (021) 768-108
Nur in der Saison 9–22 Uhr
Ein wunderbares Lokal, um nach einer Wanderung einzukehren. Hübsches Natursteinhaus mit Terrasse; Gerichte aus der Peka wie Lamm, Huhn, eigene Weine, alles aus biologischem Anbau.

Vrboska

Kleiner Fischerort an der Nordseite der Insel Hvar mit einer im Baustil einmaligen Festungskirche. 500 Einwohner zählt das ruhige Örtchen, das sich an zwei Seiten um einen langen Meeresarm erstreckt und im 15. Jahrhundert als Hafenort von Vrbanj entstand. Einen Kontrast zum eher dörflichen Flair bildet der Jachthafen. An der Nordküste von Vrboska gibt es viele Fels- und kleine Kiesbadestrände mit wunderschönem Blick auf die Insel Brač. Vrboska ist berühmt für seine kulinarische Tradition, nämlich das Einsalzen der Fische, und seine mit Lorbeer und Rosmarin gewürzten Fischmarinaden. So verwundert es auch kaum, dass im Ort eine große Fischfabrik ansässig ist.

Service & Tipps:

Bei der Brücke das beliebte **Fischlokal Škojić** mit schönem Innenhof. Am Kanal **Restaurant Trica Gardelin** und neben dem Jachthafen der Bruder mit **Restaurant Gardelin**. Sie sind allesamt für Fisch- und auch Fleischgerichte zu empfehlen.

Festungskirche Sv. Marija
Vrboska
Tägl. 10–12 und 19–21 Uhr
Die Kirche wurde im 16. Jh. erbaut. Ihr Inneres ist mittlerweile bis auf einige Grabtafeln ziemlich kahl; wegen der Feuchtigkeit hat man die wertvollen Bilder in die nahe Kirche Sv. Lovro verbracht.

Kirche Sv. Lovro
Vrboska
Aus dem 15. Jh., im 17. Jh. barockisiert. Sie birgt die Gemälde »Mariä Geburt« von Antonio Sciuri (17. Jh.) und die »Jungfrau vom Karmel« von Stefano Celesti (1659). Der Hauptaltar

Das ruhige Örtchen Vrboska

ist von Ivan Rendić gefertigt und enthält das berühmte Triptychon von Veronese (1528–88) mit Darstellungen des hl. Laurentius.

Fischereimuseum
Vrboska
Tägl. 10–12 und 18–21 Uhr
Hier begibt man sich auf die Pfade der Fischereigeschichte vom 18. bis zum 20. Jh. Zu sehen sind u. a. Werkzeug, Netze, Fangkörbe und eine echte Fischerküche.

ACI-Marina Vrboska
Vrboska
✆ (021) 774-018
www.arci-club.hr
85 Liegeplätze im Wasser, mit Strom- u. Wasseranschluss, 30 Stellplätze an Land; 5-t-Kran, Servicewerkstatt, Sanitäranlagen, Restaurant. Ganzjährig geöffnet.

Auf der Nordseite der Landzunge Glavica findet man Fels- und Kiesbuchten mit Blick auf die Inseln Zećevo und Brač. Einen Kiesstrand gibt es nahe dem Camp Nudist. Etwas weiter nördlich noch die Basijna-Bucht. Taxiboote fahren ab dem Hafen zur FKK-Insel Zećevo.

3 Makarska

Makarska (14 000 Einwohner) ist touristisches und auch wirtschaftliches Zentrum der Makarska-Riviera und blickt auf eine bewegte Geschichte zurück. Die Küsten- und Fährstadt (zur Insel Brač) unterhalb des mächtigen bis 1 762 Meter ansteigenden Biokovo-Gebirges liegt an einer geschützten Bucht, gesäumt von dem stiefelförmigen Halbinselchen Sv. Petar und dem Kap Osejava. Rundum gibt es Spazierwege und Bademöglichkeiten, und entlang der langen palmenbestandenen Uferpromenade kann man schön flanieren. Das Angebot an Promenadencafés und Restaurants ist groß. Für den Abend gibt es zahlreiche Cafébars mit unterschiedlichster Musik. Die zahlreichen Hotels liegen in Laufweite, meist im Westen der quirligen Altstadt, und bieten dem Touristen ein umfangreiches Unterhaltungs- und Sportprogramm. Zudem gibt es an den eigens ausgewiesenen Strandabschnitten ein

Zentrum der Makarska-Riviera: die Stadt Makarska

großes Wassersportprogramm und Tauchschulen. Auf dem Hauptplatz steht das drei Meter hohe, mit Mosaiksteinchen geschmückte Denkmal des Franziskaners und Dichters Andrija Kačić Miošić (s. S. 127). Östlich des Platzes sieht man den Barockpalast der Familie Ivanišević, westlich das Barockhaus der Familie Tonolli, in dem sich heute das **Stadtmuseum** (Gradski muzej) befindet. Sehenswert ist das alte **Franziskanerkloster** mit dem nebenan untergebrachten **Muschelmuseum**. Makarska ist Ausgangspunkt für Wanderungen ins **Biokovo-Gebirge** (auch für Mountainbike-Liebhaber ein reizvolles Gebiet). Pflanzenfreunde kommen im **Botanischen Garten** in Kotišina auf ihre Kosten.

Service & Tipps:

Touristeninformation Makarska
Obala Kralja Tomislava 16
21300 Makarska
✆ (021) 612-002, Fax (021) 616-288
www.makarska.com

Franziskanerkloster
Franjevački put bb, Makarska
Errichtet auf Fundamenten aus dem Jahr 1400 und einem Benediktinerkloster aus dem 6. Jh. Das heutige Erscheinungsbild stammt aus dem Jahr 1614. Das Kloster birgt eine Bibliothek und Gemäldesammlung.

Muschelmuseum (Malakološki muzej)
Franjevački put bb, Makarska
✆ (021) 611-256)
Tägl. 8–12 und 15–19 Uhr
An das Franziskanerkloster angebaut, präsentiert das Museum Muscheln aus aller Herren Ländern und eine Fossiliensammlung.

Riva
Obala Kralja Tomislova 6
Makarska
✆ (021) 616-829
Hier isst man bestens Fischspezialitäten.

Jez
Kralja Petra Krešimira IV 90
(nahe Hotel Dalmacija), Makarska
✆ (021) 611-741
Sehr exklusiv, beliebt sind Fischgerichte.

Makarska-Kultursommer
Mitte Juli–Ende Aug.: Musik, Folklore, Tanz, auch auf der Halbinsel Sv. Petar.

Diskothek Plaža
Im Freien auf der Halbinsel Sv. Petar

Biokovo-Panoramastraße
Auf einer mautpflichtigen Panoramastraße gelangt man östlich von Makarska abzweigend nach 12 km auf enger kurviger Straße zum Gipfel **Sv. Jure** (1 762 m). Das Gebirge ist Naturpark, hier wachsen zahlreiche wilde endemische Pflanzen. Schön sind auch Mountainbike- oder Trekkingtouren ins Gebirge.

Botanischer Garten
Ca. 4 km oberhalb von Makarska beim Ort Kotišina
Artenreiche Pflanzenwelt und verschiedene Gesteine.

4 Makarska-Riviera

Goldene Feinkiesstrände, kristallklares Wasser und satte Aleppokiefernwälder – sie stehen für den malerischsten und seit langem beliebtesten Küstenabschnitt Kroatiens: Über 60 Kilometer erstreckt sich die Makarska-Riviera von **Donja Brela** im Norden bis nach **Gradac** im Süden. Hinter diesem sanften Küstenstreifen erheben sich das bis 1 762 Meter ansteigende **Biokovo-Gebirge** und anschließend südlich der 700 m hohe **Rilić-Bergzug**. Größter Touristenmagnet ist die Stadt **Makarska** (s. S. 121 f.), weitere beliebte Ferienorte sind unter anderen **Baška Voda, Tučepi, Podgora** und **Igrane**. Verträumte Gebirgsdörfer inmitten von Olivenhainen und Weinbergen warten an den Hängen des Biokovo darauf, von Wanderern entdeckt zu werden. Es waren die ersten Siedlungen; teils gehen sie bis in die Antike zurück, später blieb man aus Angst vor Piraten und dann zum Schutz gegen die Türken im Gebirge – erst im 16./17. Jahrhundert begann man Dörfer am Meer zu errichten.

Die Makarska-Riviera, im Hintergrund die Halbinsel Pelješac

Spätestens 1962 verließen viele Bewohner ihre Bergdörfer, als ein starkes Erdbeben viele Häuser zu Ruinen machte. In allen Orten an der Makarska-Riviera gibt es Restaurants, Pensionen, meist auch Hotels und Campingplätze. Besonders gelobt werden die kleinen Konobas in den Gebirgsorten des Biokovo. Für die Makarska-Riviera gibt es ein jährlich erscheinendes Info-Heft auch in deutscher Sprache (ca. 1,50 €) für das aktuelle Sommerprogramm - Kultur, Veranstaltungen.

Das **Biokovo-Gebirge** umfasst 196 Quadratkilometer und hat den Status eines Naturparks: Offenes Feuer, Zelten und Blumenpflücken sind verboten. Rund 40 Höhlen und eine reiche Tier- und Pflanzenwelt machen einen Ausflug durchaus lohnend. Weit über 1 200 Pflanzenarten gedeihen in dem Karstmassiv. Außerdem sind hier etwa 12 000 Gämsen, 300 Mufflons und 38 Vogelarten zu Hause - und auch die Gebirgsmaus und die Hornviper.
Von **Makar** und **Veliko Brdo** oberhalb Makarskas gibt es schöne (und die kürzesten) Wanderwege hinauf zum höchsten Gipfel, dem Sv. Jure (1762 m). Von allen weiteren Orten an der Makarska-Riviera gelangt man ebenfalls zum Gipfel und auch auf die Biokovo-Wanderstraße. Man hat viele Routen zur Auswahl, ebenfalls interessant ist die Bergwelt für Mountainbiker. Es gibt auch organisierte Bergtouren.

Biokovo-Wanderstraße (Biokovska Plainarska Staza = BPS): Einen grandiosen Blick über das Meer und die vorgelagerten Inseln erlebt man auf der 60 Kilometer langen Wanderroute, die in etwa drei Tagen zu bewältigen ist. Man übernachtet in einfachen Hütten wie dem Sv.-Jure-Haus oder dem Ladena-Haus. Vorher anmelden!

Naturpark Biokovo (Park Prirode Biokovo)
Trg Tina Ujevića 1/1, 21300 Makarska
©/Fax (021) 616-924, www.biokovo.com

Donja Brela

Beliebter Badeort mit dem prämierten **Punta-Rat-Strand**, einem herrlichen Feinkiesstrand, von Kiefern gesäumt. Brela 1500 Einwohner zieht sich mit seinen Ortsteilen kilometerweit an den Hängen des Biokovo und unten am schmalen Meeressaum entlang. In dem ganz auf Touristen eingestellten Ort gibt Hotels, Pensionen und Restaurants, zudem Verleih von Wassersportausrüstung und Tauchschule. Sehenswert sind die Kirche **Sv. Stipana** aus dem Jahr 1887 und der unterhalb der Kirche liegende Archäologische Park.

Service & Tipps:

Touristeninformation Donja Brela
Kneza Domagoja bb, Donja Brela
© (021) 618-455, www.brela.hr

Patronatsfeste
16. Juli: Gospe od Karmela
3. August: Sv. Stipana

Konoba Roko
Gornje Brela
© (021) 729-175
Auf 400 m Höhe gelegen, gute Stärkungsplatz bei Wanderungen. Dalmatinische Küche.

Baška Voda

Der lebhafte, beliebte Badeort mit Altstadtkern hat 1 600 Einwohner und liegt mit seinen Häusern breitgestreut am Meer. Der Biokovo ließ hier für eine Bebauung Platz, und die karstigen Steilwände des Gebirges sind erst einmal von den sanften Ausläufern versteckt. Die Uferpromenade mit Restaurants, Geschäften, Eisdielen lädt zum Flanieren ein. Hier treffen sich viele Pauschalurlauber und Familien

Badespaß in Baška Voda

mit Kleinkindern. Die Bademöglichkeiten rundum sind wunderbar, ebenso gut die Möglichkeiten, auf schönen Wanderwegen hoch ins Biokovo-Gebirge zu kommen. Mountainbiker finden hier ebenfalls ein Betätigungsfeld und können auf kleinen Straßen viele Bergdörfer (u. a. Bast, Topići) erkunden. Und wer etwas für seine Bildung tun möchte: Es gibt hier gleich drei kleine Museen.

Service & Tipps:

Touristeninformation Baška Voda
Obala sv. Nikole 31
21320 Baška Voda
✆ (021) 620-713
www.baskavoda.hr

Patronatsfest von Sv. Marija, im Weiler Bast, 15. August (Mariä Himmelfahrt).

Konoba Biston
Bast, 2 km oberhalb von Baška Voda
Beliebtes und gutes Ausflugslokal mit schöner Terrasse. Spezialitäten sind u. a. hausgemachter *pršut* und Käse oder Fischeintopf und Pasticada.

Panorama
Topić, 1 km oberhalb von Baška Voda
Tolle Aussicht auf das Meer und das Gebirge von der Terrasse. Spezialitäten sind Peka-Gerichte und traditionelle Speisen wie Kutteln.

Archäologische Sammlung
Blato 4, Baška Voda
Tägl. außer So 18–21 Uhr
Funde aus der Umgebung, u. a. Amphoren und Münzen.

Ethnographisches Museum
Neben der Kirche, Baška Voda
Unregelmäßige Öffnungszeiten
Trachten, Werkzeug usw.

Muschelmuseum
Srida 11, Baška Voda
Hochsaison 10–12 und 18–22, ansonsten nur abends bis ca. 20 Uhr
Eine große Privatsammlung von Ante Jurišić: 9 000 seltene Exemplare, die er weltweit zusammengetragen hat, Muscheln, Fische, Krebse, Hummer, Haie, Polypen, auch Fossilien – und natürlich Meeresgetier aus der Umgebung von Baška Voda.

Präparierte Meeresbewohner im Muschelmuseum

Tučepi
Moderner 1 700-Einwohner-Ort mit schönem Hafen, Appartementsiedlungen und Hotels, die mit einem vielfältigen Sportangebot aufwarten. Der Ort unterhalb des Biokovo-Gebirges besteht aus mehreren Teilen: zum einen die Siedlung **Donij Tučepi**, in erster Linie eine Feriensiedlung. Das alte Tučepi, **Gornje Tučepi**, auf 300 Meter Hö-

Abendstimmung in Stari Tučepi

he an den Hängen des Biokovo gelegen, setzt sich wiederum aus mehreren Weilern zusammen, u. a. **Šarići** mit seiner schönen **Sv.-Ante-Padovanski-Kirche**. Ebenfalls sehenswert die romanisch-gotische **Sv.-Juraj-Kirche** aus dem 12. Jahrhundert mit dem Archäologischen Park rundherum. Sie liegt nahe der Küste beim Hotel Neptun.

Das Gebiet um Tučepi eignet sich prächtig für Wanderungen in die Vergangenheit, d. h. hoch in die alten Weiler auf der Suche nach Spuren von Kulturgut vor allem aus der Zeit der Türkenabwehr, das es hier zu sehen gibt.

Service & Tipps:

Touristeninformation Tučepi
Kraj 46, Tučepi
✆ (021) 623-100, www.tucepi.com

Feste
Im Sommer: Tučepi-Sommerveranstaltungen mit Pop- und Folkloremusik
13. Juni: Patronatsfest Sv. Ante Padovanski (hl. Antonius von Padua) mit großer Prozession

Jenny
Gornje Tučepi, ✆ (021) 623-704
Vom Wintergarten fantastische Weitsicht über die Riviera und das Meer. Vorzügliche moderne dalmatinische Küche.

Podgora
Palmen und Bäume säumen die schmale, häuserbestandene Uferstraße des 1 500-Einwohner-Ortes. An der großen Bucht drängen sich Häuser und Hotels auf engstem Raum – das geschäftige Podgora, das auf eine lange Schifffahrtstradition zurückblickt, ist eingezwängt zwischen Meer und dem hier steil aufsteigenden Biokovo-Gebirge. Um die gesamte Bucht lädt ein Feinkiesstrand zum Baden ein, und Bootsbesitzer können in zwei gut geschützten Jachthäfen anlegen. Das imposante Monument »Galebova Krila« (Möwenflügel), das seit 1962 an die Freiheit der kroatischen Adria erinnert, thront weit sichtbar auf einem Hügel oberhalb der Küstenstraße.

Igrane
Erkennungszeichen ist der von weitem sichtbare hohe Kirchturm der Barockkirche Gospa od Rosarija von 1752 (1939 erweitert). Der Kirchturm wurde erst 1925 erbaut. 430 Menschen leben in dem hübschen, den Hang hinaufgebauten Örtchen, umgeben von herrlichen Kiesbuchten. Ältestes Baudenkmal

ist das **Sv.-Mihovil-Kirchlein** aus dem 11./12. Jahrhundert. Das alte Igrane, **Gornje Igrane** liegt auf 900 Meter Höhe am Biokovo-Wanderweg und lohnt eine Wandertour. Überhaupt lädt Igrane zu schönen Berg- und Mountainbiketouren ein.

Živogošće
Der 460-Einwohner-Ort ist mit seinen wenigen Häuschen fast mit Igrane zusammengewachsen. Živogošće liegt unterhalb des Berges Sutvid und zählt zu den ältesten Siedlungen an der Makarska-Riviera. Bedeutend ist das Franziskanerkloster Sv. Križ aus dem 17. Jahrhundert mit seinen Marienbildern von P. Falconer (1727), F. Scot (1733) und einem unbekannten Meister (1741).

Drvenik
Der 500-Einwohner-Ort unterhalb des Rilić-Bergzuges hat eine schöne Palmenpromenade und Feinkiesstrand und ist Fährort zun den Inseln Hvar und Korčula. Wanderungen bieten sich hinauf in die Berge nach **Gornje Drvenik** und der Kirche **Sv. Juraj** aus dem 15. Jahrhundert an.

Zaostrog
270 Einwohner zählt das Örtchen. Im Hochsommer drängen sich jedoch weit mehr Menschen auf der Uferpromenade, in den zahlreichen Restaurants, den Campingplätzen und Pensionen. Ruhiger geht es nur auf dem 770 Meter hohen **Viter** zu, dem Hausberg Zaostrogs. Hier und weiter nördlich auf dem Rilić locken einsame Wanderungen oder Mountainbiketouren.

Einen Besuch wert ist Zaostrog auch wegen seines **Franziskanerklosters** inmitten eines Oliven- und Zitronenhains, mit 800 Jahre altem Eingangsportal. Hier lebte und arbeitete der Franziskaner und Dichter Andrija Kačić Miošić. Heute gibt es im Museum regionale Trachten zu sehen, eine Galerie mit Bildern von Mladen Veža, ein Lapidarium und eine Bibliothek mit rund 20 000 Bänden, darunter 24 Inkunabeln und auch alte deutsche Bücher (tägl. 16.30–19 Uhr).

Brist
Zwei namhafte Künstler wurden in dem 340 Einwohner zählenden Fischerdorf mit seinen Natursteinhäusern unterhalb des Rilić-Berg-

Blick auf Drvenik

zuges geboren: Der Franziskaner, Dichter und Künstler Andrija Kačić Miošić erblickte 1704 hier das Licht der Welt, 1916 war es der international anerkannte Maler Mladen Veža. Er zählt zu den bekanntesten kroatischen Malern und ist immer noch einige Monate im Sommer in seinem Geburtsort, um neue Werke zu schaffen. Der Zyklus »Abdrücke aus der Kindheit« ist im Franziskanerkloster in Zaostrog zu sehen.

Gradac
Das 1200-Einwohner-Städtchen mit der Rilić-Bergkette im Hintergrund bildet das touristische Schlusslicht der Makarska-Riviera. Es gibt ein paar Hotels und Pensionen, aber im Vergleich zu den quirligen nördlicheren Badeorten ist Gradac ruhig und beschaulich. Die lange Uferpromenade mit Cafés und Restaurants lädt zum Flanieren ein, der kilometerlange Feinkiesstrand unterhalb, mit zum Teil herrlich schattenspendenden Kiefern, zum Baden und Faulenzen.

Der Ort lag an der wichtigen römischen Militärstraße von Salona nach Narona, und so fand man hier Reste von Säulen, Sarkophagen und Münzen aus dem 1. bis 5. Jahrhundert. Sehenswert sind die **Sv.-Mihovil-Pfarrkirche** von 1852 und der schöne Steinbrunnen am Meer (Trg Soline). Wanderungen und Mountainbiketouren sind im hügeligen bis bergigen Hinterland des Rilić möglich.

Service & Tipps:

Touristeninformation Gradac
Trg Soline, 21330 Gradac
✆ (021) 697-375, www.gradac.hr

Marco Polo
Obala 18, Gradac
✆ (021) 697-185
Das Hotelrestaurant hat eine lauschige Terrasse und Wintergarten; gute Fisch- und Fleischgerichte.

Bei Wanderungen ins bergige Hinterland kann man gut in die Geschichte eintauchen, z. B. hoch zum Weiler Čista, dessen Wehrturm an die Türkenabwehr erinnert; oder man läuft zum Plana-Hügel mit der Sv. Paškal-Kapelle (16. Jh.), einem der ältesten Baudenkmäler dieser Gegend.

Wer das Abenteuer sucht – Rafting auf der Cetina

5 Omiš

Das einstige Hauptquartier der dalmatinischen Seeräuber liegt malerisch an der Mündung des Flusses Cetina, der sich durch das Felsmassiv Mala Dinara seinen Weg zum Meer gebrochen hat und für die Bewohner einen wichtigen Zugang zum Hinterland bot. Die 5 000-Einwohner-Stadt mit ihrem mittelalterlichen Kern liegt eingekeilt zwischen dem schützenden Fels, dem Meer und dem Fluss, an dessen Ufer malerische Kähne ankern oder Fischer für eine Cetina-Fahrt werben. Die Altstadt wird überragt von den Ruinen der **Peovića-Festung**, im 13. Jahrhundert errichtet. Das Gebiet war für Venedig wichtige Pufferzone zum Osmanischen Reich und wurde daher im Laufe der Zeit eher als Verbündeter denn als Gegner gesehen. Omiš war bereits von illyrischen Stämmen besiedelt, dann kamen die Dalmaten, die den Ort *Almissa* nannten. Als *Oneum* machte er im Mittelalter von sich reden; hier in dieser Region lebte die gefürchtete Familie Kačić, Husaren und Piraten – nicht nur venezianische Schiffe bangten um ihre Habe, sondern auch große Städte wie Split oder Trogir. Mit prall gefüllten Schiffen kehrten die Piratenbanden jedes Mal nach Hause.

Heute stellen der Fremdenverkehr und das größte kroatische Wasserkraftwerk die wirtschaftliche Grundlage dar. Die Umgebung lockt zu Kajak- und Raftingtouren und Ausflügen entlang der Omiš-Riviera. Die Speisekarte ist breit gefächert: Es gibt Forellen, Krebse, Frösche, aber auch Seefisch und vorzügliche Lammgerichte.

Die Ruine der Peoviča-Festung in Omiš

Republik Poljica

Poljica nannte man die Region vom Mosor-Gebirge bis Omiš und ein Stück landeinwärts, bereits im 14. Jahrhundert ein politisch stark strukturiertes Gebiet mit äußerst selbstbewussten Menschen. Es gab zwar als obersten Befehlshaber einen Fürsten, daneben aber noch Regierungsräte, die den obersten Befehlshaber jährlich wählten oder auch abwählen konnten. Daneben gab es Notare und Richter, die für Ordnung sorgten und bei wichtigen Entscheidungen des alltäglichen Lebens mitbestimmen durften. In Poljica wurde das politische Leben für jedermann geregelt; im 15. Jahrhundert wurde das Statut in der Bosanzki-Schrift festgehalten. Selbst Venedig anerkannte diese starke Republik und sicherte ihr 1444 volle Autonomie zu.

Service & Tipps:

Touristeninformation Omiš
Trg kneza Miroslava bb
21310 Omiš
✆ (021) 861-350
www.dalmatia-cen.com

Stadtfest am 2. August

Omiš und seine Umgebung bieten ein großes Sportprogramm. Dementsprechend gibt es in der Stadt auch einige Aktiv-Agenturen z. B. für organisierte Rafting- oder Kajaktouren, Paragliden, Tauchschulen; außerdem finden sich einige Kletterfelsen verschiedenster Schwierigkeitsgrade.

Peovića
Omiš
Die Ruinen der einstigen Stadtfestung Peovića, auch Mirabella genannt, thronen kühn auf dem Fels des steilen Babnjača. Im 13. Jh. erbaut, zählt sie zu den ältesten Festungen Dalmatiens. Bei der Pfarrkirche führen Stufen hinauf - die Aussicht ist wunderbar.

Pfarrkirche Sv. Mihovil
Ein schön verziertes Außenportal schmückt die Fassade der 1629 entstandenen Kirche. Der Innenraum besticht mit Gemälden von Jacopo Palma.

Stadtmuseum
Poljički trg, Altstadt
Omiš
In der Saison tägl. 8-20 Uhr
Gezeigt werden das »Statut der Republik Poljica«, Skulpturen, Reliefs und Bilder, u. a. der »Kopf des Dionysos« und das Familienwappen der Familie

REGION 5
Mitteldalmatien

Radmanove, geschaffen von Juraj Dalmatinac.

Franziskanerkloster
Stadtauswärts Richtung Makarska
Tägl. 8–20 Uhr
Aus dem Jahr 1716, mit dazugehörigem Museum.

Kirche Sv. Petar
Stadtteil Priko (gegenüber der Altstadt)
Ein unscheinbares Kirchlein aus dem 11. Jh., dennoch bedeutendstes Bauwerk der Stadt und älteste Kirche Mitteldalmatiens.

Festung Fortica
In Omiš-Baučići, dem alten Teil von Omiš, erreichbar über die Straße Put Borka, am Südende der Stadt. Wurde im 16./17. Jh. zum Zweck der Abwehr gegen die Türken errichtet. Fantastischer Blick über die Stadt, die Inselgruppen und das Hinterland.

Cetina-Tal
Raftingfreunde, Kajaksportler und Angler kommen bei einem Ausflug zum Fluss **Cetina** auf ihre Kosten. Der wasserreiche Fluss entspringt im Dinarischen Gebirge, nahe der Grenze zu Bosnien-Herzegowina, und mündet bei Omiš ins Meer. Gerade die letzten Kilometer, die mittlerweile unter Naturschutz stehen, sind landschaftlich sehr reizvoll. An den Wochenenden kommen viele Städter hierher, um sich bei Raftingtouren oder auch einer gemütlichen Angelpartie zu vergnügen. Auf den Hochebenen oberhalb der Cetina gedeihen üppige Obstgärten.

Omiš ist idealer Ausgangspunkt für Ausflüge, auch per Mountainbike, ins **Cetina-Tal.** Auf dem Weg ins 6 km entfernte **Gata** schlängelt sich die Straße in die Berge.

Etwa 2 km vor Gata erhebt sich auf einem Fels die Statue Mili Gojsalića, geschaffen von Ivan Meštrović. Sie erinnert an die Heldin von Poljica im Kampf gegen die Türken. **Gata** selbst hat das Poljica-Museum mit einer interessanten ethnographischen Abteilung zu bieten. Von Gata aus gibt es eine schöne Wanderroute über den Ort **Dubrava** zum 1 318 m hohen Sv. Jure, dem Gipfel des **Mosor-Gebirges** (Dauer etwa 4 Std.).

Auf dem Fluss Cetina haben Wassersportler ihren Spaß

Blick ins Cetina-Tal

Radmanove mlinice
Von Omiš 6 km flussaufwärts an der Cetina
✆ (021) 862-073
Beliebtes Ausflugslokal mit Spielplatz und Kanuvermietung. Schöner schattiger und großer Biergarten mit Fischbecken und Getreidemühlen. Es gibt Forellen, Frösche, Krebse, Gerichte aus der Peka (Lamm, Huhn) und Brot, natürlich auch Meeresfisch und Grillgerichte.

Cro Challenge
Letztes Wochenende im Mai, Zwei-Tage-Extremwettkampf, Auskunft bei der Touristeninformation (s. S. 129).
Ein Team aus vier Personen, darunter mindestens eine Frau, meistert die 80 km lange Strecke von Split bis Makarska: zuerst See-Kajak, dann Mountainbike, Kanu, Canyoning, Schwimmen, Rafting, nochmals Mountainbike, Joggen, schließlich wieder See-Kajak.

6 Split

Die Hafenstadt mit 190 000 Einwohnern ist wirtschaftliches, kulturelles und politisches Zentrum Mitteldalmatiens und Ausgangspunkt zu vielen Inseln. Die Altstadt mit dem beeindruckenden 1 700 Jahre alten **Diokletianspalast**, der einem Freilichtmuseum gleicht, zählt zu den besterhaltenen antiken Bauwerken und wurde bereits 1979 zum UNESCO-Weltkulturerbe erklärt. Neben zahlreichen Museen gibt es viele Kirchen zu besichtigen.

Auf einer Landzunge gelegen, breitet sich die Altstadt um den Hafen herum aus. Im Westen der Stadt ist die grüne Lunge Splits, der Ausflugsberg

Split, das kulturelle Zentrum Dalmatiens

Marjan, bewachsen mit Aleppokiefern und einen schönen Ausblick über die Stadt und die Inseln Čiovo, Šolta und Brač bietend. Der Fährhafen ist riesig, von hier werden regelmäßig die nördliche Adria, Italien und die umliegenden Inseln mit Trajekten, Schnellbooten und großen Superspeedbooten angelaufen. Wegen der guten Verbindungen ins Hinterland dient der große Hafen auch als Umschlagplatz für den Frachtverkehr. Aus diesem Grund hat sich rund um Split viel (weiterverarbeitende) Industrie angesiedelt. Neben dem Schiffsbau findet man Zementfabriken und Kunststoffwerke.

Aber nicht nur in wirtschaftlicher Hinsicht hat Split für Mitteldalmatien und auch Gesamtkroatien Bedeutung, sondern auch in kultureller: Im Sommer verleihen Theaterfestivals und das vielfältige Angebot des Kroatischen Nationaltheaters mit hochwertigen Opern-, Theater- und Ballettaufführungen der Stadt ein kulturell-künstlerisches Flair. Die beachtliche Anzahl an Museen und Galerien trägt zum Status einer Kulturmetropole ebenso bei. Aber auch Sportbegeisterte kommen in Split auf ihre Kosten: Im 50 000-Mann-Stadion können Fußballfans der kroatischen Mannschaft »Hajduk« zujubeln. Überhaupt gilt Split als *die* Sportmetropole des Landes.

Hafen und Uferpromenade in Split

Ivan Meštrović
Der bedeutende kroatische Künstler und Bildhauer wurde 1883 in Vrpolje im Nordosten Kroatiens geboren. In Split absolvierte er eine Steinmetzlehre, zog dann weiter nach Wien, um an der Akademie der Bildenden Künste zu studieren. Inspiriert und geschätzt wurde der junge Meštrović von Auguste Rodin und dem österreichischen Architekten Otto Wagner. Meštrović bezog seine Inspiration aus der Religion, der Mythologie und der Liebe zu seinem Vaterland. Er schuf Werke von enormer Ausdruckskraft; seine Kunst wirkt fesselnd durch präzise Mimik und Detailverliebtheit. Im ganzen Land stehen seine Werke, u. a. in Split die Statue von Bischof Gregorius (Grgur). Meštrović betätigte sich auch als Architekt. Er war begeistert von der Idee, bildende Kunst mit Architektur zu kombinieren. Beispiele dafür finden sich in dem Kastell oder der Galerie Meštrović, beide in Split.
1947 emigrierte Meštrović in die USA. Er starb 1962.

Service & Tipps:

Fremdenverkehrsamt Split
Trg Republike 2/1, 21000 Split
✆ (021) 355-088, 355-269
Fax (021) 355-358
www.visitsplit.com
Informationen für die gesamte mitteldalmatinische Region:
✆/Fax (021) 490-032, -033, -036,
www.dalmatia-cen.com

Touristeninformation Split
– Obala hrvatskoga narodnoga preporoda 12, Split
✆/Fax (021) 342-142, -544
Es empfiehlt sich, an einer geführten Stadtbesichtigung teilzunehmen.
– Infocenter im Peristyl
✆ (021) 345-606
Hier beginnt auch der Geschichtsparcours mit Infotafeln.

Diokletianspalast
Der in Salona regierende Kaiser Diokletian (240 n. Chr. in Salona geboren) ließ hier in Split während seiner Regierungszeit von 284 bis 305 n. Chr. seinen 30 000 m² großen Altersruhesitz bauen: einen viereckigen Palast mit 16 Türmen, prächtigen Fassaden, vier Toren (genannt Goldenes, Silbernes, Eisernes und Messingenes) und vier Tempeln. Als Salona im 7. Jh. zerstört wurde, flüchteten seine Einwohner hierher. Als Stadtplatz wählte man das Peristyl (von hier aus ging es zu den kaiserlichen Gemächern), und das große Mausoleum wurde zur Kathedrale.

Kathedrale Sv. Duje
Split
Tägl. 8–20 Uhr
Beeindruckendes Bauwerk (außen achteckig, innen rund) mit hoch aufragendem Glockenturm von 1214. Das Innere zieren eine romanische Steinkanzel, spätgotische Altäre, u. a. von Juraj Dalmatinac, und eine wunderschöne geschnitzte Holztür aus dem 13. Jh.; wertvolle Schatzkammer. Zum Glockenturm kann man hinaufsteigen und aus 60 m Höhe einen fantastischen Ausblick genießen.

Detail an der Fassade von Sv. Duje

Archäologisches Museum
Zrinjsko Frankopanska ulica 25
Split
✆ (021) 318-714
http://mdc.hr
Di–Sa 7–15 Uhr
Funde der Ausgrabungsstätte Salona, Skulpturen römischer Gottheiten; bedeutend ist die Sammlung von Grabplastiken. Im 1820 gegründeten Museum findet man Sarkophage mit Darstellungen des Guten Hirten und von Hippolyt und Phädra, außergewöhnliche Einzelstücke römischer und altchristlicher Kunst, Silberschmuck, Bronze-, Glas- und Knochengegenstände und vieles mehr aus Dalmatien.

Stadtmuseum (Muzej grada)
Im Palais Papalić, Papalićeva 1
Split
http://mdc.hr/splitgr
Di–Fr 9–12 und 18–21, Sa 9–12 Uhr
Geschichte der Stadt.

Museum Kroatischer Archäologischer Denkmäler (Muzej hrvatskih archeoloških spomenika)
Stijepana Gunjačina bb, Split
www.mhas-split.hr
Di–Sa 9–16, So 9–12 Uhr
Das Museum zeigt Gegenstände aus frühester kroatischer Geschichte. Skulpturen, Schmuck, Keramik und Waffen stammen aus dem 7.–12. Jh. Bedeutend sind das Višeslav-Taufbecken aus Nin sowie prachtvolle antike Grabdenkmäler, Grabplatten und Grabbeigaben.

Maritimes Museum (Pomirsko muzej)
Glagoljaška 18, Split
Juni–Okt. tägl. außer Sa Nachmittag und So 9–13 und 17.30–21, sonst nur 10–13 Uhr
Das Museum ist östlich der Altstadt in der mächtigen Festung Gripe untergebracht. Schiffe, Waffen und Krieg sind die Themen der Ausstellung. Gezeigt werden Torpedos, Schiffe, Schiffsmodelle usw.

Galerie Meštrović
Šetalište Ivana Meštrovića 46
Split
Di–Sa 10–18, So 10–15 Uhr
Eine Sammlung der bedeutendsten Arbeiten des Künstlers. Im schönen ruhigen Park stehen ebenfalls Skulpturen.

Kunstgalerie
Lovretska ulica 11, Split
Tägl. 9–12 und 17–19 Uhr
Skulpturen und Gemälde vom 14. Jh. bis in die heutige Zeit.

Café-Bar Luxor
Tägl. 7–24 Uhr
Inmitten des Peristyls des Diokletianspalastes; herrliche Atmosphäre und Pianomusik.

Sarajevo
Domaldova 6, Split
✆ (021) 347-454
Mitten in der Altstadt, bekannt für seine Fleischspezialitäten und Grillgerichte.

Gut geführte Restaurants gibt es vor allem außerhalb der Altstadtmauern: z. B. das **Fischrestaurant Boban**, Stadtteil Firule, Hektorovićeva 49, ✆ (021) 510-142; ganz in der Nähe noch **Lijepa Dalmacija**, Hektorovićeva 43, ✆ (021) 522-143. Ein Spitzenlokal befindet sich im Vorort Stobreč oben bei der Kirche: **Restaurant Nikola.**

Spliter Sommer
Den ganzen Sommer hindurch kann man Konzerte, Theater- und Ballettaufführungen, z. T. im Peristyl, besuchen. Das Patronatsfest Sv. Duje wird am 7. Mai gefeiert.

Split hat natürlich auch ein reges Nachtleben: u. a. **Diskothek Metropolis**, Matice hrvatske 1, **Up & Down** beim Jachthafen, **Shakespeare**, Cvetna 1 (Stadtteil Firule).

ACI-Marina Split
Uvala Baluni bb, Split
✆ (021) 398-548, -599
www.aci-club.hr
Im westlichen Teil des Stadthafens mit 360 Liegeplätzen im Wasser, alle mit Strom- und Wasseranschluss, und 120 Stellplätzen an Land; Restaurant, Sanitäranlagen, Supermarkt und Nautikgeschäft, Servicewerkstatt, 10-t-Kran, 35-t-Helling, Mastkran, Tankstelle 100 m nördlich. Ganzjährig geöffnet.

Ausflüge in die Umgebung:

Einstmals reich an wichtigen Handelsstraßen, bietet das Hinterland von Split bedeutende historische Sehenswürdigkeiten. In **Solin** findet man die große antike Ausgrabungsstätte von Salona.

Etwas weiter nordöstlich gelangt man zu der mächtigen Festung **Klis**, von der man einen wundervollen Ausblick auf Split und die vorgelagerten Inseln hat.

Ritterflair verbreiten die imposanten Reiterspiele von **Sinj** im August. Hier wird der siegreiche Kampf gegen die Türken im 18. Jh. ausgelassen gefeiert.

Säulenreihen an der Kathedrale Sv. Duje

Im Peristyl des Milesipalastes: »Café-Bar Luxor«

REGION 5
Mitteldalmatien

Die Festung Klis ▷

Salona
Ca. 2 km nördlich von Split (in Solin)
© (021) 355-088
Mo–Fr 7–19, Sa 10–19, So 16–19 Uhr
Das Ruinenfeld der geschichtsträchtigen Stadt, Hauptstadt der römischen Provinz Dalmatien. Ein beeindruckender Spaziergang führt entlang antiker Säulen- und Mauerreste des riesigen Areals, das malerisch oberhalb von Solin liegt. Die Säulen- und Ruinenreste erinnern an das einstmals bedeutendste römische Areal in Kroatien. Im Jahr 74 v. Chr. gegründet, wurde Salona im 7. Jh. von Awaren und Slawen zerstört. Über 60 000 Menschen lebten zu Zeiten des Kaisers Augustus hier. 240 n. Chr. war es die Geburtsstätte des Kaisers Diokletian und zwischen dem 4. und 6. Jh. ein bedeutendes christliches Zentrum. Gut erhalten sind die Überreste der Basilika aus dem 5. Jh., die Überreste einer Therme, Säulen, Sarkophage und ein 12 000 Zuschauer fassendes Amphitheater. Ein kleines Museum zeigt einige der Ausgrabungsfunde.

Festung Klis
11 km nördlich von Split
Oberhalb des gleichnamigen Ortes und Passes zwischen den Gebirgszügen Kozjak und Mosor erhebt sich die mächtige Festungsanlage, um die sich viele Völker stritten. Der Blick auf Split, das Meer und die Inseln ist überwältigend. Einst verlief hier eine wichtige Handelsstraße zwischen dem slawischen Hinterland und der Küste, außerdem die Grenze zum Osmanischen Reich. Der Pass, bei dem Klis erbaut wurde, liegt auf 340 m Höhe. Archäologen sind sich sicher, dass zunächst Römer hier lebten, bis die Festung später unter den Venezianern mit drei Mauerringen und Wehrtürmen zu einem gewaltigen Bollwerk ausgebaut wurde. Die Kuppelkirche aus dem 16. Jh. erinnert an die Türken, die Klis zwischen 1537 und 1648 einnahmen. In den letzten Jahren wurde das riesige Bollwerk renoviert.

Römische Säulen- und Ruinenreste in Salona

Sinj
Weitere 23 km nordwärts liegt das Städtchen, das bekannt ist für seine Reiterspiele, **Alka** genannt, die an den heldenhaften Sieg 1715 über die Türken erinnern sollen. Sie werden an jedem ersten Sonntag im August aufgeführt; es gibt zudem ein Heimatmuseum mit Trachten und Waffen.

13 000 Einwohner leben in dem Wirtschafts- und Reitsportzentrum des Cetina-Tals. Dem Madonnenbild im **Franziskanerkloster** werden Wunderheilkräfte nachgesagt, deswegen strömen jährlich die Pilger zu Tausenden herbei.

7 Trogir

Das malerische mittelalterliche Städtchen, seit 1997 UNESCO-Weltkulturerbe, wurde auf einer künstlich angelegten Insel erbaut, die durch eine Brücke sowohl mit dem Festland als auch mit der Insel Čiovo verbunden. Seiner 2 000-jährigen Geschichte begegnet man in den engen Gassen auf Schritt und Tritt. Für Kulturbegeisterte ist die Stadt sicherlich ein beschaulicher Aufenthaltsort. Baden kann man am besten gegenüber auf der Insel Čiovo, oder man fährt zu den vorgelagerten Inseln Drvenik. Ein Bummel durch die Altstadt lohnt sich wegen der beeindruckenden **Kathedrale Sv. Lovro** aus dem 13. Jahrhundert. Von ihrem Kirchturm hat man einen wunderschönen Blick über die Dächer Trogirs. Einen Besuch lohnen auch das **Nikolauskloster mit Museum** und das **Stadtmuseum**. Am westlichen Ende dominiert das **Kastell Kamerlengo**, von dessen Zinnen man einen prächtigen Ausblick auf die palmenbestandene Promenade, ankernde Luxusjachten, Segelboote und die gegenüberliegende Insel Čiovo hat. Zum Relaxen gibt es auf den zahlreichen Plätzen Cafés und Restaurants.

Malerisch: das mittelalterliche Trogir

Service & Tipps:

Touristeninformation Trogir
Gradska ulica 12 (kurz hinter dem Stadttor), 21220 Trogir
✆/Fax (021) 881-412
www.dalmacija.net/trogir.htm

Alka
Ulica Augusta Kažotića 15
Trogir
✆ (021) 881-886
Zählt zu den besten Restaurants, Sitzmöglichkeiten auch im Freien; große Auswahl an Fisch- und Fleischgerichten sowie eine lange Weinkarte.

Fontana Kod Zeca
Ulica Obrov, Trogir
Von der großen Terrasse Blick aufs Meer, innen stilvoll möbliert; ebenfalls Fisch- und Fleischspeisen.

Kathedrale Sv. Lovro
Tägl. 8–12 Uhr
Die Kathedrale am Hauptplatz Trogirs stammt aus dem 13. Jh. Das Eingangsportal mit den Löwen ist ein Meisterwerk des Bildhauers Radovan. Ihr Inneres birgt wertvolle Gemälde und eine Schatzkammer.

Nikolauskloster (Samostan Sv. Nikola) mit Museum
Tägl. 10–12 und 18–20 Uhr
Im 11. Jh. als Benediktinerkloster gegründet, dient es heute als Nonnenkloster. Der Innenhof ist blumenumrankt und birgt eine griechische Inschrift aus den Zeiten der Stadtgründung. Wertvollstes Exponat des angegliederten Museums ist ein Marmorrelief, das den griechischen Gott Kairos darstellt.

Stadtmuseum
Tägl. 8–12 und 16–20 Uhr
Ehemals das Palais der Familie Garagnin Fanfogna. Zeigt u. a. Sarkophage, Wappen, Reliefs und Keramik.

REGION 5 Mitteldalmatien

Stiniva-Bucht auf Vis ▷▷

Die Kathedrale von Trogir

Kastell Kamerlengo
Tägl. 9–20 Uhr
Am Westende der Altstadt, man kann an den Kastellmauern umherspazieren. In dem offenen Gemäuer finden Konzerte statt, und es laufen internationale Kinofilme.

Abtei des hl. Johannes des Täufers
Romanisches Bauwerk aus dem 13. Jh. mit Lapidarium und Kirchenkunstsammlung.

Auf der gegenüberliegenden Insel Čiovo im Ort Arbanija (ca. 6 km) ist ein Besuch des Dominikanerklosters Sv. Križ aus dem 15. Jh. empfehlenswert. Dazu gehören eine gotische Kirche aus dem 14. Jh. und eine Kunstsammlung.

ACI-Marina Trogir
✆ (021) 881-544
www.aci-club.hr
Die Marina liegt am Kanal zwischen der Altstadt und der Nordseite der Insel Čiovo; sehr beliebt aufgrund der wunderschönen Lage. 180 Liegepätze im Wasser, alle mit Wasser- und Stromanschluss, 60 Stellplätze an Land; Restaurant, Sanitäranlage, Supermarkt, Servicewerkstatt, 10-t-Kran, Tankstelle. Ganzjährig geöffnet.

Drvenik (Inseln)
Inseln der Ruhe und touristisch noch kaum erschlossen: Auf Mali und Veli Drvenik im Südwesten der Insel Čiovo leben heute vielleicht noch 100 Menschen. Gerade für Bootsbesitzer bieten sich hier schöne Wandermöglichkeiten. Eine Personenfähre pendelt 1–2 x am Tag zwischen Veli Drvenik und Trogir und jeweils freitags zwischen Veli Drvenik und Split.

Aus anderer Perspektive – Paragliding auf der Insel Vis

8 Vis (Insel)

Die Insel war für Ausländer bis 1989 gesperrt; sie war wegen ihrer exponierten Lage ein wichtiger Militärstützpunkt – dies nutzten bereits viele Macht-

haber. Sie ist aber auch die Insel der guten Weine (u. a. der goldgelbe Vugava) – dies gaben bereits griechische Geschichtsschreiber zu Protokoll. An einer tief eingeschnittenen großen Bucht, umsäumt von stattlichen Häusern, Palästen und gedrungenen Palmen, liegt die Stadt **Vis** (ehemals Issa). Im Westen der Insel findet sich das verträumte **Komiža**, mit der vorgelagerten Insel **Biševo**. Die Insel bietet viele große und kleine Badebuchten und ist wegen ihrer zahlreichen Grotten ein reizvolles Tauchrevier.

Das verträumte Städtchen Komiža

Autofährverbindungen 1–2 x tägl. von Split, zudem tägl. Katamaran nach Split und Hvar.

Vom Militärstützpunkt zum Ausflugsziel: die Insel Vis

Vis (Stadt)
Die Hafenstadt der Insel liegt am tief eingeschnittenen Viški zaljev, der Viser Bucht. Hügel umrahmen das ruhige Städtchen, das nur zu den Fährabfahrzeiten aus seinem Dornröschenschlaf zu erwachen scheint. An der Palmenpromenade reihen sich stattliche Häuser, auf der kleinen Landzunge Privoro steht ein Franziskanerkloster aus dem 16. Jahrhundert. Unter den Sommerhäusern an der Promenade findet sich u. a. auch das des Dichters Marin Gazarović, erbaut zu Beginn des 17. Jahrhunderts. Cafés und Restaurants gibt es hier nur vereinzelt, in den Gassen geht es ruhig und beschaulich zu. Außer für Anwohner ist die komplette Uferstraße für Autos gesperrt. Deswegen sieht man in Vis auch ungewöhnlich viele Fahrradfahrer. Nordwestlich der Viser Bucht lag das antike *Issa*, das man besichtigen kann.

Service & Tipps:

Touristeninformation Vis
Šetalište Stare Isse 5, 21480 Vis
✆ (021) 717-017, Fax (021) 717-018
www.tz-vis.hr

Val
Don C. Marasovića 1, Vis
✆ (021) 711-763
Gutes Fischlokal im Stadtteil Kut mit Terrasse unter Palmen und Meerblick.

Konoba Roki's
4 km oberhalb von Vis in Plisko Polje an der alten Inselstraße
✆ (021) 714-004
Typische Gerichte mit Gemüse und Wein aus eigenem Anbau, z. B. *viška pogača*, eine mit eingelegten Sardinen gefüllte Pastete, aber auch Fleisch- oder Fischgerichte, unter der Peka gegart, und gegrillter Fisch oder Fleisch auf Weinreisig.

Vinothek Lipanović
Beim Hotel Tamaris, Vis
Gute Inselweine wie Vugava oder Plavac und Schnäpse.

Antikes Issa
Heute ein eingezäuntes Ausgrabungsgelände. Erhalten sind noch ein paar Mauerreste von Thermen und Mosaiken aus dem 1. Jh. Gegenüber, auf der Halbinsel Prirovo, stand einmal ein römisches Theater, heute prunkt ein Franziskanerkloster mit Kirche aus dem 16. Jh. im üppigen Grün.

Archäologisches Museum
Šetalište Viškiboj 12, Vis
Di–So 9–13 und 17–19 Uhr
Funde aus verschiedenen Epochen.

Komiža

Ein verträumtes Städtchen mit palmengesäumter Uferpromenade, zahlreichen Cafés, Jachthafen und trutzigem Kastell mit Uhrturm von 1585, in dem heute ein kleines Fischereimuseum untergebracht ist. Oberhalb am Weinberg Hum (585 m) liegt das von Benediktinern aus Biševo errichtete wehrhafte **Kloster** aus dem 13. Jh.; die Kirche wurde im 15./16. Jh. erbaut. Das Städtchen an der Westseite der Insel zählt heute etwa 1 400 Einwohner. Guter Inselwein, schöne Strände und die Hotelanlage machen es zu einem angenehmen Touristenort. Zudem ist es ein beliebter Anlaufpunkt der Bootsbesitzer.

Service & Tipps:

Touristeninformation Komiža
Riva Sv. Minkule 1, 21485 Komiža
✆/Fax 713-455

Konoba Bako
Gundulićeva 1, am Hauptweg kurz vor dem Hotel Biševo
✆ (021) 713-742
Exzellentes Fischlokal. Innen mit großem amphorenbestücktem Bassin, in dem Langusten und Hummer schwimmen, und auf der Terrasse Sitzplätze oberhalb des Meeres.

Insel Biševo

Attraktion auf der 5,8 Quadratkilometer großen Insel ist die Blaue Grotte (Modra špilja), in die um die Mittagszeit unterseeisch Lichtstrahlen eindringen und die Höhle blau leuchten lassen. Ausflugsfahrten von Komiža und vielen Touristenorten aus.

Die »Blaue Grotte« von Biševo

Süddalmatien

Lauter Perlen der Adria

Das sonnenverwöhnte Süddalmatien zeigt dem Besucher eine abwechslungsreiche Landschaft: gewaltiger Karst, wuchernde Macchia, subtropische Vegetation und fruchtbares Schwemmland und im Meer zahlreiche große und kleine Inseln mit üppiger Vegetation.

Städtebaulich sticht Dubrovnik mit seiner begehbaren Stadtmauer heraus, auch das südlich gelegene Cavtat ist ein Kleinod, mit seinem wunderschön gestalteten Mausoleum. Auf der Halbinsel Pelješac ist ebenfalls eine begehbare Festungsmauer zu finden – und es kommen Spitzenweine von hier. Die Insel Korčula, die Geburtsstätte Marco Polos mit dem gleichnamigen Hauptort, ist ein regelrechtes Freilichtmuseum. Imposante Buchten, eine wunderschöne Altstadt und die besten Tauchgebiete bietet die Insel Lastovo. Einen Kontrast zu allem findet man im fruchtbaren Neretva-Delta mit dem antiken Highlight Narona.

Mit genügend Unterkünften wartet Süddalmatien auch auf. Es gibt Hotels in allen Kategorien und zahlreiche Pensionen. Campingfreunde finden an der Küste etliche Plätze, oft auch Minicamps. Auf den Inseln gibt es bis auf Lastovo ebenfalls einige Campingplätze. Reine FKK-Campingplätze hat man in dieser Region allerdings nicht.

Die Altstadt von Dubrovnik mit Stadtstrand ▷

An kulinarischen Highlights locken sonnengereifte Spitzenweine, hervorzuheben wären der rote Dingač und auch Postup von der Insel Pelješac, von der Insel Korčula gibt es den guten Rotwein Pošip oder den weißen Rukatac und Grk. Bei Ston auf der Insel Pelješac kommt man in den Genuss der besten Muscheln und Austern des Landes, die hier im Kanal gezüchtet werden. Im Neretva-Delta wiederum kann man seine Fruchtkörbe füllen: Eine unglaubliche Vielfalt an frischem Gemüse und Obst bietet sich hier, zudem kann man Forellen und Aale essen.

An sportlichen Aktivitäten steht an erster Stelle der Wassersport mit Schnorcheln und Tauchen im glasklaren Meer, außerdem lassen sich wunderschöne Mountainbiketouren in teils unberührter Landschaft unternehmen, und natürlich kann man die Wanderschuhe schnüren und kleine Inselberge wie auf Mljet erkunden oder gleich den höchsten Inselberg Kroatiens erklimmen, den Sv. Ilija (961 m) auf Pelješac – eine fantastische Aussicht auf die umliegenden Inseln und manchmal bis Italien ist die Belohnung.

❶ Cavtat

Das 1 000-Einwohner-Städtchen mit dem nahen Flughafen bildet den touristischen Schlusspunkt an der langen kroatischen Küste. Die Altstadt liegt idyllisch auf einer kleinen Halbinsel. Oberhalb thront das von Ivan Meštrović geschaffene Mausoleum der Familie Račić. Bereits die Griechen hatten hier eine Siedlung, die Römer nannten sie *Epidaurum*. Im 7. Jahrhundert flohen die Bewohner vor den Slawen und Awaren und legten den Grundstein des heutigen Dubrovnik. Rund um Cavtat gibt es herrliche Badebuchten, man kann Ausflüge mit dem Mountainbike unternehmen oder kleine Wanderungen.

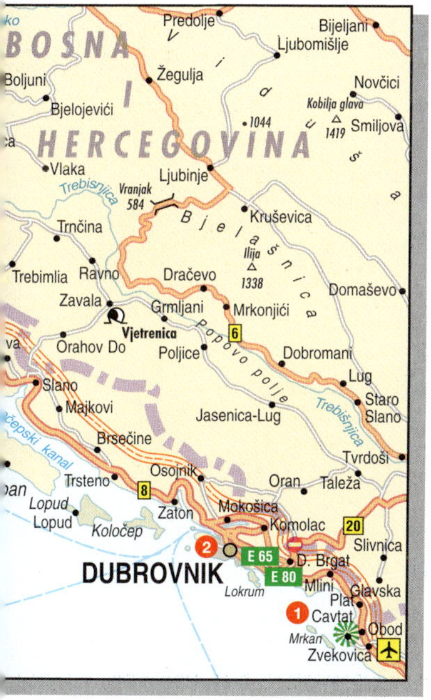

Service & Tipps:

Touristeninformation Cavtat
Tiha 3, 20210 Cavtat
✆ (020) 479-025, Fax (020) 478-025
www.tzcavtat-konavle.hr

Bogošić-Museum (Zbirka Baltazara Bogošića)
Obala Dr. Ante Stačevića bb, Cavtat
Mo–Sa 10–13 Uhr
Im ehemaligen Rektorenpalast wurde die Sammlung des Rechtsgelehrten Balthasar Bogošić untergebracht. Sie umfasst u. a. eine umfangreiche Bibliothek, eine historische und gra-

phische Sammlung und ein Lapidarium.

Franziskanerkloster
Besichtigung nur nach Vereinbarung
Es wurde im 15. Jh. errichtet und birgt in der im gotischen Stil errichteten Kirche das Polyptychon des Künstlers Lovro Dobričević.

Vor der Kirche von Cavtat

Restaurant Leut
Trumbicev put 11, Cavtat
✆ (020) 478-477
Traditionsreiches Lokal mit hübscher, kiefernumstandener Terrasse am Meer; sehr gute Fisch- und Fleischgerichte.

Konoba Roko
Im Osten der Altstadthalbinsel direkt am Meer
Gemütliches Lokal mit guten Fisch- und Fleischgerichten.

Schöne Ausflüge in die Umgebung bieten sich an, z. B. mit dem Mountainbike zur **Quelle der Ljuta** oder ganz im Süden zum kleinen Badeort **Molunat** (ca. 50 km). Schneller und einfacher geht es natürlich mit dem Auto.

Konovoski Dvori
Ljuta (18 km südöstlich von Cavtat)
✆ (020) 791-039
An der ehemaligen Mühle rauscht das Wasser ohrenbetäubend vorbei; im lauschigen, von mächtigen Bäumen beschatteten Garten drehen sich die Mühlräder und in den Becken schwimmen die Forellen. Spezialitäten sind Forellen, aber auch Gerichte vom offenen Kamin wie Lamm aus der Peka; daneben hausgemachtes Brot und Käse und bester Wein aus der Umgebung. Ein schöner Platz, um der Sommerhitze zu entfliehen.

2 Dubrovnik

Die »Perle der Adria« wurde 1980 mit ihrer begehbaren Stadtmauer und der prächtigen Altstadt von der UNESCO zum Weltkulturerbe erklärt und ist sozusagen eine große Freilichtbühne unterhalb des ihr oft zum Verhängnis gewordenen Berges Srd (412 m). Die Museen, Kirchen und prächtigen Baudenkmäler aus verschiedenen Epochen kann man kaum an einem Tag erkunden, geschweige denn vielleicht noch einen Kaffee am Stradun oder Luža-Platz genießen. Zu Badeausflügen locken das Inselchen Lokrum oder der nahe Archipel Elaphiten.

Dubrovnik wurde im 7. Jahrhundert von den Einwohnern aus Cavtat auf einem Fels gegründet. Diplomatisches Geschick und der unbändige Wunsch nach einem eigenen Imperium ließen die Stadt über die Jahrhunderte immer einflussreicher werden. Noch unter Byzanz im 12. Jahrhundert verhandelte man mit Europa und dem slawischen Hinterland. 1272 konnte man mit dem Stadtstatut Münzen prägen, hatte Handelsfreiheit und war recht geschickt darin, das Monopol der Salzfelder bei Ston bei Verhandlungen – zum Teil auch erpresserisch – einzusetzen. Dubrovnik (damals *Ragusa* genannt) wurde immer größer, hatte eigene Fürstentümer und war Venedig natürlich ein Dorn im Auge. Allerdings bildete die inzwischen befestigte Stadt auch eine Zeitlang einen guten Puffer gegen die erstarkte Türkenherrschaft.

Und Dubrovnik selbst scherte sich nicht viel darum, ob Ost oder West, es lebte gut und gern unter welcher fernen Herrschaft auch immer, es ließ Paläste bauen, verhandelte nach wie vor geschickt, und der Handel florierte. 1667 aber richtete ein Erdbeben gewaltigen Schaden an – und von da an ging es unaufhaltsam abwärts. Das neue Zeitalter mit modernen Schiffen und dem Überseegeschäft wurde ebenfalls verpasst. Erst der Tourismus brachte wieder Schwung in das Städtchen.

Service & Tipps:

Touristeninformation Dubrovnik
TIC Pile, Ul. Dr. Ante Starčevića 7
20000 Dubrovnik
✆ (020) 427-591, (020) 426-253
www.tzdubrovnik.hr
Eine kompetente Stadtführung kann bei allen Agenturen gebucht werden.

Stadtmauer
In der Saison tägl. 9–18.30 Uhr, Zugang von mehreren Stellen aus
Für einen ersten Überblick bietet sich der 2 km lange Spaziergang fast rund um die ganze Altstadt an; mächtige, 6 m dicke und bis zu 25 m hohe Mauern und Bastionen und ein herrlicher Blick auf das Dächergewirr.

Franziskanerkloster (Franjevački samostan) mit Kirche
Placa (Eingang um die Ecke) Dubrovnik
Tägl. 9–16 Uhr
Das Kloster wurde im Viereck mit Kreuzgang im 14. Jh. erbaut und besitzt eine wertvolle Gemäldesammlung und eine umfangreiche Bibliothek; auch das Grab des Poeten Ivan Gundulić befindet sich hier. In der Franziskanerapotheke, sie zählt zu den ältesten Europas, ist heute ein Museum untergebracht.

Kirche Sv. Spas
Neben dem Hauptaufgang zur Stadtmauer
Nach dem Erdbeben 1520 als Votivkirche erbaut, blieb sie bis heute vollständig erhalten; ihr Inneres zieren prächtige Altarbilder.

Dominikanerkloster (Dominikanski samostan) mit Museum
Sv. Dominika, Dubrovnik
Tägl. 9–18 Uhr
Anfang des 13. Jh. erbaut mit Kreuzgang und einzigem erhaltenen romanischen Portal. Beachtenswerte Gemäldesammlung italienischer und Dubrovniker Meister aus dem 15./16. Jh. und wertvolle Bibliothek.

Jüdisches Ghetto
Žudioska ulica, Dubrovnik
Das Ghetto besteht seit 1324, mit der nach Prag ältesten erhaltenen Syna-

Innenhof des Dominikanerklosters

goge (Mo–Fr 10–13 Uhr, Sa/So geschl.) Europas.

Sponza-Palast
Placa, Dubrovnik
Mo–Sa 8–15 Uhr
Beeindruckender Wohnort des Rektors mit Säulenvorhalle und Arkadenhof, erbaut 1506–22, das massive Gebäude überlebte selbst das Erdbeben von 1667. Die Steinmetzarbeiten stammen von Meister Andrijić. Heute beherbergt der Palast das Historische Archiv mit wertvollen Dokumenten aus dem 16. und 17. Jh.

Rektorenpalast
Pred Dvorom, Dubrovnik
Tägl. 9–19 Uhr
Im hübschen Atrium des im gotischen Stil errichteten Baus, an der Außenfront durch den beeindruckenden Arkadengang zu erkennen, finden im Sommer Konzerte statt. Das historische Museum zeigt u. a. Möbel, Gemälde und Münzsammlungen.

Kathedrale Sv. Vlaha
Die Kathedrale ist dem Schutzpatron Dubrovniks, dem hl. Blasius, geweiht und wurde im 18. Jh. an der Stelle einer abgebrannten Kirche erbaut.

Domkirche Velika Gospa und Schatzkammer
Kneza Damjana Jude 1
Dubrovnik
Tägl. 8–17, So 11–17 Uhr
Eine Stiftung von Richard Löwenherz. Das Erdbeben im Jahr 1667 zerstörte das ursprüngliche Bauwerk komplett. Die wunderbaren Gemälde von Raffael und Tizian konnte man aus der alten Kirche retten. Der heutige Bau stammt aus dem 18. Jh.

Festung Lovrjenac
Laut Chronik bereits 1050 an dem 46 m hohen Felsen errichtet und danach mehrmals umgebaut, dient heute als beeindruckende Kulisse für die Sommerfestspiele.

Festung Sv. Ivan
In dem Gewölbe der Festung ist ein **Aquarium** (tägl. 9–20 Uhr) mit allerlei Meeresgetier untergebracht. Oben im **Schifffahrtsmuseum** (Di–So 9–19 Uhr) werden Seekarten und Gemälde gezeigt.

Atlas Club Nautica
Brsalje 3, Dubrovnik
✆ (020) 442-526
Im Gebäude der ehemaligen Nautikerschule untergebrachtes Gourmetrestaurant, Café und Bar mit Blick auf die Vorfestung Lovrjenak und die Kasemattenfestung Bokar. Es gibt Spezialitäten von Fisch, Krusten- und Schalentieren, ebenso hochgelobte Steaks.

Konoba Rosarij
Zlatarska 4, Dubrovnik
✆ (020) 423-791
Traditionsreiches kleines Fischlokal in der Altstadt.

Orsan
Ivana Zajca 2 (außerhalb der Altstadt, beim Jachtclub), Dubrovnik
✆ (020) 413-663
Von der Terrasse Blick auf die Jachten und den Hafen Gruž. Guter Service, viele Fisch- und Fleischgerichte.

Defne
Ul. od Puča 1 (im Pucić-Palast)
Dubrovnik
✆ (020) 324-111
Beste einfallsreiche Gourmetküche auf erhöhter Terrasse; serviert wird östliche landestypische Mittelmeerküche, nach Art des Hauses verfeinert. Dazu regionale, aber auch ländertypische ausgewählte Weine.

Proto
Široka ulica 1, Dubrovnik
✆ (020) 323-234
Stilvolles Lokal, mit alten Fotografien ausgestattet. Im Obergeschoss luftige Terrasse; Fischgerichte, Hummer, Fleischspezialitäten.

Kamenica
Gundulićeva Poljana
Dubrovnik
Kleines, preiswertes Lokal an dem schönen Platz; Fisch, Muscheln und ein paar Fleischgerichte.

Ekvinocijo
Ilije Sarake 10, Dubrovnik
✆ (020) 323-633
Hübsche lauschige Terrasse kurz hin-

Buntes Treiben in den Straßencafés von Dubrovnik

ter der Altstadtmauer; hier gibt es traditionelle dalmatinische Speisen und Weine aus der Umgebung.

Stilvolle Cafés/Bars:
- **Gradska Kavana**, traditionelles gutes Caféhaus; am Rathaus
- **Bohème**, auf lauschiger Terrasse im Park oder im stilvollen Innern seinen Cocktail trinken; Dr. Ante Straćevića
- **Café-Bar Hemingway**, wunderbar, um abends in Korbstühlen zu relaxen und Musik zu hören; gegenüber Rathausplatz

Dubrovniker Sommer
Juli/August, täglich Veranstaltungen wie Konzerte, Ballettaufführungen, Theater, Folkloredarbietungen, auch mit internationalen Interpreten, Segelregatten

Stadtfest Sv. Vlaha, 3. Februar (Blasius). Große Prozession mit Trachten, danach wird gefeiert.

Diskothek Latino/Club Fuego
Stadtteil Pile, Braslije 11
Dubrovnik
Tägl. 22–4 Uhr

Diskothek Esperanza
Put Republike 30, Dubrovnik

Berg Srd
Zum Hausberg mit Napoleon-Festung kann man laufen oder auch mit dem Auto hinauffahren; herrlicher weiter Blick.

ACI-Marina Dubrovnik
Mokošica-Dubrovnik
✆ (020) 455-020, -021
www.aci-club.hr
Sehr gut geschützter Jachthafen in der Ombla-Bucht beim Ort Komolac (2 km vom Hafen Gruž). 450 Liegeplätze im Wasser (alle mit Wasser- und Stromanschluss) und 110 Stellplätze an Land; gutes Restaurant, Bar, Tennisplätze, Swimmingpool, Sanitäranlagen, Wäscherei, kleines Shoppingcenter, Nautikgeschäft, Servicewerkstatt, 60-t-Travellift, Tankstelle 500 m entfernt. Gute Busverbindung mit dem Hafen Gruž. Ganzjährig geöffnet.

In der Café-Bar »Hemingway«

Insel Lokrum
Die kleine vorgelagerte Badeinsel mit Benediktinerkloster wurde bereits 1945 zum Nationalpark erklärt. 1858 ließ Erzherzog Maximilian von Habsburg das Kloster zum Schloss (heute Museum) umbauen und den üppig wuchernden Park anlegen. Vom Stadthafen aus pendeln stündlich Schiffe.

Ausflüge in die Umgebung:

Trsteno
Der hübsche Küstenort liegt ca. 20 km nördlich von Dubrovnik. Beeindruckend sind hier die Vegetation und das 2,8 ha große **Arboretum**. Die Familie Gučetić-Gozze ließ 1502 eine Sommerresidenz mit großem Renaissancepark anlegen. Die Residenz wurde beim Erdbeben 1667 zerstört, der Park entstand 1736 und wurde nach dem Ersten Weltkrieg ausgeweitet: Es wachsen Bäume und Sträucher aus der ganzen Welt, alles sehr üppig und teils dschungelhaft; der Brunnen wird von einem Aquädukt gespeist und von einer Neptunstatue bewacht. Vor dem Eingang stehen zwei riesige, über 400 Jahre alte Platanen (tägl. 8–19 Uhr).

Archipel Elaphiten
Inselgruppe mit sagenumwobenen Riffen und Klippen, einer üppigen Vegetation, hübschen Dörfern und sogar sandigen Badebuchten. Die drei Hauptinseln **Lopud**, **Šipan** und **Koločep** werden täglich vom Hafen Gruž aus angelaufen. Lopud ist die touristischste der Inseln und hat ein reiches Kulturerbe: ein befestigtes Franziskanerkloster (16. Jh.), zahlreiche vorromanische Kirchen und Ruinen (einst gab es auf Lopud 32 Kirchen und Kapellen, zwei Klöster und fünf Konvente!).

3 Korčula (Insel)

Die 276 Quadratkilometer große Insel mit rund 17 000 Einwohnern steht in touristischer Beliebtheit an vorderster Stelle. Sie ist von Weinfeldern, Olivenbäumen, Zypressen und Aleppokiefern überzogen. Der Hauptort Korčula, ein mittelalterliches, geschichtsträchtiges Museumsstädtchen, wird von allen Kreuzfahrtschiffen angelaufen. Außerdem sind noch der Fährhafen im Westen **Vela Luka**, in der Inselmitte **Blato** und an der Südküste das kleine **Prižba** Touristenanlaufpunkte.

Die Insel war bereits vor 8000 Jahren bewohnt, die Griechen handelten mit den Illyrern. Die Römer unter Kaiser Augustus rotteten fast die ganze Inselbevölkerung aus, danach kamen die Goten. Bei der Seeschlacht vor Korčula 1298 zwischen Venedig und Genua wurde der aus Korčula stammende Asienforscher Marco Polo gefangen genommen. Die tapferen Korčulaner erwehrten sich der neapolitanischen Flotte 1483 und der Türken 1571, einen Tag vor der großen Seeschlacht bei Lepanto.

Altstadtgasse in Korčula-Stadt

Autofährverbindung zwischen Dominče (Insel Korčula) und Orebić (Halbinsel Pelješac) in der Hauptsaison ca. 14 x tägl. Trajekt von Drvenik (Festland) nach Korčula 2 x tägl. Von Split nach Vela Luka 1 x tägl. Die Küsteneilfähre stoppt hier ebenfalls fast täglich.

Service & Tipps:

Touristeninformation Korcula
Obala dr. Franje Tudmano
20260 Korčula
✆ (020) 715-701, Fax (020) 715-866
www.korcula.net

Es gibt gute **Stadtführungen**, die dem Besucher die zahlreichen Kunstschätze der Stadt nahe bringen. Zu buchen über das Fremdenverkehrsamt oder die Tourismusagenturen.

Konoba Adio Mare
Altstadt (nördlich der Kathedrale), Korčula
✆ (020) 711-253
Traditionsreiches Lokal im Gewölbekeller mit kleiner Stube darüber. Korčulaner Spezialitäten wie Pasticada mit Gnocchi, Fisch-Brodetto und dazu kräftiger Inselwein.

Petar Kanavelić
Ul. Sv. Barbare, Korčula
✆ (020) 711-800
Nur in der Saison
Gediegenes, nobles Speiselokal in den

Detail der Kathedrale Sv. Marko in Korčula

Säbeltanz Moreška – aufgeführt in Korčula

Gemäuern des Kastells mit Innenhof und hübscher Terrasse mit Kerzenscheinromantik. Beliebte Spezialitäten sind die Fischgerichte.

Gradski Podrum
Korčula
✆ (020) 711-202
Hübsch mit Sitzmöglichkeiten im Freien am Altstadtplatz; Fleisch- und Fischgerichte.

Stadthotel Korčula
✆ (020) 711-078
Terrasse direkt am Hafen an der Westseite der Stadt (Sonnenuntergang!); gutes Café und Restaurant.

Cocktailbar
Korčula
Im Zakrjan-Turm ganz oben, herrlich bei Nacht; gute Cocktails und auch Snacks.

Kathedrale Sv. Marko
Korčula
Beeindruckender Bau von 1329 mit gotischen und Renaissanceelementen. Bereits das mit Löwen verzierte Eingangsportal von Meister Bonino aus Mailand ist sehenswert.

Der Korčulaner Steinmetz Marko Andrijić fertigte 1481 die Rosette, den Kranz, die Glockenkuppel und sein Meisterwerk, das Steinziborium über dem Altar. Wertvolle Altargemälde, u. a. eines von Tintoretto aus dem Jahr 1550. Ivan Meštrović schuf 1915 eine Pietà und die Statue des hl. Blasius. Die **Schatzkammer**, im Bischofspalast neben der Kathedrale, birgt in sieben Sälen eine reiche Sammlung von Ikonen, Münzen, Skizzen von Leonardo da Vinci, Tiepolo und Palma sowie Gemälde u. a. von Vittore Carpaccio, Federiko Benković und zeitgenössischen kroatischen Künstlern.

Außerdem zur Besichtigung zu empfehlen sind u. a. das **Stadtmuseum** (Juli/Aug. 9–13 und 17–19 Uhr), das **Ikonenmuseum** (tägl. 9–12 und 16–19 Uhr) und das (angebliche) **Geburtshaus von Marco Polo** (Juli/Aug. 10–13 und 17–19 Uhr). Westlich der Altstadt beeindruckt das Dominikanerkloster **Sv. Nikola** (15. Jh.) mit sehenswerten Gemälden.

Säbeltanz Moreška
Ostern–Ende Okt. 1–2 x wöchentl., Juli/Aug. Mo u. Do 21 Uhr
Prächtige rote und schwarze Kostüme und klingende, funkensprühende Säbel sollen an die Zeit der Türkenbelagerung im 16. Jh. und Korčulas Sieg erinnern. Symbolisch wird antagonistisch das Gute und das Böse dargestellt. Große Moreška-Aufführung mit Prozession am 29. Juli zum Stadtfest Sv. Todor.

Seeschlachtspektakulum
In Gedenken an Marco Polo und die Schlacht um Korčula findet jährlich in der 1. Septemberwoche vor der Altstadt ein Spektakulum mit nachgebauten Schiffen und historischen Kostümen statt.

Schwert- oder Säbeltanz Kumpanija
Es wird mit 18 Figuren in roten, wei-

Der Veliki revlin-Turm auf Korčula wurde renoviert und kann nun wieder bestiegen werden. Von oben hat man eine schöne Aussicht auf die Altstadt. Im Inneren befindet sich eine Ausstellung über den Säbeltanz Moreška (tägl. 9.30–21 Uhr).

ßen und schwarzen Kostümen getanzt. Dabei werden die Säbel geschwungen, und Wortgefechte wechseln sich mit Trommelschlägen, Dudelsackklängen und Flötenspiel ab. Dieser Tanz aus Blato wird in Blato, Smokvica und Čara aufgeführt. Hauptveranstaltung ist in Blato am 28. April zum Stadtfest von Sv. Vicenca, weitere Aufführungen im August und September.

Klosterinsel Badija
Vorgelagerte Insel mit Franziskanerkloster aus dem 14. Jh. im Kiefern- und Zypressenwald. Hierher kann man sich auch zum Baden schippern lassen.

ACI-Marina Korčula
Im Osten der Altstadthalbinsel, Korčula
✆ (020) 711-661, www.aci-club.hr
135 Liegeplätze im Wasser, alle mit Wasser- und Stromanschluss, 15 Stellplätze an Land; Restaurant, Sanitäranlagen, Wäscherei, Supermarkt, Servicewerkstatt, 10-t-Kran, Unterkunftsmöglichkeiten in Appartements und Zimmern, Tankstelle 0,5 sm am Trajekthafen. Ganzjährig geöffnet.

Weitere sehenswerte Inselorte:

Pupnatska Luka
Türkis leuchtende, weiß gerahmte und vom Grün der Aleppokiefern gesäumte Kiesbucht. Zufahrt hinab nur mit robustem Allradfahrzeug zu empfehlen, ansonsten bleibt der sich durch Macchia schlängelnde Fußweg in die Bucht hinunter. In der Saison ist unten eine Konoba geöffnet.

Brna und Prižba
Kleine touristische Badeorte an der Südküste von Korčula, ruhig im Aleppokiefernwald gelegen, mittags hört man nur das Zirpen der Grillen, draußen im Meer sieht man verstreut ein paar Inselchen und in der Ferne die Silhouette der Insel Lastovo.

Vela Luka
Hafenstädtchen und Therapiezentrum an langem Fjord mit den vorgelagerten Badeinseln Ošjak und Proizd. Guter Rundumblick vom nahen Berg Hum. Archäologische Funde macht man seit 1974 in der Grotte Vela Špilja im Nordosten der Stadt, ab und an finden heute darin Konzerte statt.

4 Lastovo (Insel)

Lastovo, eine sehr reizvolle, 47 Quadratkilometer große Insel, war bis 1989 Militärinsel und für Ausländer gesperrt. Sie war schon immer Vorposten der Inselwelt und ist reich an Geschichte. Kalksteinhügel und Karstfelder

Blühende Opuntien

durchziehen das Eiland mit seinen zahlreichen Kirchen und Kapellen (knapp 50), Höhlen, geschützten Buchten und Fischgründen. Die Gewässer rundum bieten eine fantastische Unterwasserwelt zum Tauchen. Zum Archipel von Lastovo zählen 46 unbewohnte Inseln.

Es gibt eigentlich nur zwei Orte, **Lastovo-Stadt** und **Ubli**. Der sehenswerte Hauptort Lastovo liegt in einem Hochtal am Hang im Landesinneren. Wahrzeichen sind die aus allen Häusern ragenden unterschiedlichen Schornsteine. Auch von hier kommen sehr gute Weine. Ubli ist der Fährhafen, und etwas östlich davon liegt das kleine touristische Zentrum der Insel mit einer Hotelanlage, Jachthafen und ein paar Restaurants.

Die 1 300 Einwohner leben hauptsächlich von Landwirtschaft, Fischfang und Weinanbau. Das Erwerbsfeld Tourismus entwickelt sich gerade erst. Ein Damm verbindet die Insel im Nordwesten mit der Insel Prežba. Grabstätten und Befestigungsanlagen lassen vermuten, dass die Besiedlung in der Bronzezeit erfolgte. Die Römer nannten die strategisch günstig gelegene Insel »kaiserliche Insel« und errichteten in den fruchtbaren Tälern ihre Wohnsiedlungen.

Gemüsegarten bei Ubli

Autofährverbindungen: Trajekt Split–Ubli 1x tägl.; Trajekt Vela Luka (Korčula)–Ubli 1x tägl.; Trajekt Hvar–Ubli nur in der Hochsaison 1 x tägl., Katamaran nach Split über Vela Luka in der Hochsaison

Lastovo (Stadt)
Auf einem 86 Meter hohen Hügel, terrassenförmig angelegt, mit weinreichem Hochtal. Besonders schön anzusehen ist das Meer der bunten Schornsteine in allen erdenklichen Formen auf den alten Natursteinhäusern. Das älteste Baudenkmal ist die Ruine der romanischen Kirche **Sv. Ivan**. Am Ortseingang findet man die Kirche **Sv. Vlaho**, und im Innern der Pfarrkirche **Sv. Kuzma i Damjan** (16. Jh.) gibt es eine sehenswerte Pietà aus dem Jahr 1545. Weit bekannt ist der Ort auch für das ausgelassene Karnevalstreiben vom 6. Januar bis zum Faschingsdienstag. Außerhalb des Ortes sehenswert sind die kleine vorromanische Kirche **Sv. Luka** (12. Jh.) und am Friedhof die im 14. Jahrhundert erbaute Kirche **Gospa od Polja**. Von Lastovo aus kann man herrlich wandern und Fahrrad fahren: Zum östlichen Inselende führt der Makadamweg. Dort bietet sich ein toller Blick über die vorgelagerten Inseln und nach Mljet. Südwärts führt ein Pfad nach Skrivena luka.

Service & Tipps:

Touristeninformation Lastovo, 20290 Lastovo, Ortsmitte, ✆/Fax (020) 801-018
www.lastovo.net

Frenki
Pasadur, Insel Prežba
✆ (020) 805-091
Gutes Fisch- und Hummerlokal mit schmaler Terrasse – eher ein Balkon.

Restaurant Augusta Insula
Lastovo-Zaklopatika
✆ (020) 801-122
Auf zwei lauschigenTerrassen oberhalb des Meeres kann man vorzüglich Speisen: Fisch, Hummer, Garnelen, dazu erlesene ausgezeichnete Weine der Insel. Bootsanleger.

Beim dalmatinischen Winzer

5 Mljet

Die Insel (98 km²) liegt hinter den Elaphiten und wird ein- bis zweimal wöchentlich von der Küstenlinie und von vielen Exkursionsbooten angefahren. *Mljet*, »Insel des Honigs« *(melite nesos)*, so wurde sie von den Griechen genannt, unterscheidet sich von allen anderen kroatischen Inseln. Zwei Drittel der Inselfläche sind mit Kiefern und Steineichen bewachsen, der Rest, das Gebiet um die Salzseen, wurde 1960 zum Nationalpark erklärt. Die beiden Salzseen **Veliko** und **Mali jezero** sind eine Attraktion und untereinander durch einen Kanal und mit dem Meer verbunden. Mittendrin ein Inselchen mit dem Kloster **Sv. Marija**, von Benediktinern erbaut, zu dem man sich hinüberschippern lassen kann. Ein Wanderweg führt um die von Pinien und Macchia eingerahmten, blau-türkis leuchtenden fischreichen Seen. Hier bieten sich eine Oase der Ruhe und ein ganz besonderes Badevergnügen.

Autofährverbindungen: Trajekt Polače-Trstenik (Pelješac) 2 x tägl.; Trajekt Sobra- Dubrovnik in der Hochsaison 1-2 x tägl.; Katamaran Sobra-Polače- Dubrovnik 1x tägl.

Pomena
Touristenzentrum im äußersten Nordwesten der Insel. Jachthafen und Hotelkomplex – viel mehr gibt es hier nicht. Gerade diese Beschaulichkeit schätzen die wenigen Touristen. Herrlich baden kann man in den beiden Salzseen **Veliko** und **Mali jezero**. Entlang der Seen und Berge wandert und radelt es sich schön.

Service & Tipps:

Touristeninformation
Im Hotel Odisej, 20266 Pomena
✆ (020) 744-022, Fax (020) 744-042

Nationalpark Mljet
✆ (020) 744-041
www.np-mljet.hr

Govedari
Kleines Dorf oberhalb des Veliko jezero, das sich zwischen Olivenhainen, Wein- und Gemüsegärten am Berghang versteckt. Das Gebiet um Govedari, zu dem die Siedlungen Babino Kuće, Pristanište und Soline gehören, besticht mit seinen schönen großen alten Häusern, die dicht beieinander stehen. Man lebt von der Austern- und Muschelzucht, Fischernetze hängen zum Trocknen aus, der Duft

Granatäpfel wachsen an den sonnigen Südhängen

der Mandel- und Zitronenbäume liegt in der Luft.

Babino Polje
Mit 300 Einwohnern dient Mljets größter und ältester Ort als Verwaltungszentrum der Insel. Alte Häuser, fruchtbare Felder, prächtige Südhänge mit Feigen, Granatäpfeln und bunten Blumen findet man hier.

Frauen in Trachten hocken in den Gassen und spinnen Wolle.

Sehenswert ist im Osten des Ortes die gotisch-romanische **Andreaskirche** aus dem 10./11. Jahrhundert.

Eine Wanderung von der Kapelle am Ortsanfang bis auf den 514 Meter hohen Gipfel **Velij Grad**, den höchsten Berg der Insel, ist sehr zu empfehlen. In schöner Lage am Nordhang findet sich die **Movrica-Höhle**, unten am Meer die legendäre **Odysseus-Grotte** (Odisejeva spilija) und die schöne Kiesbucht **Uvala Jame**.

6 Neretva-Delta

Melonen, Mandarinen, Kiwis und noch mehr Obst und Gemüse gedeihen auf diesem überaus fruchtbaren Ackerland, das von Kanälen durchzogen ist. Einst undurchdringliches Sumpfgebiet, erstreckt sich das Neretva-Delta heute über 196 Quadratkilometern. Die Neretva entspringt in den bosnischen Zelena-Gora-Bergen und bahnt sich über Mostar und Metković ihren Weg durchs Küstengebirge. Früher versteckten Piraten ihre Schiffe in dem mannshohen Schilf des Deltas. Die heute übrig gebliebenen Sümpfe bieten mehr als 235 Vogelarten Lebensraum.

Metković ist Grenzstadt zu Bosnien-Herzegowina und Hauptort des Flussdeltas. Bis hier ist die Neretva schiffbar, und hierhin werden die landwirtschaftlichen Güter, die im Delta erzeugt werden, abgesetzt und exportiert.

Obst- und Gemüseanbau im fruchtbaren Neretva-Delta

Ploče, die Hafenstadt nahe der Neretva-Mündung, dient als Fährhafen für Trpanj auf der Halbinsel Pelješac und ist Endstation der Eisenbahnlinie von Sarajevo. 11 000 Einwohner zählt das Städtchen, das im Krieg von 1991 stark zerstört wurde. In der Hafenbucht drängen sich dicht an dicht große Frachter. Trotz einiger Cafés und Restaurants wirkt Ploče eher leer und staubig.

Etwa vier Kilometer nordwestlich hinter Metković findet man nahe dem Grenzort Vid das antike **Narona**. Es wurde im 5./4. Jahrhundert v. Chr. von den Griechen gegründet und blühte wegen der Schiffbarkeit der Neretva zu einem bedeutenden Handelszentrum auf. Ab dem 1. Jahrhundert v. Chr. herrschten die Römer hier, und bei seinem Besuch 54 v. Chr. gab Julius Caesar dem Ort den Ehrentitel *Colonia Julia Narona*. Narona war schließlich Ende des 7. Jahrhunderts eine der größten Städte an der östlichen Adria, als es von den Awaren zerstört wurde. Rund um den Ort Vid gibt es zahlreiche archäologische Fundstellen mit Überresten von Thermen, Tempeln, Sarkophagen und vielem mehr.

Ein weiteres lohnendes Ausflugsziel ist der Ort **Slivno Ravno** mit Sandstrand in der Bucht und einer Hotel-Bungalowsiedlung. Sehenswert der alte Ortskern mit der Burg **Smrdan grad** auf dem 563 Meter hohen Berg Daska. Grandiose Aussichten bieten sich über die von Kanälen durchzogene Ebene und die Hügelketten bis hin zum Biokovo-Gebirge. Nordöstlich liegt unterhalb der zum Sumpfgebiet gehörende **Kuti-See**.

Wer billig einkaufen möchte, sollte einen Abstecher nach **Neum** (Bosnien-Herzegowina) einplanen. Gerade von den Kroaten wird es als wahres Shoppingparadies geschätzt. Ansonsten dominieren hier die betonklotzartigen Hotelkomplexe. Nur wenige Kilometer hinter Neum stößt man auf den bekannten Wallfahrtsort **Hrasno**, mit der Kirche Königin des Friedens.

7 Pelješac (Halbinsel)

Die 350 Quadratkilometer große Insel der Seefahrer hat schroffe Berge von fast 1 000 Meter Höhe, in denen heute noch Schakale heulen und Mufflons klettern. Interessant sind vor allem **Ston** mit seinem gigantischen Befestigungssystem, **Orebić** mit seinem hoch oben liegenden Franziskanerkloster oder eine Wanderung zum Berg **Sv. Ilija**.

Von der Insel stammen die besten Weine, und es gibt hervorragende Muscheln und Austern. Baden kann man an zahlreichen ruhigen Buchten. Pelješac wird von der Insel Korčula nur durch den Kanal getrennt, der Westteil gehörte auch administrativ stets zu Korčula. Die Besiedlung geht bis auf die Illyrer zurück. 1333 kaufte das mächtige Dubrovnik die Insel auf. Nach dem Zerfall der Stadtrepublik kamen Franzosen, Engländer und Österreicher.

Ston (Veliki und Mali Ston)

5,5 Kilometer ziehen sich die Mauern und Bastionen des Befestigungssystems in Veliki Ston den Berghang hinauf und auf der nördlichen Bergseite in Mali Ston wieder hinab, durch die Festung Koruna kurz unterbrochen. Schon etliche Male wurde an den Grundfesten gerüttelt, das letzte Mal 1996, als ein schweres Erdbeben das Städtchen weitgehend zerstörte, darunter auch die Anfang des 14. Jahrhunderts erbaute Kathedrale St. Blasius. Die beschädigte Bausubstanz wurde wieder instand gesetzt, und auch die Befestigungsmauern von 1357 sind wieder begehbar. Erstaunlicherweise wurde Mali Ston nur durch ein paar Mauerrisse beschädigt. Das heutige Ston wurde im 14. Jahrhundert streng in Form eines Fünfecks angelegt. Die einstige Stadtrepublik war aufgrund ihrer strategisch guten Lage am Kanal und ihrer Salzfel-

Dingač und Postup

Weltbekannte Rotweine. Die Trauben des Dingač wachsen an den Terrassen des Hl.-Thomas-Bergs oberhalb von Potomje, der wegen seiner Steilheit (30–70 %) nur sehr mühsam bearbeitet werden kann. Bis heute ist man auf die Hilfe von Eseln angewiesen. Die Sonne knallt erbarmungslos auf die Hänge, die fruchtbare Erde besteht aus einem Ton- und Sandgemisch. Dieses Mikroklima oberhalb des Meeres bietet beste Voraussetzungen, um exzellente Reben reifen zu lassen, die hier ohne die üblichen Pestizide auskommen. Das reichhaltige Aroma des Dingač entsteht dadurch, dass die Klein-Plavac-Traube blauschwarz und halbtrocken an den Stielen hängen bleibt, bis ein sehr hoher Zuckergehalt erreicht ist. Bereits Kaiser Diokletian lobte den vollen Geschmack dieses Weines. Auch der Postup ist ein hervorragender, sehr gehaltvoller Rotwein. Er wird um Mokalo, Podubuče und Trstenik angebaut.

der die wichtigste Stadt nach Dubrovnik.

Service & Tipps:

Touristeninformation Ston
20230 Ston
✆/Fax (020) 754-4527

Konoba Bota
Mali Ston
✆ (021) 754-482
Hübsches Natursteinhaus mit segeltuchüberspannter Terrasse und Blick auf den Hafen. Spezialitäten sind frische Muscheln und Austern, aber auch große Auswahl an Antipasti. Als Hauptspeise lässt man sich frischen Fisch, Hummer oder z. B. Kaninchen in Weißweinsauce servieren. Dazu die leckeren Inselweine.

Konoba-Restaurant Kapetanova Kuća
Mali Ston
✆ (021) 754-555
Gleich nebenan liegt das ebenso gute Restaurant des Hotels Ostrea mit großer verglaster Sitzfläche. Auch hier gibt es Muscheln und Austern in leckeren Saucen, frische Fische und Hummer, Fleischgerichte und die verschiedensten Vorspeisen.

Im Garten einer Kapitänsvilla

Gute Bademöglichkeiten bieten sich nur 1,5 km von Ston entfernt in der türkisblau leuchtenden Bucht **Prapratno** oder mit teils sandigem Untergrund bei dem kleinen Badeort **Žuljana** (ca. 20 km in Richtung Orebić).

Weinliebhaber sollten ins Zentrum der Weinkellereien nach **Potomje** fahren. Hier kann man die leckeren Rotweine Dingač oder Postup kosten und auch erstehen, ebenso verschiedenste Schnäpse und Olivenöl. Alte Dokumente belegen den Traubentransport zu den Häfen von Trpanj und Crkvice; bereits Kaiser Diokletian rühmte die rote Klein-Plavac-Traube aus Dingač, die heute noch Auszeichnungen erhält. Guten Wein kann man aber auch in den umliegenden kleinen hübschen Orten wie Kuna, Oskorušno und Podubuče erwerben.

Orebić

Das Hafenstädtchen (Fährort zu Korčula) liegt knapp 60 Kilometer westlich von Ston. Hübsche Villen von Kapitänsfamilien in üppig sprießenden Gärten vor dem im Hintergrund aufragenden Berg Sv. Ilija prägen das Bild. Sehenswert sind das **Schifffahrtsmuseum** und oberhalb des Ortes das **Franziskanerkloster**. Orebić eignet sich auch prächtig als Ausgangspunkt für Wanderungen auf den Sv. Ilija oder für Mountainbiketouren zur Nordwestspitze der Insel nach Lovište oder in Richtung Podubuče oder ins Inselinnere zu den kleinen Weinorten.

Gemütlich in der Abendsonne – Genießen auf kroatisch

Service & Tipps:

Touristeninformation Orebić
Trg Mimbeli bb, 20250 Orebić
✆/Fax (020) 713-718

Kuvenat
Viganj (bei Orebić)
✆ (021) 719-250
15. Juni–15. Sept. geöffnet
Schöne Atmosphäre im Innenhof des ehemaligen Klosters unter Orangenbäumen. Fisch- und Fleischgerichte.

Schifffahrtsmuseum
Trg Mimbeli bb
Orebić
Tägl. 9–12 und 18–20 Uhr
Zu sehen sind alte Navigationssysteme, Seekarten und Gemälde.

Franziskanerkloster
Tägl. 9–12 und 16–18 Uhr
Ca. 2 km (Abzweig beim Hotel Bellevue) entfernt von Orebić thront hoch oben das Kloster mit Kirche und Friedhof. Von der Renaissanceloggia aus genießt man einen weiten Blick über den Kanal, auf die vorgelagerten Inseln und Korčula-Stadt.

Das Kloster wurde ab 1470 im gotischen Stil strategisch an der Grenzlinie zur Republik Ragusa (Dubrovnik) errichtet, um die Venezianer, die Korčula verwalteten, besser beobachten zu können. Das Museum dokumentiert die Vergangenheit. Das Kircheninnere wurde im 19. Jh. umgebaut und birgt u.a. ein Holzkruzifix (15. Jh.) von Juraj Petrović und zwei Marmorreliefs von Niccolò Fiorentino (Nikola Firentinac, 15. Jh.). Auf dem Friedhof sehenswerte Grabmäler, u. a. ein von Ivan Rendić 1898 gestaltetes Grabmal der Reederfamilie Mimbelli.

Am langen Stadtstrand **Trstenica** bei Orebić kann man bestens am Feinkiesstrand baden; oder man lässt sich auf die vorgelagerten Inseln Badija oder Velika Stupa schippern.

Sv. Ilija
Ein reizvolles Wanderziel ist der 961 m hohe Sv. Ilija, auch Monte Vipera genannt, der höchste Berg aller kroatischen Inseln. Wer ihn erklommen hat, wird mit einer fantastischen Aussicht nach allen Seiten belohnt – bei klarer Luft sogar bis nach Italien! Ca. 4 Std. benötigt man von Orebić, ca. 2 Std. vom Franziskanerkloster aus.

Einen Ausflug lohnen die Orte **Viganj** und **Kućište** mit schönen kleinen Kiesbadebuchten. Sie sind das Eldorado der Windsurfer, hier gibt es immer optimale Winde, es werden auch Regatten veranstaltet.

Hotels, Pensionen, Appartementanlagen, Campingplätze

Die nachfolgenden Übernachtungsempfehlungen sind nach Regionen und innerhalb der Regionen alphabetisch nach Orten/Inseln sortiert, die angegebenen Sterne entsprechen der Klassifizierung, die Preise gelten für eine Übernachtung für zwei Personen.

Region Zagreb

Zagreb

Hotel Regent Esplanade (*****)
Mihanovićeva 1, 1000 Zagreb
✆ (01) 4566-666, www.regenthotels.com
Ein klassizistischer Prachtbau mit allem Komfort, innen erst Ende 2003 liebevoll modernisiert. Große stilvolle Zimmer und Suiten, Restaurant, Wellnessbereich. Gehobener Service. Beste Adresse. DZ/Fr. ab 460 €

The Westin Zagreb (*****)
Kršnjavoga 1, 1000 Zagreb
✆ (01) 4892-000, www.westin.com/zagreb
Sehr gutes und angenehmes 400-Zimmer-Hotel im Norden bei den Museen, mit wunderbarem Blick über die Altstadt und auf die Hügel Medvednice. Wunderbare Innenausstattung und sehr angenehmes Ambiente. DZ/Fr. ca. 500 €

Hotel Dubrovnik (****)
Ljudevita Gaja 1, 1000 Zagreb
✆ (01) 4873-555, www.tel.hr/hotel-dubrovnik
Verglastes Gebäude mit ca. 380 Betten mitten in der Altstadt am Bana-Jelačića-Platz. Mit Restaurant, gutem Café, Bar. Komfortable Ausstattung. DZ/Fr. ab 140 €

Hotel Palace (****)
Trg Josipa Jurja Strossmayera 10, 1000 Zagreb
✆ (01) 4814-611, www.palace.hr
Wunderbares altes Gebäude und ältestes Hotel Zagrebs, eröffnet 1891. Die Lage ist ebenfalls zentral und gut. DZ/Fr. 130–150 €

Hotel Jadran (***)
Vlaška 50, 1000 Zagreb
✆ (01) 4553-777, www.hup-zagreb.hr
Kleines 80-Betten-Hotel im Zentrum, allerdings nichts für Ruhebedürftige, eher für Nachtschwärmer. Ansonsten gutes Preis-Leistungs-Verhältnis. DZ/Fr. 160 €

Hotel Central (***)
Branimirova 3, 1000 Zagreb
✆ (01) 4841-122, 4840-555, www.hotel-central.hr
Kleineres 120-Betten-Hotel, ca. 100 m vom Bahnhof, also tatsächlich zentral. Gute komfortable Innenausstattung. DZ/Fr. 90–110 €

Hotel Ilica (***)
Ilica 102, 1000 Zagreb
✆ (01) 3777-622, 3777-522, www.hotel-ilica.hr
Westlich des Zentrums liegt das kleine, aber angenehme und preiswerte 25-Betten-Hotel. Zur Altstadt gute Busverbindung. DZ/Fr. 60 €

Hotel Lido (**)
Malo jarunsko jezero bb
✆ (01) 3832-837, www.lido.hr
Ca. 7 km südwestlich vom Zentrum Zagrebs direkt am Jarun-See gelegen. Mit Restaurant. Spitze Dachkonstruktionen, dunkles Inventar aus den Siebzigern. Zimmer sind ebenfalls in der Dachschräge untergebracht, ein Sprung ins Wasser am Morgen ist allerdings nicht zu verachten. DZ/Fr. ca. 50 €

Hotel Vila Tina (**)
Bukovačka cesta 213, 1000 Zagreb
✆ (01) 2445-138
www.vilatina.com
Angenehmes, modernes kleines Hotel beim Maksimir-Park. Freundliche, stilvolle Zimmer, Hallenbad, Sauna und Restaurant. DZ/Fr. 85 €

Pension Vila Marija
Potačka 18, 1000 Zagreb
✆ (01) 2917-928
Schöne 10-Zimmer-Pension mit netten Besitzern, mit Pool, nahe Maksimir-Park. DZ 40 €

Camping »Motel Plitvice«
Lučko bb
✆ (01) 6530-446, www.motel-plitvice.hr
Der Campingplatz liegt 20 km südlich von Zagreb in Richtung Karlovac. Angeschlossen ein Motel.

Region Istrien

52221 Labin-Rabac

Aparthotel Pluton (***)
Rabac bb
✆ (052) 862-530, www. rabac-hotels.com

Unterkünfte

Privatvermietungen von Zimmern und Appartements über die jeweilige Touristeninformation. Wer Landhäuser und Bauernhäuser mieten möchte: Diese werden von der italienischen Agentur **Cottages to Castles** (www.cottagestocastles.com) angeboten.

Ganz am Ende der Landzunge, schön ruhig gelegen, 2003 komplett renoviert und in modernen bunten Farben angestrichen. Pool, Tennis, Beachvolleyball, Fitnesscenter, Whirlpool. 2-Pers.-App. ca. 60 €

Hotel Lanterna (****)
Rabac bb
✆ (052) 862-500, www.rabac.hotels.com
Bestes Hotel am Platz, schöne komfortable Anlage mit Hallenbad, Pools, sehr gut ausgestattetes Wellness- und Fitnesscenter. DZ/Fr. ca. 140 €. Angeschlossen auch eine preiswertere Appartementanlage mit Sportprogramm.

Campingplatz Oliva (*)
Rabac bb
✆ (052) 872-258, www.maslinicarabac.com
Geöffnet Mitte April–Ende Sept.
Westlich des Zentrums von Rabac liegt der 14-ha-Platz in einem ebenen Olivenhain (trotzdem etwas zu wenig Schatten) an einer Kiesbucht. Mehrere Pools, Tennisplätze, Basketball, Minigolf, Restaurant und Supermarkt.

Novigrad

Hotel Cittar (***)
Venecijanski prolaz 1, 52466 Novigrad
✆ (052) 757-737, www.cittar.hr
Schönes kleines 36-Betten-Stadthotel an der zinnenbewehrten Stadtmauer, hübsch eingerichtete komfortable Zimmer zum Wohlfühlen, gemütliche Terrasse von Restaurant und Café. DZ/Fr. 100 €

Hotel Makin (****)
Šaini 2a, 52466 Novigrad
✆ (052) 757-714, www.istra.com/makin
Kleines 40-Betten-Hotel 2 km nördlich vom Zentrum mit sehr gutem Restaurant (Taverna Sergio), angenehme Zimmer. Kleines Wellnesscenter in Planung. Ganzjährig geöffnet. DZ/Fr. 100 €

Hotel San Rocco (****)
Srednja ulica 2, 52474 Brtonigla
✆ (052) 725-000, www.san-rocco.hr
Komfortables, gemütliches Landhotel (7 km nordöstlich von Novigrad) im stilvoll umgebauten 200-jährigen Hof, 2004 eröffnet; mit Pool, Vinothek, sehr gutem Restaurant. Angenehme Atmosphäre zum Wohlfühlen, bester Service. Ganzjährig geöffnet. DZ/Fr. 150 €

Hotel Kastel (***)
Trg Andrea Antića 7, 52424 Motovun
✆ (052) 681-607, www.hotel-kastel-motovun.hr
Mitten im mittelalterlichen Städtchen Motovun gelegenes, 2003 komplett renoviertes kleines Hotel mit sehr gutem Restaurant. DZ/Fr. 65 €

Kurhotel Istarske Toplice (*)
Sv. Stjepana 60, 52427 Livade
✆ (052) 603-000, www.istarske-toplice.hr
Das einzige Thermalbad Istriens liegt hier im Mirna-Tal. Hohe Wasserqualität, Heilschlamm lindert Rheuma und Atemwegserkrankungen. Pools, Beauty- und Wellnessbereich. DZ/Fr. 60 €

Campingplatz Sirena (***)
Škverska bb (neben Hotel Laguna)
52466 Novigrad
✆ (052) 757-159
www.istra.com/laguna-novigrad
Auf 7000 m^2 liegt dieser Platz im Kiefernwald neben dem Hotel Laguna; er zählt zu den bestausgestatteten. Die Einrichtungen des Hotels können mitbenutzt werden. Sport- und Animationsprogramm.

Poreč

Hotel Neptun (***)
Obala 15, 52440 Poreč
✆ (052) 400-800, www.riviera.hr
Komfortables, gutes Altstadthotel direkt an der Uferpromenade. DZ/Fr. 75–95 €

Hotel Fortuna (***)
Insel Sv. Nikola
✆ (052) 406-000, www.riviera.hr
Gegenüber der Altstadt auf der Badeinsel Sv. Nikola liegt dieses gut ausgestattete moderne Hotel mit Sport- und Unterhaltungsprogramm.
DZ/Fr. 100–120 €

Dependance Isabela (***)
Ebenfalls auf der Insel Sv. Nikola, gehört zum Hotel Fortuna, bildet aber baulich einen großen Kontrast: Im Kiefernwald liegt dieses klassizistische Schloss. Appartements für 2–4 Pers. Für 2 Pers. 105–130 €

Hotel Parentium (***)
Feriensiedlung Zelena laguna (5 km südlich von Poreč)
✆ (052) 411-500, www.plavalaguna.hr
Komfortables großes Strandhotel mit Pools, Hallenbad, Casino, Nachtclub, Restaurants, Jachthafen, großem Sport- und Animationsprogramm.

FKK-Campingplatz Solaris (***)
Ferienanlage Lanterna (12 km nördlich von Poreč)
✆ (052) 404-000
www.riviera.hr
Ökologisch ausgerichtetes Management, weitläufige, gut ausgestattete Anlage an Fels- und Kiesstrand mit großem Sportprogramm, Restaurants usw.

Camping Zelena laguna (***)
Feriensiedlung Zelena laguna (5 km südlich von Poreč)
✆ (052) 411-700
www.plavalaguna.hr
Sehr gut ausgestatteter Platz mit FKK-Abteilung am Fels- und Kiesstrand; 18 Tennisplätze, zudem kann das Angebot der Hotels mitbenutzt werden.

Pula

Hotel Scaletta (***)
Flavijeska ul. 26, 52100 Pula
✆ (052) 541-599, www.hotel-scaletta.com
Kleines, gemütliches und stilvoll eingerichtetes Altstadthotel mit gutem Restaurant, nahe Amphitheater. DZ/Fr. 95 €

Hotel Milan (***)
Stoja 4, 52100 Pula (Stadtteil Stoja)
✆ (052) 210-200, www.milan1967.hr
Im Stadtteil Stoja liegt dieses kleine Hotel mit vorzüglichem Restaurant und Vinothek; sehr guter Service. DZ/Fr. 115 €

Hotel Valsabbion (***)
Pješcana uvala IX, 126
✆ (052) 218-033, www.valsabbion.net
An der gleichnamigen Bucht liegt dieses modern gestaltete und komfortable Hotel, das hauptsächlich wegen seiner Gourmetküche bekannt ist. Unterhalb gibt es kleine Sandbucht. Halbpension pro Person im DZ 90–125 €

Camping Stupice (*)
Premantura
✆ (052) 575-111, www.arenaturist.hr
Großer und weitläufiger Platz im hügeligen Kiefernwald entlang der Küste mit Fels- und Kiesbadebuchten und großem Sportangebot. Vor allem die Kite- und Windsurfer finden hier ein Aktionsfeld.

Hotels auf den Brijuni-Inseln (–***)**
Brijunska 10, Veli Brjun
✆ (052) 525-861, www.np-brijuni.hr
Auf der Hauptinsel Veli Brijun stehen die alten Hotels Neptun-Istra und Karmen. Geräumige große Zimmer mit alten Stilmöbeln. Abends, wenn die Ausflugsboote abgefahren sind, wird es idyllisch auf der Insel. Fahrradvermietung, Tennisplätze, Golf. DZ/Fr. 140–160 €. Wer es noch komfortabler möchte, kann sich auch Villen mieten.

Rovinj

Hotel Villa Angelo d'Oro (*****)
Via Svalba 38-42, 52210 Rovinj
✆ (052) 840-502, www.rovinj.at
Stilvolles kleines Komforthotel mitten in der Altstadt, mit Gourmetrestaurant und lauschiger Terrasse im Garten. Zudem kleiner Wellnessbereich, Jachtcharter. Hervorragender Service. Österreichische Leitung. DZ/Fr. 100 €

Hotel Katarina (****)
Insel Sv. Katarina
✆ (052) 804-100, www.hotelinselkatarina.com
Auf der kleinen kiefernbewachsenen Insel Sv. Katarina mit dem 100-jährigen Naturpark gegenüber der Altstadt von Rovinj steht das im Jahr 2000 renovierte Schlosshotel mit seinen vier Gästevillen; rundum schöne Badebuchten an Fels und Kies, Badelandschaft mit beheiztem Pool, schöner mediterraner Park mit üppiger Pflanzenwelt, Tennisplätze, Wassersportzentrum mit Tauch-, Segel- und Surfschule. Sehr gut ausgestattete Zimmer mit Balkon oder Loggia oder Suiten. Transfer 5 Min. DZ/Fr. 90–135 €

Hotel Istra (***)
Insel Sv. Andrea
✆ (052) 802-500, www.istra.com/jadranturist
Modernes, großes Hotel auf der Badeinsel Sv. Andrea. Komfortable Zimmer, Pools, Restaurants, Nachtclub, Hallenbad, großes Fitnesscenter, Tennisanlage, großes Wassersportprogramm wie Tauchen, Surfen, Jachthafen. Transfer 15 Min. DZ/Fr. 140 €

FKK-Camping Valalta (***)
Ferienanlage Valalta
Lim bb, 6 km westlich von Rovinj
✆ (052) 804-800, www.valalta.hr
Direkt am Meer in unberührter Natur liegt der 50-ha-Platz mit seinen großzügigen, schattigen Parzellen. Meerwasserpool, gute Sanitäranlagen, Supermarkt, gute Restaurants mit eigener Brauerei, großes Sportcenter, Marina.

Campingplatz Veštar (***)
Veštar, 5 km südöstlich von Rovinj
✆ (052) 829-150, www.istra.com/jadranturist
15-ha-Gelände an eigener Bucht mit Kies- und Felsbadestrand, Restaurants, Supermarkt, Hafen mit Slipanlage.

Agroturismus Ograde
Katun Lindarski 60, 52000 Pazin
✆ (052) 693-035, www.agroista.com/ograde

Unterkünfte

Liebevoll geführter Reiter- und Bauernhof der Familie Sajina mitten in der Natur. Für Kinder ideal, es gibt viele Tiere zu sehen von Esel über Ziegen und Schweine bis zu Hühnern und Enten. Zu mieten sind ein aus Großmutters Zeiten möbliertes Natursteinhaus (bis 6 Pers.) mit Terrasse und Grill und ein Appartement (bis 6 Pers.). Wer möchte, kann sich mit guter Hausmannskost und Wein – alles aus eigenem Anbau – verköstigen lassen. 70–135 €

Umag

Hotel Kristal (***)
Obala J. B. Tita 9, 52470 Umag
✆ (052) 700-000, www.hotel-kristal.com
Gut ausgestattetes Altstadthotel (155 Betten) mit Schwimm- und Hallenbad sowie Fitnesscenter direkt am Meer. DZ/Fr. 120–160 €

Hotel SOL Umag (****)
Jadranska bb, 52470 Umag
✆ (052) 714-000, www.istra.com/istraturist
Im Jahr 2004 neu eröffnetes und renoviertes 560-Betten-Hotel nördlich der Altstadt, komfortable Zimmer. Großes Sport- und Animationsprogramm. Der großzügige, schön gestaltete Wellnessbereich mit verschiedensten Therapieanwendungen ist gelungen.

Vrsar

Hotel- und Appartementanlage Belvedere (**)
52450 Vrsar
✆ (052) 441-118
www.anita.hr
Gut geführte Anlage um die Halbinsel, gegenüber der Altstadt: mit Pool und großem Sport- und Freizeitangebot. Für Familien gut geeignet. Felsstrand mit betonierten Liegeflächen. DZ/Fr. 95 €, 3-Pers.-App. 70 €

FKK-Campingplatz Koversada (***)
2 km südlich von Vrsar
✆ (052) 441-378, 441-123
www.anita.hr
Mit 1200 ha die größte europäische FKK-Anlage mit Campingplatz und einem Hotel- und Appartementkomplex. Zudem gibt ein Inselchen, mit einer Brücke versehen. Das Restaurant-, Pizzeria und Caféangebot ist groß, ebenso das Sport- und Animationsprogramm. Gebadet wird an Fels- und Kiesstränden. Ein Fahrrad mitzubringen ist sinnvoll!

Region Kvarner Bucht

Cres (Insel)

Hotel Kimen (**)
Melin I/16, 51557 Cres
✆ (051) 571-161, www.cresanka.hr
Weitläufige Anlage im Pinienwald mit 425 Betten, gutes Sportangebot. DZ/Fr. 85 €

Camping Kovačine (*)
Melin I/20, 51557 Cres
Schöner 18-ha-Platz auf der Halbinsel unter Oliven- und Kiefernbäume. FKK-Strand. Tauchschule.

Campingplatz Slatina (***)
Slatina bb, 51556 Martinšćica
✆ (051) 574-127, www.ac-slatina.hr
Schöner, gepflegter 15-ha-Platz im Nordwesten des Ortes Martinšćica; großes Sport- und Wassersportangebot, Anlegestelle für Boote, mehrere Restaurants. Eigener FKK-Strand. Sehr beliebter Platz.

FKK-Campingplatz Baldarin (*)
51544 Punta Križa
✆ (051) 574-127
Beliebter 10-ha-Platz auf gut bewaldeter Halbinsel; großes Sport- und Wassersportprogramm, ausreichend Restaurants und Bar, Bootsverleih usw.

Pension Osor (***)
51542 Osor
✆ (051) 237-167
Hübsche Pension mit gemütlichen Zimmern und einem sehr guten Restaurant mitten im Ort. DZ/Fr. 45 €

Crikvenica

Hotel Kaštel (***)
Frankopanska 22, 51260 Crikvenica
✆ (051) 241-044
www.jadran-crikvenica.hr
Im ehemaligen Paulinerkloster befindet sich dieses schön restaurierte Hotel mit kleinem Kiesstrand. DZ/Fr. 75 €

Hotel Villa Ružica (***)
Bana Jelačića 1, 51260 Crikvenica
✆ (051) 781-600, www.villa-ruzica.hr
Hübsche Villa (111 Betten) mit komfortablen Zimmern und gutem Restaurant. DZ/Fr. ca. 100 €

Krk (Insel)

Hotel Kanajt (**)
Kanajt 5, 51521 Punat
✆ (051) 654-340, www.kanajt.hr
Kleines komfortables Hotel gegenüber dem

Jachthafen mit 13 gut ausgestatteten Zimmern und sehr gutem Restaurant; Tennisplätze. DZ/Fr. 130 €

Hotel Argentum (**)
Supec 68, 51516 Vrbnik
✆ (051) 857-370, 857-352
www.vrbnik.net/argentum
Kleines Hotel oberhalb einer schönen Badebucht mit Blick auf das Festland und das Küstengebirge.

FKK-Camping Bunculuka (***)
E-Geistlicha 34, 51523 Baška
✆ (051) 856-806, www.hotelibaska.hr
4,7 ha großer Campingplatz auf terrassiertem Gelände unter Kiefern. Kiesbucht am Campingplatz, weitere in Laufweite. Restaurant, Sportzentrum.

Hotel Dražica (***)
Ružmarinska 6, 51500 Krk
✆ (051) 655-755, www.hotelikrk.com
Das komfortable 350-Betten-Hotel liegt östlich der Stadt an der gleichnamigen Bucht mit Dependancen im Kiefernwald. Großes Sport- und Wassersportprogramm. DZ/Fr. 115 €

Campingplatz Bor (***)
Crikvenička 10, 51500 Krk
✆ (051) 221-581, www.multilink.hr/camp_bor
Gut ausgestatteter 1,3-ha-Platz unter Olivenbäumen in Laufweite zur Altstadt von Krk.

Lošinj (Insel)

Hotel Villa Anna (**)
Velopin 31, 51550 Mali Lošinj
✆ (051) 233-223
www.vila-ana.hr
Schöne Lage am Ende der langen Bucht mit Restaurant und Pool. DZ/Fr. 100 €

Hotel Capri (***)
Grbica bb, 51551 Veli Lošinj
✆ (051) 236-186
Kleines 25-Zimmer-Hotel mit gutem Restaurant, Tennisplatz und Pool oberhalb des Ortes. DZ/Fr. 70 €

Hotel Televrin (***)
Obala Nerezinskih Pomoraca bb
51554 Nerezine
✆ (051) 237-121
Fax (051) 867-415
www.televrin.com
Das fast 100 Jahre alte Rathaus am Hafenbecken wurde nach seiner Restaurierung und Erweiterung 2004 als Hotel und Restaurant mit 15 Doppelzimmern und zwei Suiten eröffnet. Alle Zimmer mit Balkon oder Terrasse, gutes Restaurant. DZ/Fr. 80 €

Campingplatz Poljana (***)
Poljana bb, 51550 Mali Lošinj
✆ (051) 231-728
Ca. 3 km nördlich der Altstadt liegt der 18-ha-Platz unter Kiefern. Bootsanlegeplatz und Slipanlage, Supermarkt, Restaurants. FKK-Abschnitt.

Hotel Televrin am Hafen von Nerezine

Opatija

Adria-Relaxresort Miramar (****)
Ive Kaline 11, 51410 Opatija
✆ (051) 280-000, www.hotel-miramar.hr
Am östlichen Ortsende von Opatija liegt am Lungomare das 2004 eröffnete Hotel mit der bestens renovierten Villa Neptun aus der Zeit der k. u. k.-Monarchie als Haupthaus und stilvoll dazu erbauten Nebengebäuden, umgeben von einem mediterranen Park. Schön gestalteter großer Beauty- und Wellnessbereich mit Innen- und Außenpool, komfortabelste Zimmer und Suiten, Gourmetküche. Zudem eigener Felsbadestrand. Ein Haus zum Wohlfühlen. DZ/Fr. 80–150 €

Villa Ariston (****)
Maršala Tita 174, 51410 Opatija
✆ (051) 271-379, www.villa-ariston.net
Schön ruhig am westlichen Ortsrand oberhalb des Lungomare liegt dieser nostalgische Bau inmitten von üppig wuchernden Pflanzen; sehr gutes Restaurant. DZ/Fr. 100 €

Villa Vranješ (**)
A. Mikića 9, 51410 Opatija
✆ (051) 711-907
Oberhalb von Opatija mit schönem Blick und gutem Restaurant. DZ/Fr. ca. 70 €

Opatija-Riviera

Campingplatz Medveja (***)
Medveja bb, 51416 Medveja-Lovran
✆ (051) 291-191, www.liburnia.hr
Schöner 9-ha-Platz in einem Taleinschnitt, im Hintergrund das Učka-Gebirge. Schattenspendende Laubbäume. Der schöne Kiesstrand liegt jenseits der verkehrsreichen Uferstraße und kann durch einen Tunnel erreichen werden. Restaurant, Bar, Supermarkt. Am Strand Tretboot- und Kajakverleih.

Villa Astra (*****)
V. C. Emin Nr. 11, 51415 Lovran
✆ (051) 704-276, www.lovranske-vile.com
In Lovran oberhalb des hier endenden Lungomare steht diese 2003 renovierte und neu eröffnete Villa aus der k. u. k.-Zeit mit Pool und guter Küche und einem Wellnessbereich inmitten eines fast tropischen Gartens. Hier werden Luxusappartements (2–6 Pers.) vermietet. Für 2 Pers. 110 €

Villa Kleiner
Šet. 27. travnja bb, 51417 Mošćenička Draga
✆ (051)737-544, www.villa-kleiner.de
Schöne Villa mit Zimmern und Appartements an der Uferpromenade oberhalb des Meeres mit komfortablen Zimmern, Pool und Sauna, umgeben von üppigen Pflanzen; deutsch-kroatische Leitung. Zum Baden schöne Kies- und Felsbadestrände. DZ/Fr. ab 50 €

Villen und Landhäuser
Neben der Villa Astra gibt es noch einige schöne Villen und auch ein großes renoviertes Landhaus (Villa Oraj) an den Abhängen des Učka-Gebirges zu mieten; wer Wert auf Ruhe und komfortables Ambiente legt, dürfte hier richtig sein. Information: **Lovranske vile Ltd.**, Poljanska 27, 51414 Ičići, ✆ (051) 704-276, www.lovranske-vile.com

Villa Istra
Šet. 27. travnja bb, 51417 Mošćenička Draga
✆ (051)294-415
Die Villa (neben Villa Kleiner) wurde aufwendig modernisiert und hübsch gestaltet. Direkt an der Uferpromenade oberhalb des Meeres. Eine Tauchbasis ist auch wieder angegliedert. Gemütliche Zimmer. Zum Baden schöne Kies- und Felsbadestrände.

Hotels auf der Promenade von Opatija

Campingplatz I (**)
Slatina bb, 51417 Mošćenička Draga
✆ (051) 737-523
www.croatica.net/autocamp-i
Schattiges Gelände am Ortsbeginn, aufgrund des schönen Kiesstrandes im Ort sehr beliebt und in der Saison oft überfüllt. Supermarkt. Restaurants in Laufweite.

Rab (Insel)

Hotel Istra (***)
Markantuna De Dominisa bb, 51280 Rab
✆ (051)724-134
Stilvolles Gebäude beim Hafenbecken im Altstadtzentrum. DZ/Fr. 75 €

Hotel Imperial (***)
Palit bb, 51280 Rab
✆ (051) 724-522
www.imperial.hr
Im Stadtteil Palit liegt das 300-Betten-Hotel ruhig auf einem bewaldeten Hügel. Mit Tennisplätzen und -schule. DZ/Fr. 70 €

Campingplatz San Mario (***)
Lopar bb, 51281 Lopar
✆ (051) 775-133
www.imperial.hr
Der 10-ha-Platz liegt am langen Sandstrand von Lopar, dem Paradiesstrand unter Kiefern. Es gibt ein Sport- und Freizeitzentrum, Verleih von Tretbooten, Kajaks usw. Gastronomisch geboten werden Restaurant, Pizzeria, Café-Bar.

Rijeka

Grandhotel Bonavia (****)
Dolac 4, 51000 Rijeka
✆ (051) 357-100, www.bonavia.hr
Direkt in der Altstadt liegt das komfortable 234-Betten-Hotel. DZ/Fr. 120–160 €

Hotel Continental (**)
A. Kačića Miošića 1
✆ (051) 372-008, www.jadran-hoteli.hr
Prachtvoller Bau am Fluss Rječina, am Altstadtrand; einfache Ausstattung, dafür preiswert. DZ/Fr. 60 €

Senj/Plitvicer Seen

Hotel Nehaj (*)
K. Zvonimira, 53270 Senj
✆ (053) 881-285
Sehr einfaches Stadthotel an der Durchgangsstraße. DZ/Fr. 50 €

Hotel Jezero (***)
Nationalpark Plitvicer Seen
✆ (053) 751-400, www.np-plitvice.com
Komfortabel ausgestattetes 230-Zimmer-Hotel mit Fitness- und Beautycenter, Sauna, Tennisplätzen in schöner Lage oberhalb des Kozjak-Sees. DZ/Fr. 105 €

Hotel Plitvice (**)
Nationalpark Plitvicer Seen
✆ (053) 751-700, www.np-plitvice.com
Das 51-Zimmer-Hotel liegt neben dem Hotel Jezero, verfügt nicht über die Einrichtungen, dafür preiswerter. DZ/Fr. 90 €

Campingplatz Korana (**)
Čatrnja bb, Plitvice
✆ (053) 751-888, www.np-plitvice.com
Schöner 35-ha-Platz inmitten von Laub- und Nadelwald am Rande des Nationalparks, ca. 10 km vom Eingang der Plitvicer Seen entfernt. Restaurant, Supermarkt. Einmalige Eintrittsgebühr für den Nationalpark für die gesamte Aufenthaltsdauer der Gäste.

Region Norddalmatien

Biograd na moru

Hotel Bolero (***)
Ivana Meštrovića 1, 23210 Biograd na moru
✆ (023) 386-888, www.hotel-bolero.hr
Modernes, komfortabes 152-Betten-Hotel hinter der Marina Kornati. DZ/Fr. 95 €

Campingplatz Crkvine (**)
Pakoštane bb, 23211 Pakoštane
✆ (023) 381-433
Schönes 6-ha-Gelände, teils mit Bäumen, direkt am See Vransko jezero, 8 km südlich von Biograd. Restaurant und Laden. Möglichkeiten zum Angeln.

FKK-Campingplatz Sovinje (*)
23212 Tkon, Insel Pašman
✆ (091) 5793-085
www.sovinje.com
Einziger FKK-Campingplatz in dieser Region. 4,5 ha, teils bewaldet mit Sand- und Kiesstrand, Café-Bar, einfache, ruhige Anlage, ca. 2 km von Tkon entfernt.

Dugi Otok (Insel)

Hotel Lavanda (***)
23286 Božava
✆ (023) 291-291, www.bozava.zadar.net
Modernes, komfortables Hotel mit Pool im Kiefernwald; Tennisplätze und Tauchschule. DZ/Fr. 95 €

Unterkünfte

Hotel Sali (**)
23281 Sali
✆ (023) 377-049, www.hotel-sali.hr
Versteckt in Kiefernwald und Mittelmeervegetation liegt dieser Komplex in ruhiger, beschaulicher Lage am Ortsrand von Sali. Einfache Ausstattung. Angeschlossen eine sehr gute Tauchschule. DZ/Fr. 70 €

Murter (Insel)

Hotel Borovnik (***)
Trg dr. Šime Vlašića 3, 22240 Tisno
✆ (022) 439-700
www.hotel-borovnik.de
Kleines, geschmackvolles Hotel um einen Pool an der Kanalbrücke im Ort; zudem gutes Restaurant. DZ/Fr. 90 €

Camping Lovišća (***)
22242 Jezera
✆ (022) 439-600
www.tei.hr/skoljic
Schöner 6-ha-Platz am Kanal von Murter; großes Sport- und Wassersportprogramm und Geräteverleih, Tennisplätze, Bootshafen. Es werden auch Appartements vermietet.

Campingplatz Slanica (**)
22243 Murter
✆ (022) 785-8049
www.murter.com.hr/slanica.
1,4-ha-Platz unter dichtem Mischwald an der Sand-Kies-Bucht Slanica; Restaurant, Laden.

Hotel Colentum (***)
Put Slanice bb, 22243 Murter
✆ (022) 431-100
www.hotel-colentum.hr
Gut ausgestattetes Hotel mit komfortablen Zimmern oberhalb der Slanica-Bucht. Tennisplätze, Wassersport-Geräteverleih. DZ/Fr. 110 €

Nin

Holiday Village Zaton und Camping (***)
Zaton (3 km südlich von Nin)
✆ (023) 280-211, www.zaton.hr
Riesige Ferienanlage auf über 20 ha mit gut ausgestatteten Appartements und einem schattigen im Kiefernwald gelegenen Campingplatz und Pool – sehr beliebt bei jüngerem Publikum und Familien; Sand- und Kiesbuchten und betonierte Liegeflächen. Es gibt etliche Restaurants, Pizzerias, Café-Bars, Supermärkte, Boutiquen, Bäckerei; eine große Discothek (größte Kroatiens!); großes Sport- und Animationsprogramm; Windsurf- und Wasserskischule, Reitstall, Tauchclub, Bootsanlegestelle. Appartements bis zu 5 Pers. 2-Pers.-App. 95 €

Pag (Insel)

Campingplatz Straško (**)
Straško, 53291 Novalja
✆ (053) 661-226, www.turistdd.hr
2 km südlich von Novalja liegt der schöne 7-ha-Platz auf zum Meer leicht abfallendem Gelände unter Steineichen und Olivenbäumen. Kies- und Sandstrand und Betonflächen zum Sonnen. Mit FKK-Abschnitt zum Campen und Baden. Sport- und Freizeitprogramm, Tennisplätze, Tauchclub, Surfschule und Surfbrettverleih, Kajaks, Tretboote, Restaurants, Supermarkt.

Hotel Vinski Podrum Boškinac
Novaljsko polje, 53291 Novalja
✆ (053) 663-500, www.boskinac.com
Stilvolles Natursteinhaus in mediterraner Bauweise, 2003 eröffnet, in Alleinlage. Gehört zu Chateau & Relais. Es gibt ein vorzügliches Restaurant, Vinothek und es werden Appartements vermietet. Gehobener Standard.

Primošten

Hotel Zora (***)
Raduća bb, 22202 Primošten
✆ (022) 581-022, www.primosten-hoteli.hr
Großer Komplex mit 790 Betten auf der Halbinsel gegenüber der Altstadt inmitten des Kiefernwaldes. Kiesbuchten, Tennisanlage und großes Sport- und Freizeitprogramm. DZ/Fr. 95 €

Camping Adriatic (**)
✆ (022) 581-010, www.primosten-hoteli.hr
Fast 14 ha groß ist dieses kiefernbewachsene, naturbelassene Gelände mit Kies- und Felsbadestrand; Tennisplatz, Supermarkt, Restaurant, Sport- und Freizeitprogramm, Verleih von Tretbooten, Kajaks usw.

Šibenik

Hotel Jadran (**)
Obala F. Tudjmana, Šibenik
✆ (022) 212-644, www.riviera.hr
Altstadthotel an der Uferpromenade mit schöner Terrasse, einfache Ausstattung, dafür zentral. DZ/Fr. 75 €

Solaris Holiday Resort (***)
Hotelsko naselje Solaris bb
✆ (022) 363-951, www.solaris.hr
Auf einer Halbinsel im Süden von Šibenik wur-

de diese Hotelanlage erbaut. Mehrere Hotels, alle renoviert, Hallenbad und Meerwasserpool, Jachthafen, Nachtclubs und Discos, Restaurants und Bars, Wellness- und Beautybereich, Fitnesscenter, großes Sportangebot und Animation, Tauchclub, Tennisplätze und -schule, Wassersportgeräteverleih (Kajaks, Boote usw.). DZ/Fr. 85–105 €

Campingplatz Solaris (***)
Hotelsko naselje Solaris bb
✆ (022) 364-000, www.solaris.hr
Auf 16 ha liegt das naturbelassene Gelände unter Olivenbäumen und Kiefern und grenzt an die Hotelanlage. Die Sporteinrichtungen der Hotels können gegen Bezahlung benutzt werden. Eigener Jachthafen, Meerwasserpool, großer Wassersportgeräteverleih, Restaurants, Supermarkt.

Hotel Skradinski Buk (***)
Burinovac bb, 22222 Skradin
✆ (022) 771-771, www.skradinskibuk.hr
Schönes kleines 54-Betten-Hotel mit gut ausgestatteten Zimmern, Restaurant und schöner Terrasse. DZ/Fr. 75 €

Starigrad Paklenica

Hotel Vičko (***)
Jose Dokoze 20, 23244 Starigrad Paklenica
✆ (023) 369-304, www.hotel-vicko.hr
Moderner Bau am Ortseingang mit 24 komfortablen Zimmern, riesige Terrasse. Die gute Küche des Restaurants hat Tradition. DZ/Fr. 65 €

Campingplatz Paklenica (***)
Dr. Franje Tudjmana 14
23244 Starigrad Paklenica
✆ (023) 209-062, www.alan.zadar.net
2,5-ha-Platz auf Wiesengelände neben Hotel Alan, dessen Einrichtungen benutzt werden dürfen. Kiesstrand, Café-Bar und Laden.

Zadar

Hotel Kolovare (***)
Bože Peričića 14, 23000 Zadar
✆ (023) 203-200
www.tel.hr/hotel-kolovare-zadar
Modernisiertes und gut geführtes Innenstadthotel mit 327 Betten, Swimmingpool und Tennisplatz, Restaurant und Terrasse; Badestrand an der Uferstraße. DZ/Fr. 100–120 €

Hotel Mediteran (***)
Matje Gupca 19, 23000 Zadar
✆ (023) 337-500, www.hotelmediteran-zd.hr
Kleines, gut geführtes 30-Zimmer-Hotel mit Pool und Garten im Stadtteil Borik. Restaurant mit schöner Terrasse, komfortable Zimmer; 500 m vom Meer entfernt. DZ/Fr. 65–80 €

Hotel President (*****)
Vladana Desnice 16, 23000 Zadar
✆ (023) 333-464, www.hotel-president.hr
Im Stadtteil Borik liegt das edle 72-Betten-Hotel mit komfortabelsten Suiten im Stil des 18. Jh.: Stilmöbel, Gemälde, Marmorböden. Das Restaurant Vivaldi hat einen sehr guten Ruf. Kleiner Strandabschnitt ca. 300 m entfernt. Pro Pers. mit Frühstück 110 €

Hotelkomplex Borik und Campingplatz (**–****)
Majstora Radovana 7, 23000 Zadar
✆ (023) 206-636, -637, www.hoteliborik.hr
Hotels verschiedenster Kategorien auf einem riesigen Gelände mit Pools, Hallenbad, Nachtclubs, Discos, großem Sport- und Freizeitprogramm. Tennisplätze, Tauchschule, Verleih von Wassersportgeräten wie Kajaks, Tretboote usw. Viel Amüsement, nichts für Ruhebedürftige. Kleine aufgeschüttete Strandabschnitte und betonierte Liegeflächen. DZ/Fr. 55–80 €

Region Mitteldalmatien

Brač (Insel)

Hotel Britanida (**)
Hrvatskih velikana 26, 21400 Supetar
✆ (021) 631-038, www.supetar.hr
Kleines 30-Betten-Hotel in östlicher Ortsrandlage mit Restaurant und schöner Terrasse, ca. 50 m zum Strand. DZ/Fr. 65 €

Hotel Villa Adriatica (**)
Šet. Put Plive 31, 21400 Supetar
✆ (021) 755-011
www.villa-adriatica.com
Kleines Hotel in westlicher Ortsrandlage, gut ausgestattete Zimmer. DZ/Fr. 90 €

Hotel Kaštil (***)
Frane Radića 1, 21420 Bol
✆ (021) 635-996, www.kastil.hr
Kleines 32-Zimmer-Altstadthotel in einem ehemaligen Kastell am Hafen; stilvolles Ambiente mit Restaurant und schöner Terrasse. DZ/Fr. 95 €

Hotel Ivan (***)
David cesta 11a, 21420 Bol
✆ (021) 640-888, www.hotel-ivan.com
Im Zentrum von Bol, im mediterranen Natursteinhaus mit Pool. Ca. 70 gut ausgestattete Zimmer. DZ/Fr. 140 €

Unterkünfte

Hotel RIU Borak (* * * *)
Bračka cesta 13, 21420 Bol
✆ (021) 306-202, www.zlatni-rat.hr
Großes 416-Betten-Hotel direkt am Goldenen Horn in Strandlage mit komfortablen Zimmern. Großes Sport- und Freizeitprogramm, Hallenbad, Pools, Tauchclub, Surfschule, Tennisplätze usw. DZ/Fr. 150–170 €

Clubhotel Bonaca – all incl. (* * *)
Bračka cesta 13, 21420 Bol
✆ (021) 306-269, www.zlatni-rat.hr
Familienhotel in farbenfrohen Appartementhäuschen, sehr gute Ausstattung, große Poollandschaft, Gratisnutzung der Sportanlagen der anderen Hotels. Pro Person (mindestens 2er-Belegung) 90 €

Campingplätze in Bol (*–* *)
In Bol gibt es viele kleine Campingplätze mit meist einfacher Ausstattung.
- Camp Kito, mit kleiner Taverne, Bračka cesta, ✆ (021) 635-551
- Camp Samostan, direkt hinter dem Kloster, unterhalb Kiesstrand
- Camp Tenis, gegenüber den Hotelkomplexen, schön terrassiert mit kleinem Restaurant, Potočine bb, ✆ (021) 635-943

Hotel Pastura (* * *)
Postira bb, 21410 Postira
✆ (021) 632-100
www.hotelpastura.hr
Kleines 50-Zimmer-Hotel am Kiesstrand mit betonierten Liegeflächen, gute Zimmerausstattung und Pool. DZ/Fr. 70 €

Pension Panorama (* * *)
21410 Splitska
✆ (021) 632-239
Schöne Zimmer in absolut ruhiger Lage, Familienbetrieb mit gutem Restaurant. DZ/Fr. 35 €

Pension Herkules (* * *)
21410 Škrip
✆ (021) 646-330
Schönes Natursteinhaus mit gut ausgestatteten Zimmern und gutem Restaurant mit Hausmannskost. DZ/Fr. ca. 35 €

Hvar (Insel)

Hotel Palace (* * *)
21450 Hvar
✆ (021) 741-966, www.suncanihvar.hr
Stilvolles Gebäude direkt am Hafen von Hvar in der Altstadt. Schöne Restaurantterrasse, gut ausgestattete Zimmer. DZ/Fr. 120–140 €

Hotel Slavija (* *)
21450 Hvar
✆ (021) 741-820, www.suncanihvar.hr
Stilvoller Altbau an der Uferpromenade, gut geführtes 120-Betten-Hotel mit Restaurant. Schöne Terrasse zum Frühstücken. DZ/Fr. 95–115 €

Aparthotel Pharia (* * *)
Majerovica bb, 21450 Hvar
✆ (021) 778-080, www.orvas-hotels.com
Kleines Hotel mit 70 Betten und Appartements an der Bucht Majerovica, ca. 20 Min. westlich der Altstadt. Kies- und Felsbadestrand. DZ/Fr. 80 €, 4-Bett-App. 100–120 €

Hotel Pod Stine (* * *)
Pod stine bb, 21450 Hvar
✆ (021) 740-400, www.podstine.com
Kleines Hotel an gleichnamiger Bucht westlich der Altstadt. DZ/Fr. ca. 120 €

Hotel Lavanda (* * *–* * * *)
Priko bb, 21460 Stari Grad
✆ (021) 765-868
Das 170-Betten-Hotel liegt an der Spitze der langen Bucht im Kiefernwald. Sport- und Freizeitprogramm, Tennisplätze, Pool. Komfortable Zimmer. 90 €

Bungalows Trim (* * *)
Priko bb, 21460 Stari Grad
✆ (021) 765-555
Schöne Appartementanlage in Naturbausteinweise und von mediterranen Pflanzen umgeben, oberhalb des Meeres. Tennisplätze. Für 2 Pers. 75 €

Apartments Oleandri (* * * *)
21463 Vrboska
Mob. ✆ (091) 591-7138, www.apartmanioleandri.com
Kleine, ruhige und gut ausgestattete Appartementanlage in Alleinlage oberhalb von Vrboska, 2003 eröffnet; Wohn- und Schlafräume durch Innenhof (mit Grill!) voneinander getrennt. Für 2–6 Pers. 80–110 €

FKK-Campingplatz Nudist (* *)
21463 Vrboska
✆ (021) 774-034
Nördlich von Vrboska liegt der 2,5-ha-Platz unter Föhren an einer eigenen Bucht. Schöner Blick auf vorgelagerte Inselchen und die Insel Brač. Felsplattenstrand und Kies. Sportmöglichkeiten wie Kajaks, Surfbretter.

Campingplatz Grebišće (*)
21465 Jelsa
✆ (021) 761-191
Im dichten Kiefernwald auf 3 ha mit Beachvolleyball und Tennisplatz. Kleiner Sandstrand, ansonsten

Felsen und betonierte Liegeflächen. Einfache Ausstattung.

Campingplatz Lili (**)
21465 Jelsa-Jagodna (Südküste)
✆ (021) 745-775, -742
Der am schönsten gelegene Campingplatz an der Südküste direkt am Meer. Terrassenförmiger Platz, steil abfallend zum Meer. Es werden Wein, Obst und Gemüse verkauft.

Autocamp Mlaska (*)
21469 Sućuraj
Mob.-✆ (098) 211-997
2,8-ha-Platz in schöner Alleinlage unter Föhren und Steineichen. Herrlicher Blick zum Festland mit dem Biokovo-Gebirge. Sportmöglichkeiten wie Tauchen, Segeln, Windsurfen, zudem Bootsverleih. Kleiner Laden und Restaurant. Sanitäranlagen mäßig.

Makarska

Apartel Park Osejava (****)
21300 Makarska
✆ (021) 626-530, www.makarskapark-osejava.de
Am südlichen Ende der Stadt, am Beginn der Landzunge am Meer. Komfortable Appartements unterschiedlicher Größe und Einrichtung. Bootsanlegeplatz. Für 2 Pers. ab 70 €

Hotel Biokovo (***)
Obala Kralja Tomislava bb, 21300 Makarska
✆ (021) 615-244, www.hotelbiokovo.hr
Im Zentrum direkt an der lebendigen Uferpromenade mit schöner Terrasse unter Palmen. Rund 60 gut ausgestattete Zimmer. DZ/Fr. 85 €

Hotel Rosina (***)
Vukovarska 38, 21300 Makarska
✆ (021) 695-450, www.hotel-rosina.com
Komfortables, hübsches kleines Hotel mit 25 Zimmern und Restaurant. DZ/Fr. 105 €

Makarska-Riviera

Hotel Soline (***)
21322 Donja Brela
✆ (021) 603-207, www.brelahotels.com
Mitten im Kiefernwald am Hang oberhalb des schönen Kiesstrandes Punta Rat erbaut, 206 komfortable Zimmer. 25-m-Hallenbad, Fitnesscenter, Tennisplätze und Tauchclub. DZ/Fr. 90–120 €

Appartehotel Milenij (****)
21320 Baška Voda
Šet. K. P. Krešimira IV 5
✆ (021) 620-644, www.hotel-milenij.com
An der Strandpromenade mit 22 komfortablen Appartements unterschiedlicher Größe; Restaurant, Konditorei, Pool, Fitnesscenter. 140–180 €

Campingplatz Baško Polje (**)
21320 Baško Polje (1,5 km südlich von Baška Voda)
✆ (021) 612-329
10-ha-Gelände im Kiefernwald, ca. 300 m vom Meer entfernt. Sport- und Wassersportprogramm, Tretboot- und Kajakverleih, Restaurant und Supermarkt.

Hotel Conte (****)
21320 Promajna (4 km südlich von Baška Voda)
✆ (021) 695-444, -440, www.promajna-hoteli.hr
Komfortables Hotel, 2003 eröffnet, oberhalb des Strandes. Stilvolles Restaurant mit schöner Terrasse und Grillrestaurant im nahen Olivenhain. Pool und kleines Wellnesscenter. Zimmer und Appartements ab 100 € für 2 Pers.

Hotel Laurentum (****)
Kraj 43, 21325 Tučepi
✆ (021) 605-900, -950,
www.hotellaurentum.com
Oberhalb der Uferpromenade und des Jachthafens steht das 2001 aufwendig modernisierte Hotel (80 Betten). Restaurant mit schöner Terrasse, Pool, Fitnesscenter und Tauchclub. DZ/Fr. 115–140 €

Appartementanlage Afrodita (***)
Dračevice bb, 21325 Tučepi
✆ (021) 601-500, www.hotelitucepi.com
Hübsche versetzte Bauweise, mediterrane Flora, ca. 80 Appartements mit 2–5 Betten. Für 2 Pers. 95 €

Campingplatz Sutikla (**)
21327 Podgora
✆ (021) 625-377, www.hoteli-podgora.com
1,6-ha-Platz unter Aleppokiefern direkt am Meer mit großem Sport- und Wassersportprogramm; Restaurant, Supermarkt; Windsurfen, Tauchschule, Hafenmole. Kiesel- und Felsstrand.

Villa Margitta (****)
21328 Drašnice 124 a
✆ (021) 626-530, www.villamargitta.de
Komfortables Appartementhaus am Hang mit Blick aufs Meer, eingehüllt in üppige Pflanzenpracht. Pool, Tennis-, Grill- und Bootsliegeplatz. Familiäre Atmosphäre. Bis 4 Pers., ab 60 €

Hotel Punta (**)
21329 Igrane
✆ (021) 604-222
Schön versetzte terrassierte Bauweise, am westlichen Ortsrand; 132 Zimmer und 34 Appartements (2–6 Pers.). Restaurant, Pool, Tauchcenter. DZ/Fr. 75 €, 2-Pers.-App. 50 €

Unterkünfte

Campingplatz Dole (**)
21331 Živogošće
✆ (021) 628-749
Zwischen Küstenstraße und Meer liegt der 10-ha-Platz im Kiefernwald und unter Laubbäumen. Schöner Kies- und Felsplattenstrand. Restaurant, Supermarkt, Tennisplatz, Wassersportaktivitäten wie Surfen und Segeln.

Campingplatz Dalmacija (**)
Hrvatskih domoljuba bb, 21334 Zaostrog
✆ (021) 629-300
www.zaostrog.net
Hübscher 1,4-ha-Platz unter Olivenbäumen mit Restaurant, gegenüber dem Strand. Sport- und Wassersportaktivitäten am Strand geboten.

Villa Lidus (***)
Slakovac 14, 21330 Brist
✆ (021) 699-379
www.vilalidus.com
Familiäres Haus mit komfortablen Zimmern (insg. 30 Betten) oberhalb des Ortes mit schönem Blick aufs Meer. DZ/Fr. 45 €

Hotel Marco Polo (***)
Obala 15, 21330 Gradac
✆ (021) 695-060
www.hotel-marcopolo.com
Hübsches kleines 38-Betten-Hotel an der Uferpromenade gegenüber vom Strand; Wintergarten und Terrasse. Gut ausgestattete Zimmer. DZ/Fr. 105 €

Omiš

Hotel Ruskamen (**)
Ruskamen, 21317 Lokva Rogoznica
✆ (021) 871-402, www.hotel-omis.com
In Alleinlage am Meer im Pinienwald, 7 km südlich von Omiš. Zimmer und Appartements mit einfacher Ausstattung. Verleih von Wassersportgeräten, Tauchclub. DZ/Fr. 50 €, 4-Pers.-App. 45 €

Campingplatz Danijel (***)
Ruskamen bb, 21317 Lokva Rogoznica
✆ (021) 871-400
Kleines 0,8-ha-Gelände unter schattigen Bäumen mit eigenem kleinem Strand. Restaurant und Sportmöglichkeiten ganz in der Nähe.

Pension Radmonove mlinice
✆ (021) 862-073
6 km östlich von Omiš
Das beliebte Gartenrestaurant vermietet einfach ausgestattete Zimmer. Schöne Lage an der Cetina.

Split

Hotel Bellevue (**)
J. B. Jelačića 2, 21000 Split
✆ (021) 345-644, www.hotel-bellevue-split.hr
Prachtvoller Altbau mit ca. 100 Betten zentral in der Altstadt, geräumige schöne Zimmer. DZ/Fr. 80 €

Hotel Slavija (**)
Buvinijna 2, 21000 Split
✆ (021) 347-053
Mitten in der Innenstadt, beliebt bei jüngeren Leuten, um die Ecke findet das Nachtleben in Bars statt. Zweckmäßige Zimmer. 50 €

Hotel Jadran (***)
Sustjepanski put 23, 21000 Split
✆ (021) 398-622, www.hoteljadran.hr
30 moderne Zimmer in absolut ruhiger Lage hinter dem Jachthafen. Hier mieten sich oft kroatische Sportmannschaften zum Training ein, daher gibt es ein riesiges Schwimmbecken, Fitnessgeräte, Sauna, Massage und einen eigenen Strand. Topwahl für Split. DZ/Fr. 105 €

Hotel Dujam (**)
Velebitska 27, 21000 Split
✆ (021) 538-025, www.hoteldujam.com
Modernes 33-Zimmer-Hotel in Altstadtrandlage (ca. 15 Min. zu Fuß ins Zentrum). Gut ausgestattete Zimmer. DZ/Fr. ca. 70 €

Hotel President (****)
Starčevićeva 1, 21000 Split
✆ (021) 305-222, www.hotelpresident.hr
Komfortables 44-Zimmer-Hotel nahe Theater in der Altstadt. Geschmackvolle, sehr gut ausgestattete Zimmer und Suiten. DZ/Fr. 130–150 €

Hotel Split (***)
Put Trstenika 19, 21000 Split
✆ (021) 303-111, www.hotelsplit.hr
Modernes, gut ausgestattetes 206-Zimmer-Hotel im Osten der Altstadt oberhalb der Bucht Trstenik. Großer Pool, Nachtclub. Unten am Strand Sonnenschirme, Liegestühle und Bar. DZ/Fr. 125 €

Trogir

Hotel Fontana (***)
Obrov 1, 21200 Trogir
✆ (021) 885-744, www.tel.hr/fontana-commerce
Komfortables, stilvolles Altstadthotel in ruhiger Seitengasse mit sehr gutem Restaurant. Es gibt auch Zimmer mit Whirlpool. DZ/Fr. ab 75 €

Hotel Concordia (**)
Obala bana Berislavića 22, 21200 Trogir
✆ (021) 885-400, www.tel.hr/concordia-hotel
Gut geführtes kleines 22-Betten-Altstadthotel kurz

vor dem Kastell. Gut ausgestattete Zimmer. Hübsche Frühstücksterrasse mit Blick aufs Meer. DZ/Fr. 70 €

Hotel Villa Tina (***)
21224 Arbanija
✆ (021) 888-001, www.vila-tina.hr
Gut geführtes kleines Hotel oberhalb der Uferstraße im Nordosten der Insel Čiovo, ca. 7 km von Trogir. Schöne Terrasse mit Meerblick, gegenüber Strand. DZ/Fr. 65–80 €

Appartementanlage Medena (***)
Hrvatskih žrtava 187, 21218 Seget Donji (2 km westlich von Trogir)
✆ (021) 880-017, www.apartmani-medena.hr
780-Betten-Anlage (Appartements und Studios, 2–5 Pers.), terrassiert hinab zum Meer erbaut, mit Restaurant. Gut ausgestattet. Vielfältiges Sport- und Freizeitprogramm, Kies- und Felsbadestrand. Für 2 Pers. ab 35 €

Appartementanlage Vranjica Belvedere (***)
Seget Vranjica bb, 21218 Seget Donji
✆ (021) 894-141, www.vranjica-belvedere.hr
318-Betten-Anlage (2–5 Pers.), terrassiert am Hang erbaut, mit Kies- und Felsbadestrand, kleiner Hafen, Restaurant. Für 2 Pers. ab 35 €

Campingplatz Vranjica Belvedere (***)
Seget Vranjica bb, 21218 Seget Donji
✆ (021) 894-141, www.vranjica-belvedere.hr
Großer 7-ha-Platz unter Olivenbäumen und sonstigen mediterranen Gewächsen. Kies- und Felsbadestrand, Hafenmole, Sportprogramm.

Vis (Insel)

Hotel Issa (**)
Šet. A. Zanella 5, 21240 Vis
✆ (021) 711-224, Fax 711-740, vis@st.hinet.hr
Nördlich des Hafens mit modernisierten Zimmern. Tennisplatz, gegenüber Kiesstrand mit Tretboot- und Windsurfverleih. DZ/Fr. 70 €

Hotel Tamaris (**)
Obala Sv. Juraj 30, 21240 Vis
✆ (021) 711-350, Fax 711-349
Kleines Hotel, gediegener Altbau südlich des Hafens. DZ/Fr. 65 €

Hotel Paula
Petra Hektorivića 2, 21240 Vis
✆ /Fax (021) 711-362
Ganz im Osten der Stadt; Zimmer- und Appartementvermietung, gutes Restaurant im lauschigen Innenhof gegenüber. DZ/Fr. ca. 70 €

Hotel Biševo (**)
Ribarska 96, 21485 Komiža
✆ (021) 713-095, modra.spilja@st.htnet.hr

Das einzige Hotel am Ort, 280 Betten in mehreren Gebäudekomplexen, direkt am Meer. Gut ausgestattete Zimmer. Sport- und Freizeitprogramm, Surfen, Tauchen, Feinkiesstrand. Es werden auch Appartements bis 6 Pers. vermietet. DZ/Fr. 80 €, 2-Pers.-App. 45 €

Region Süddalmatien

Cavtat

Hotel Croatia (**–*****)**
Frankopanska 10, 20210 Cavtat
✆ (020) 475-555, www.hoteli-croatia.hr
Großes 500-Zimmer-Hotel auf der bewaldeten Halbinsel Sustjepan. 2001 komplett modernisiert und komfortabel ausgestattet. Das Hotel bietet fast alles: Hallenbad, Poollandschaft, Fitness- und Beautybereich, Restaurants, Nachtclub; großes Freizeit- und Sportprogramm, zudem Animation für Groß und Klein; eigener Strand mit Kies und Fels, Tauchclub, Surfbrettverleih, Boote.
DZ/Fr. 165–200 €

Hotel Supetar (**)
Obala S. Radića bb, 20210 Cavtat
✆ (020) 479-833, www.hoteli-coratia.hr/supetar
Kleines Altstadthotel mit 58 Betten, schön an der Uferpromenade gelegen; mit Restaurant und kleinem Strand. DZ/Fr. 75 €

Hotel Iberostar Epidaurus – all-incl. (***)
Od žala 1, 20210 Cavtat
✆ (020) 471-444, www.iberostar.com
Schönes, geschmackvolles 322-Zimmer-Hotel, in freundlichen Farben östlich der Altstadt an der Bucht. Der dreistöckige Bau bietet angenehme Zimmer (ohne TV!), es gibt einen Kiesstrand, Tennisplätze, Tauchclub, Surfbrett-, Kajak- und Tretbootverleih. Pro Pers. im DZ 75 €; DZ/Fr. ebenfalls möglich für 120 €

Cavtat/Umgebung

Hotel Astarea (***)
M. Marojice 40, 20207 Mlini (knapp 10 km nördlich von Cavtat)
✆ (020) 484-066, www.hoteli-mlini.com
Große Hotelanlage (744 Betten) an eigener Bucht mit großem Sport- und Freizeitprogramm und Animation für jedes Alter. Restaurants, Nachtclubs, Fitness- und Beautycenter. Schöner Kiesstrand und Föhrenwald, Tauchclub, Verleih von Surfbrett, Kajak usw. DZ/Fr. 80–115 €

Villa Plat (**)
20207 Mlini-Plat
✆ (020) 488-744
Appartementanlage an eigener Bucht in Plat mit Pool und Tauchschule. Studios ab 65 €

Campingplatz Kate (***)
Tupina 1, 20207 Mlini (knapp 10 km nördlich von Cavtat)
✆ (020) 487-006, www.dubrovnikportal.com/stomsic
Kleiner Platz auf nettem Wiesengelände.

Villa Ana (***)
Molunat 65, 20218 Molunat (ca. 50 km südlich von Cavtat)
✆ (020) 794-370
Komfortable Zimmer und Appartements, direkt am Fischerhafen. DZ/Fr. ca. 30 €

Campingplatz Adriatic
20218 Molunat (ca. 50 km südlich von Cavtat)
✆ (020) 794-450
Kleiner Platz unter Kiwiranken gegenüber dem Fischerhafen, ganz beschaulich.

Campingplatz Monika
20218 Molunat (ca. 50 km südlich von Cavtat)
✆ (020) 794-417
Schönes terrassiertes Gelände unter Olivenbäumen hinab zum Meer mit Kiesstrand. Kiosk.

Dubrovnik

Hotel Grand Villa Argentina (*****)
Frana Supila 14, 20000 Dubrovnik
✆ (020)440-555, www.hoteli-argentina.hr
Nobles und stilvolles Haus, von mediterraner Pflanzenpracht umgeben, in dem schon viele bekannte Persönlichkeiten nächtigten. Von den komfortablen Zimmern oder von der schönen Terrasse Blick auf die Altstadtkulisse. Hallenbad, Pool auf den Klippen, Gourmetrestaurant, Tennisplatz, Beauty- und Fitnesscenter und eigener Strand. 10 Min. Fußweg zur Altstadt. DZ/Fr. 200–260 €

Hotel The Pucić Palace (*****)
Od Puća 1, 20000 Dubrovnik
✆ (020) 326-200
www.thepucicpalace.com
Stilvolles Altstadthotel im gleichnamigen alten Palast, 2002 eröffnet. 19 Zimmer, nach namhaften Persönlichkeiten der Stadt benannt, mit Stilmöbeln, Gemälden und Hightech-Geräten und -Anschlüssen ausgestattet. Gourmetrestaurant, Vinothek, Café; zudem steht eine Jacht zur Verfügung, damit kann man auf den (mangelnden) Strand verzichten. Pro Person/Fr. 295 €

Hotel Dubrovni President (****)
Iva Duičića 39, 20000 Dubrovnik
✆ (020) 441-100, www.babinkuk.com
Auf der Halbinsel Lapad im äußersten Westen liegt das 339-Betten-Hotel mit schönem Strand und Blick auf die Elaphiten. Komfortables Hotel, Hallenbad, Pool, Restaurant, Tennisplatz. Stadtbusverbindung. DZ/Fr. 180–240 €

Hotel Lapad (***)
Lapadska obala 37, 20000 Dubrovnik
✆ (020) 432-922, www.hotel-lapad.hr
Im viktorianischen Stil erbaut, 371 Betten, mit schönem Pool vor dem Haus, 2002 renoviert. Gut ausgestattete Zimmer. Gegenüber dem Hafen Gruž. DZ/Fr. 100–125 €

Hotel Petka (***)
Obala S. Radića 38, 20000 Dubrovnik
✆ (020) 410-500, www.croatia-vacation.com
Das 204-Betten-Hotel ist äußerlich keine Schönheit, liegt aber zentral am Hafen Gruž, daher für Fährreisende eine gute Adresse. Gut ausgestattete Zimmer, Restaurant. DZ/Fr. 90–100 €

Hotel Bellevue (**)
Pera Čingrije 7, 20000 Dubrovnik
✆ (020)413-306, www.hotel-bellevue.hr
Gutes Innenstadthotel nahe der Altstadt (10 Min. zu Fuß) oberhalb der Klippen. Unterhalb des Hotels ein Feinkiesstrand. Gute Zimmerausstattung und guter Service. DZ/Fr. 110 €

Hotel Zagreb (**)
Šet. k. Zvonimira 27, 20000 Dubrovnik
✆ (020) 436-146, hot-sumratin@du.htnet.hr
Viktorianische Villa in bestechendem Rot. 44-Betten-Hotel mitten auf der Halbinsel Lapad mit schöner Terrasse zum Frühstücken. DZ/Fr. 90 €

Villa Micika (*–***)
Mate Vodopića 10 (Lapad), 20000 Dubrovnik
✆ (020) 437-332, www.vilamicika.hr
Schönes Haus in Alleinlage in Lapad mit 7 schönen Doppelzimmern (***) und Mehrbettzimmern. Zum öffentlichen Strand in Lapad sind es ca. 200 m, Tennisplätze sind ebenfalls in der Nähe. DZ 40 € (mit Fr. 50 €).

Campingplatz Solitudo (***)
Vatroslava Lisinskog 17 (Babin Kuk)
20000 Dubrovnik
✆ (020) 448-686, www.babinkuk.com
Einziger Campingplatz Dubrovniks (2002 wieder eröffnet), schöne Lage oberhalb vom Meer im Westen Babin Kuks. 166 Stellplätze unter Laubbäumen, moderne Sanitäranlagen, Café-Bar, schöner Kiesstrand 200 m entfernt. In unmittelbarer Nähe Restaurants und Läden.

Dubrovnik/Umgebung

Hotel Villa Vilina (****)
Obala i. Kuljevana 5, 20222 Lopud
✆ (020) 759-333, www.villa-vilina.hr
Alter, schön renovierter und modernisierter Palast (40 Betten), direkt am Hafen von Lopud auf der gleichnamigen Insel. Komfortable Zimmer, Pool und gutes Restaurant mit herrlicher Terrasse. DZ/Fr. 175 €

Pension Lilly (***)
Od Šunja 5, 20222 Lopud
✆ (020) 759-059
Schöner Natursteinbau oberhalb von Lopud; es werden Studios und Appartements vermietet. Gutes Restaurant angeschlossen. Ab 35 €

Ville Koločep (***)
Donje Čelo, 20221 Koločep
✆ (020) 757-025, hoteli-kolocep@du.htnet.hr
Auf der Insel Koločep, verschiedene Hotelblocks (339 Betten) im mediterranen Wald mit einfach ausgestatteten, aber ordentlichen Zimmern; direkte Strandlage mit Kajak-, Surfbrett- und Tretbootvermietung und Sandstrand! Zudem Pool und Tennisplatz. Halbpension 60 €/Pers.

Campingplatz Rudine (***)
20234 Orašac (8 km nördlich von Dubrovnik)
✆ (020) 891-228
5-ha-Gelände unter mediterranen Bäumen. Steinstufen führen hinab zum Kiesstrand. Restaurant und kleiner Laden.

Campingplatz Trsteno (***)
Potok 4, 20233 Trsteno (10 km nördlich von Dubrovnik)
✆ (020) 751-060
Schöner 8-ha-Platz unter Oliven, Feigen, Walnussbäumen usw. oberhalb vom Arboretum. Der Kiesstrand ist in 500 m über Fußweg zu erreichen. Kleine Café-Bar, im Ort Restaurant.

Korčula (Insel)

Hotel Korčula (***)
20260 Korčula
Obala dr. Franje Tudjmana
✆ (020) 711-078
www.korcula.net
Schönes 48-Betten-Altstadthotel an der westlichen Uferpromenade mit palmenbestandener Terrasse; gutes Restaurant und gut ausgestattete Zimmer. DZ/Fr. 140 €

Hotel Liburna (***)
20260 Korčula
✆ (020) 726-006, -066, www.korcula.net
Gegenüber der Altstadt in Laufweite liegt das gut ausgestattete 250-Betten-Hotel direkt am Kies- und Felsbadestrand. Restaurants, Pool, Tennisplätze und Wassersportgeräteverleih (Kajak, Surfbrett usw.). Es werden Zimmer und komfortabel ausgestattete Appartements (bis 4 Pers.) vermietet. DZ/Fr. 140 €, 2-Pers.-App. 200 €

Appartements Bon Repos (**)
20260 Korčula
✆ (020) 711-102, www.korcula.net
Etwas weiter hinter Hotel Liburna gegenüber der Altstadthalbinsel liegen die Appartementhäuschen (bis 6 Pers.). Bootsslip und Mole, Pool, Tennisanlage, Kiesstrand. 2-Pers.-App. 140 €

Campingplatz Kalac (***)
20260 Korčula
✆ (020) 711-182, www.korcula.net
Schöner parzellierter 1,5-ha-Platz unter schattigen Bäumen oberhalb des Kiesstrandes. Tennisanlagen, Bootshafen. Restaurant und Supermarkt.

Hotel Borik (**)
20263 Lumbarda (ca. 7 km südöstlich von Korčula)
✆ (020) 712-433, lovor@du.htnet.hr
Kleine, preiswerte 186-Betten-Anlage, ruhig im Kiefernwäldchen, gegenüber dem Hafen von Lumbarda. Kleiner Kiesstrand gegenüber. DZ/Fr. 45–50 €

Appartements Lina (**)
20263 Lumbarda (ca. 7 km südöstlich von Korčula)
✆ (020) 712-150, www.lina.hr
Kleine, hübsche 280-Betten-Anlage mit Appartements (bis 4 Pers.); mit Restaurant, schöner Terrasse, gegenüber dem Kiesstrand. 2-Pers.-App. 50 €

Appartementanlage Priščapac (**)
20271 Prižba (45 km südwestlich von Korčula-Stadt)
✆ (020) 861-178, Fax (020) 861-150
168-Betten-Anlage für Wassersportfreunde ohne großen Amüsementanspruch. Restaurant, Pizzeria, Supermarkt, Kies- und Felsstrand, mit Damm verbundene bewaldete Insel, Tauchzentrum, Wassersportgeräteverleih. 2-Pers.-App. 55 €

Hotel Posejdon (**)
Vranac bb, 20270 Vela Luka (im Westen der Insel, 48 km von Korčula-Stadt)
✆ (020) 812-226, www.humhotels.hr
Modernisierte Anlage mit Zimmern und Appartements (bis 5 Pers.) an eigener Bucht, 2 km gegenüber der Altstadt. Restaurant, Disco, Surfbrett- und Bootsverleih, Tauchclub. DZ/Fr. 60–70 €, 3-Pers.-App. 55 €

Unterkünfte

Campingplatz Mindel (***)
Stani 192, 20270 Vela Luka
✆ (020) 813-600, velaluka@hotmail.com
Ca. 5 km oberhalb von Vela Luka liegt der schöne 1,5-ha-Platz unter Oliven- und Mandelbäumen. Nebenan kleines Restaurant und Laden und Tennisplatz. Schöne Kiesstrände ca. 500 m entfernt.

Lastovo (Insel)

Hotel Ladesta (***)
20290 Lastovo-Pasadur
✆ (020) 805-002, www.diving-paradise.net
Einziges Hotel auf der Insel. Modernisierte kleine Anlage im Kiefernwald und am Meer; Restaurant und schöne Terrasse, angeschlossen ein Tauchclub. Baden gegenüber auf der Insel Prežba, mit dem Festland durch einen Damm verbunden.

Pension Augusta Insula
20290 Lastovo-Zaklopatica
✆ (020) 801-122, vanja@htnet.hr
Im schönen großen Haus mit seinen zwei Terrassen, direkt am Meer mit Bootsliegeplatz. 7 gut eingerichtete Zimmer, hervorragendes Restaurant und ausgezeichnete Weine.

Appartementhaus Klara
Portorus 80, 20290 Lastovo-Skrivena Luka
✆ (020) 486-006
klara@email.htnet.hr
Schönes Appartementhaus direkt am Meer, für alle, die ihre Ruhe haben möchten. 3-Pers.-App. 60–70 €

Mljet (Insel)

Hotel Odisej (***)
20222 Pomena
✆ (020) 744-022, www.htelodisej.hr
Einziges Hotel auf der Insel! Schönes und komfortables Haus mit 312 Betten direkt am Meer. Restaurant, Pool, großes Freizeit- und Sportprogramm, Wassersportgeräteverleih, Fahrradverleih, Tauchclub. Für Kinder Animation und Extrapool. Es werden auch Appartements vermietet. DZ/Fr. 90 €

Kleine einfache Pensionen um Pomena:
– Pomena: Pension Matana, ✆ (020) 744-010; Pension Pomena, ✆ 744-075. DZ/Fr. 40–50 €
– Am See in Babino Kuće: Pension Mali Raj, ✆ (020) 744-115

Campingplatz Mungos
Babino Polje
✆ (020) 745-300, www.kroatien-ferien.com
Kleiner Platz am Ortsbeginn unter schattigen Bäumen. Es gibt ein kleines Restaurant, auch Appartements und Minimarkt.

Pension Villa Mungo
Sobra
✆ (020) 745-060, www.kroatien-ferien.com
Schönes, großes Natursteinhaus mit Blick aufs Meer. Zimmer- und Appartementvermietung.

Villa Mirosa (***)
Saplunara
✆ (020) 746-133
Schönes Gebäude mit Restaurant an der Sandbucht Saplunara, ganz im Osten der Insel. DZ/Fr. ca. 50 €

Pension Obitelj Sternasi (***)
Saplunara
✆ (020) 746-179
Ebenfalls gut geführtes Haus mit Restaurant etwas oberhalb der Bucht. DZ/Fr. ca. 50 €

Neretva-Delta

Hotel Bebić (**)
Kralja Petra Krešimira IV, 20340 Ploče
✆ (020) 676-400, hotel.bebic@ploce.hr
Kleines 86-Betten-Stadthotel am Hafen mit Restaurant. Für einen Zwischenstopp gut geeignet. DZ/Fr. 65–70 €

Campingplatz Rio (***)
Put Zlatinovca 23, 20355 Opuzen
✆ (020) 692-303, www.rio-autocamp.com
Schöner und gut ausgestatteter 2-ha-Platz unter Olivenbäumen direkt am Meer mit Sandstrand (!). Restaurant, Bar, Sport- und Animationsprogramm.

Villa Neretva (***)
Krvavac 2 pp 84, 20350 Metković
✆ (020) 672-200
www.restaurant-villa-neretva.hr
Auf halber Strecke zwischen Opuzen und Metković; moderner Bau, 16 Betten und Restaurant. Als Zwischenstopp zu empfehlen. DZ/Fr. 50 €

Feriensiedlung Klek (**)
Slivno
✆ (020) 691-514, www.jambo.hr
Einfache Hotel- und Appartementanlage in schöner Alleinlage, terrassiert am Hang, schöner Feinkies-Sandstrand. Restaurant, Wassersportgeräteverleih, Sportangebote. DZ/Fr. ca. 30–50 €, 3-Pers.-App. 50–70 €

Pelješac (Halbinsel)

Hotel Ostrea (***)
20230 Mali Ston

✆ (020) 754-555, www.ostrea.hr
Kleines, gut geführtes 10-Zimmer-Hotel in Natursteinbauweise am Hafen; stilvolle Zimmer, gutes Restaurant, insgesamt sehr gutes Ambiente. Gegenüber kleiner Strand. DZ/Fr. 145 €

Hotel Ston
20230 Veliki Ston
M. Držića 1
✆ (020) 754-701
Einfaches Stadthotel, für einen Zwischenstopp geeignet. DZ/Fr. 80 €

Campingplatz Prapratno (***)
20230 Ston – Prapratno
✆ (020) 754-000
Der 2-ha-Platz liegt unten an der gleichnamigen Bucht am Kiesstrand. Schattig unter Laubbäumen, und ebenes Gelände, mit Restaurant und kleinem Laden. Tennisplatz und Verleih von Wassersportgeräten.

Campingplatz Zakono (**)
20248 Brijesta
✆ (020) 756-830
Einfacher, aber schöner 1,5-ha-Platz unter Kiefern und Oliverbäumen direkt am Meer mit Sandstrand (!), Restaurant und Bar in der Nähe.

Hotel Faraon – all incl. (***)
Put vila 1, 20240 Trpanj
✆ (020) 743-408, hotel-faraon@du.hinet.hr
Gut geführtes 274-Betten-Hotel in westlicher Ortsrandlage mit Pool, direkt am Strand. Komfortable, freundliche Zimmer, einzig der Frühstücksraum könnte heller und gemütlicher sein. Schöner Feinkiesstrand, Verleih von Kajaks und Surfbrettern. DZ/Fr. 50 €, all incl. 55 €/Pers.

Campingplatz Vrila (****)
20240 Trpanj
✆ (020) 743-700
Sehr gepflegter, hübscher 0,8-ha-Platz unter Palmen, Feigen und Oliven, direkt am Kieselstrand. Restaurant und Bar ganz in der Nähe.

Campingplatz Adriatic (****)
Mokalo 6, 20250 Orebić – Mokalo
✆ (020) 713-420, www.adriatic-mikulic.hr
Schöner terrassierter 2-ha-Platz unter Kiefern und Olivenbäumen mit Blick aufs Meer und die vorgelagerten Inseln. Fußweg hinab zum Kieselstrand. Restaurant und Laden in unmittelbarer Nähe. Es werden auch Appartements vermietet.

Villa Meridiana (***)
Put Podvlaštice, 20250 Orebić
✆ (020) 714-303, www.villa-meridiana.com
Am östlichen Rand von Orebić am Hang gelegen. Ansprechendes Haus unter österreichischer Leitung, Pool, Sauna, komfortable Zimmer und Appartements. DZ/Fr. ca. 55 €

Appartements Orebeach Club
20250 Orebić
✆ (020) 714-985
www.orebeach-club.com
Am westlichen Ende von Orebić direkt am Meer, gutes Restaurant, Tauchclub. Gut ausgestattete Zimmer, DZ/Fr. ca. 60 €

Hotel Orsan (***)
J. Bana Jelačića 107, 20250 Orebić
✆ (020) 713-026
Einfaches 120-Zimmer-Hotel mit Pool direkt am Strand und am westlichen Ende von Orebić. Surfbrett- und Kajakvermietung, Restaurant, Bar. DZ/Fr. 40 €

Campingplatz Perna (**)
20250 Orebić – Perna
✆ (020) 719-244, Fax 719-364
Einziger Platz direkt am Meer! 4-ha-Platz unter Laubbäumen und mediterranen Gewächsen. Kies- und Felsstrand, Restaurant, Supermarkt, Bootsanlegestelle und Kran, FKK-Abschnitt, Sport- und Freizeitprogramm, Surfbrettverleih. Zudem werden Appartements und Zimmer vermietet, DZ/Fr. 40 €

Campingplatz Palme (****)
20267 Kučište
✆/Fax (020) 719-164
Schöner 1,4-ha-Platz unter Palmen und Olivenbäumen, durch Uferstraße vom Meer und Strand getrennt. Sehr beliebt bei jungen Surfern. Nettes Restaurant, Verleih von Surfbrettern und Booten, zudem Surf-, Segel- und Tauchschule.

Campingplatz Antony Boy (****)
20267 Viganj
✆ (020) 719-077
www.antony-boy.com
Schöner 5,5-ha-Platz unter schattigen Olivenbäumen in terrassiertem Gelände. Die Uferstraße trennt den Platz vom Strand. Minimarket, ein Restaurant in unmittelbarer Nähe. Surfbrettverleih und -schule, Tauchclub, Beachvolleyball, Bootsvermietung. Junges wassersportbegeistertes Publikum.

Villa Mediterane (***)
20267 Viganj 224
✆ (020) 719-196
www.villa-mediterane.com
Am westlichen Ortsausgang; schöner Garten, Pool. Eigene Bootsanlegestelle und Strand ca. 100 m entfernt, Tauchausrüstung und -füllung, Surfbretter, Boote. Es werden Zimmer und Appartements (bis 4 Pers.) vermietet. DZ/Fr. 70 €, 2-Pers.-App. 45 €

Service von A–Z

Anreise/Einreise

EU-Bürger benötigen für einen Aufenthalt von bis zu 3 Monaten einen gültigen Reisepass oder Personalausweis. Kinder unter 16 Jahren brauchen einen Kinderausweis oder einen Eintrag im Pass der Eltern.

Hunde und Katzen müssen gegen Tollwut geimpft sein, was im Impfzeugnis dokumentiert sein muss. Die Ausstellung darf nicht älter als ein halbes Jahr, muss aber mindestens 15 Tage vor Reiseantritt erfolgt sein.

Anreise mit dem Auto:
Für die Fahrt durch Österreich und Slowenien benötigt man die üblichen Papiere wie Führerschein und Fahrzeugschein des Pkws. Die Grüne Versicherungskarte ist für Slowenien/Kroatien nicht mehr Pflicht, erleichtert allerdings im Schadensfall das Verfahren. Die Autobahnen sind in Österreich gebührenpflichtig (Tunnelgebühren und Vignette). In Slowenien wie auch in Kroatien werden auf den Schnellstraßen und Autobahnen nur geringfügige Beträge erhoben, der Učka-Tunnel und die Krker-Brücke sind ebenfalls mautpflichtig.

Eine Anreise mit dem Autoreisezug (über Ljubljana-Koper) ist derzeit nicht möglich, kann sich aber ändern; Auskünfte erteilen Autozug GmbH oder DER-Reisebüros. Eine Bahnverladung ist nur auf einem Teilstück der Tauernautobahn, der Tauernschleuse, möglich. Die schnellste Anreise erfolgt über die Tauernautobahn; die Fahrzeit München–Rijeka beträgt ca. 6 Stunden. Die Autobahn von Zagreb durch das Hinterland in den Süden ist ab 2005 bis Split fast durchgängig befahrbar (www.autoweb.hr).

Anreise mit der Bahn:
Von Deutschland aus fährt momentan zweimal täglich der Euro-City von München in ca. 10 Stunden über Salzburg, Villach, Ljubljana nach Rijeka. Es gibt auch Züge über Venedig, Triest nach Ljubljana, Rijeka oder auch von Triest nach Koper und weiter nach Istrien. In der Hauptreisezeit fahren Sonderzüge bis Ljubljana. Jedes Jahr gibt es zahlreiche Spartarife. Ein Normalticket für eine Person Hin- und Rückfahrt kostet ca. 150 Euro, inkl. Liegewagen- und IC-Zuschlag.

Anreise mit dem Bus:
Eine preiswerte Anreisevariante bietet der Europabus der Deutschen Touring GmbH. Fast in jeder deutschen Großstadt gibt es Abfahrtsorte und Reservierungsstellen. Die Fahrtroute führt über München und die Tauernautobahn nach Rijeka, dann weiter die gesamte Küstenstraße bis Dubrovnik. Ab Rijeka ist Stopp in jeder kroatischen Großstadt. Istrien wird ebenso direkt über Opatija nach Pula angefahren. Eine Hin- und Rückfahrkarte München–Rijeka kostet ca. 60 €. Auskünfte erteilen die Deutsche Touring GmbH, ✆ (069) 790-350; service@deutsche-touring.com, www.deutsche-touring.com sowie die Reisebüros.

Anreise mit dem Flugzeug:
Direktflüge von Deutschland, Österreich und der Schweiz an die kroatische Küste werden nur in der Saison mit Charterflügen nach Pula, Rijeka (Insel Krk), Zadar, Split, Brač und Dubrovnik angeboten.

Alle Linienflüge führen über Zagreb, dann heißt es umsteigen und meist warten auf den Anschlussflug. Ein Flug lohnt eigentlich nur für die dalmatinische Ferienregion und für Anreisende aus Norddeutschland, wenn man die Eincheck-, Gepäckausgabewartezeiten, Zoll etc. zu den reinen Reisezeiten hinzurechnet.

Bei den Linienflügen gibt es viele Sparangebote, vertretene Linien sind Croatia Airlines und Lufthansa, im Charterflug auch noch Augsburgairways (✆ 0821/705-050). Ein Charterflug Augsburg–Insel Brač–Augsburg kostet momentan beispielsweise ca. 330 € plus 32 € Sicherheitsgebühr.

Anreise mit dem Schiff:
Das landschaftlich reizvolle Insel- und Küstenpanorama garantiert eine schöne und erholsame Anreise. Ab der großen Hafenstadt Rijeka oder auch Pula (Istrien) bietet sich eine Weiterfahrt mit der Autofähre gen Süden bis Dubrovnik an. Die Fähragentur Jadrolinija fährt in der Saison mit ihren Küstenlinien 3–5 mal wöchentlich alle großen Küstenfährhäfen sowie einige Inseln an. Die Fährroute ist Rijeka–Brbinj (Insel Dugi Otok)–Zadar–Split–Stari Grad (Insel Hvar)–Korčula–Sobra (Insel Mljet)–Dubrovnik und Weiterfahrt nach Bari (Italien). Die Fahrzeit beträgt je nach Stopps zwischen 16,5 und rund 23 Stunden von Rijeka nach Dubrovnik; der Preis beträgt für diese längste Strecke pro Auto ca. 83,50 € und für die 2-Bett-Außenkabine pro Person ca. 88,50 € mit Dusche/WC.

Man kann auch von Italien (Ancona oder Bari) nach Split, Dubrovnik oder Zadar anreisen. Von Pula gehen Autofähren über Mali Lošinj nach Zadar. Die Inseln sind zusätzlich durch Trajekte, die mehrmals oder sogar rund um die Uhr fahren, mit dem Festland und zum Teil auch untereinander verbunden. Auskünfte, Reservierungen und Buchungen über die Zentrale in Rijeka, Jadrolinija, ✆ 003 85/51/666-130, Fax 213-116, www.jadrolinija.hr. Generalagent für Deutschland ist DERTOUR.

Auskunft

Informationen im **Internet** findet man unter www.kroatien.hr

Fremdenverkehrsämter/Tourismusbüros:

In Deutschland:
Kroatische Zentrale für Tourismus
- 60311 Frankfurt, Kaiserstr. 23
✆ (069) 23 85 35-0
Fax (069) 23 85 35-20
Kroatien-info@gmx.de

Auf der Fähre nach Dubrovnik

In allen touristischen Zentren kann man Fahrzeuge mieten

– 80469 München, Rumfordstr. 7
✆ (089) 22 33 44, Fax (089) 22 33 77
kroatien-tourismus@t-online.de

Istrien-Info-Büro
80335 München, Bayernstr. 24
✆ (089) 54 37 04 80, Fax (089) 54 37 04 81
istrien-info@t-online.de

In Österreich:
1010 Wien, Am Hof 13
✆ (01) 585 38 84, Fax (01) 58 53 84 20
office@kroatien.at

In Kroatien:
Kroatische Zentrale für Tourismus
Iblerov trg 10/4, 10000 Zagreb
✆ 003 85/1/4699-333
Fax 003 85/1/4557-827
www.croatia.hr, info@htz.hr

Tourismusverband der Region Istrien
Pionirska 1
52440 Poreč
✆ 003 85/52/452-797, Fax 003 85/52/452-796
www.info@istra.hr, www.istra.com

Touristeninformationen:
In allen touristischen Zentren und Städten gibt es Informationsbüros, genannt Touristbüro oder TIC, gekennzeichnet meist durch ein großes I, die landesbezogene Auskünfte geben und Unterkünfte vermitteln, meist können auch Flüge, Transport usw. gebucht und Geld gewechselt werden. Sie verfügen in der Regel über gutes Info- und Kartenmaterial. Zudem gibt es noch den Fremdenverkehrsverband (Turistička Zajednica), der Informationsmaterial vergibt, und natürlich die zahlreichen Agenturen, die Unterkunftsvermittlung und Geldwechsel anbieten.

Im Internet:
Unter **www.croatia.hr** gibt es viele Informationen. Diese werden auch von allen großen Hotels angeboten, außerdem stellen sich die Regionen und Orte mit Programmen und Veranstaltungen unter ihrem jeweiligen Namen auf Webseiten vor.

Diplomatische Vertretungen:

Deutsche Botschaft
Ulica grada Vukovara 64, 10000 Zagreb
✆ (01) 6158-105, Fax (01) 6155-536

Österreichische Botschaft
Jabukovac 39, 10000 Zagreb
✆ (01) 4834-457, -459, -460, Fax (01) 4834-461

Schweizer Botschaft
Bogovićeva 3, 10000 Zagreb
✆ (01) 4810-891, -895, Fax (01) 4810-890

Wichtige Rufnummern:

Polizeinotruf	✆ 92
Unfallrettung	✆ 94
Feuerwehr	✆ 93
Deutschsprachiger ADAC-Notruf	✆ (01) 363-6666 und ✆ (01) 363-6000
Pannenhilfe	✆ 987, aus dem Ausland oder über Mobiltelefon 3851-987
Kroatischer Autoclub HAK	✆ (01) 4640-800, www.hak.hr
Straßenzustandsbericht	✆ (01) 464-0800
Verkehrsservice	✆ (060) 520-520

Automiete/Autofahren

In allen touristischen Zentren und an den Flughäfen Kroatiens kann man Fahrzeuge von internationalen oder nationalen Anbietern mieten. Meist werden von Kleinwagen bis Minibussen, ob mit oder ohne A/C, alle Kategorien angeboten. Die

Wagenmiete, sie beinhaltet alle Leistungen (unbegrenzte Kilometerzahl, Vollkasko-Versicherung), ist in Kroatien allerdings verhältnismäßig teuer, deshalb sollte man Preisvergleiche anstellen oder Sondertarife nutzen. Auch hier gilt, je länger die Wagenmiete, desto billiger wird es pro Tag. Für einen Tag zahlt man z. B. für einen Kleinwagen Fiat Uno oder Opel Corsa ca. 45–50 Euro, ein Renault Laguna mit A/C kostet allerdings ca. 110 Euro.

Der Straßenverkehr unterscheidet sich kaum von unserem, ebensowenig die aufgestellten Radarfallen. Also: Verkehrsregeln beachten! Aufpassen sollte man vor allem nach Regenbeginn, da sich die Straße durch die Verbindung von Wasser, Staub und dem Öl auf der Bitumenschicht als sehr rutschige Unterlage entpuppt. Besondere Vorsicht gilt daher auf der kurvenreichen Küstenstraße, der Adria- oder Küstenmagistrale. Nicht zu unterschätzen ist auch die Bora, der aus Nordosten vom Gebirge kommende Fallwind, der hauptsächlich im nordöstlichen Kvarner-Gebiet und vor Makarska auftritt.

Kraftstoffversorgung: Bleifreies Benzin ist in Kroatien flächendeckend erhältlich, die Tankstellen haben an den Hauptstraßen mindestens bis 20 Uhr (Saison 22 Uhr) geöffnet und an der Hauptroute teils 24 Stunden; es kann mit Kreditkarte bezahlt werden. Kraftstoff in Kanistern (maximal eine Tankfüllung) muss verzollt werden.

Höchstgeschwindigkeiten: Für Pkws gelten innerhalb von Ortschaften 50 km/h, außerhalb 80 km/h, auf Schnellstraßen 100 km/h, auf Autobahnen 130 km/h. Es wird empfohlen, auch tagsüber mit Licht zu fahren.

Abweichende Verkehrsregeln: Während des gesamten Überholvorgangs muss der linke Blinker gesetzt sein. Die Promillegrenze liegt auch hier bei 0,5! Jeder Unfall muss der Polizei gemeldet werden, man sollte sich eine Unfallbestätigung *(potvrda)* ausstellen lassen. Auffällig verbeulte Fahrzeuge dürfen das Land nicht ohne Schadensbestätigung verlassen! Wer schon mit einem Blechschaden einreist, sollte sich diesen an der Grenze schriftlich bestätigen lassen – bei der Ausreise kann es sonst Ärger geben.

Beim Abschleppen muss am Zugfahrzeug vorne und am gezogenen Fahrzeug hinten ein Warndreieck angebracht sein. Ein Satz Glühlampen ist als Reserve mitzuführen, ebenso Pannendreieck und Abschleppseil. Motorradfahrer müssen auch tagsüber mit Abblendlicht fahren. Es gilt Gurtanlege- und Sturzhelmpflicht, Kinder unter 12 Jahren sind auf dem Rücksitz zu befördern.

Behindertengerechte Einrichtungen

In den meisten Hotels gibt es Rampen und spezielle Aufzüge, behindertengerechte Sanitäreinrichtungen allerdings kaum, außer in Kurorten.

Einkaufen/Mitbringsel

Weine und Spirituosen: Kroatien produziert eine Vielzahl sehr guter und anerkannter Alkoholika. In Istrien wächst der rote *Terran*, der goldgelbe *Malvazija*, *Muskat* und seit einiger Zeit gibt es auch die guten weißen *Chardonnay-Weine*; beliebte Mitbringsel sind Grappaflaschen mit eingelegten Kräutern oder auch bunt schillernd mit eingelegten Früchten, und der *Istra-Bitter*, eine Art Campari.

Auf der Insel Krk wächst der goldgelbe *Žlahtina*, aus Zadar kommen der *Maraschino*, ein klarer Likör aus der Maraska-Weichselkirsche, und der Kräuterschnaps *Travarica*.

Im Süden gedeihen die Spitzenweine der Halbinsel Pelješac, der schwere rote *Dingač* und der etwas leichtere *Poštup*. Die Weine der benachbarten Insel Korčula, die weißen *Grk*, *Pošip* und *Maraština* oder der rote *Plavac* sind ebensowenig zu verachten wie der von der Insel Hvar kommende *Faros*. Der Dessertwein *Prošek*, der Kräuterschnaps *Travarica* und der Pflaumenschnaps Slibowitz, *šljivovica*, werden im ganzen Land hergestellt.

Kulinarische Spezialitäten: Sehr beliebte Mitbringsel aus Istrien sind Oliven und das schon zu römischen und venezianischen Zeiten gelobte Olivenöl, der luftgetrocknete Schinken *Pršut*, leckerer Schafskäse und natürlich die im Herbst wach-

Gegen Vampire: ein Knoblauchzopf als Mitbringsel

Hummer gibt es im Riblji restoran (Fischrestaurant)

senden weißen *Trüffeln* (ganzjährig auch schwarze Sorten). Istrien zählt zu den vier wenigen Regionen, in denen die kostbaren weißen Prachtexemplare wachsen.

Von der Insel Pag kommt der durch die salzhaltige Luft gewürzte *Paški Sir,* und von der Insel Hvar gibt es als besondere Kulinaria in Lorbeeren und Gewürzen eingelegte *Sardellen (slane srdele)* und außerdem köstlichen Honigkuchen. Im südlichen Dalmatien lohnt es, sich mit sonnenverwöhnten Gewürzen wie Rosmarin, Thymian und Lavendel einzudecken. Vor allem auf Hvar wird reines *Rosmarin- oder Lavendelöl* in dekorativen Fläschchen angeboten. Ebenso gibt es natürlich den leckeren Rosmarin- oder Lavendelhonig von Hvar, Brač und Šolta. Gegen die Vampire zu Hause hilft ein schön geflochtener duftender Knoblauchzopf.

Handwerkliches und Kunstgegenstände: Auf allen Märkten werden verzierte Holzgegenstände und Messingartikel angeboten. Auch Filigranschmuck aus Gold und Silber findet sich in den unzähligen Boutiquen. Spitzendeckchen werden vor allem auf der Insel Pag gefertigt; die Pager Näherinnen entwarfen und klöppelten ihre berühmte Reticella-Spitze bereits für die Wiener Hofkreise. Noch ganz traditionell mit den Fäden aus Agavenblättern arbeiten die Benediktinerinnen von Hvar an ihren Spitzenstickereien.

Kroatien hat viele bedeutende Naivmaler und Bildhauer hevorgebracht, die vor allem in den USA große Resonanz hatten. Es gibt zahlreiche gute Werkstätten und Galerien. Wer sich lediglich porträtieren lassen möchte, hat keine Schwierigkeiten, in den touristischen Zentren einen begabten Künstler zu finden.

Märkte: In jedem auch noch so kleinen Ort gibt es täglich Obst- und Gemüsemärkte, in größeren Städten ist die Auswahl noch bunter und reichhaltiger. Zudem werden Haushaltswaren und Kleidungsgegenstände angeboten sowie eine Menge glitzernder Kleinkram. Die Fischmärkte finden nur in den frühen Morgenstunden statt.

Essen und Trinken

Die kroatische Küche ist geprägt durch die zahlreichen kulturellen Einflüsse der einstigen Herrscher: Im Norden wird österreichisch-ungarisch und italienisch gekocht und gewürzt, im Süden hat der Balkan seine Spuren hinterlassen. Grund genug, sich auf eine abwechslungsreiche Küche zu freuen. Zudem gibt es am Meer natürlich immer frischen Fisch und Meeresfrüchte, am Festland hingegen mehr Fleisch und Gemüsegerichte.

Es gibt das *Restoran* (Restaurant) mit einer meist großen Auswahl an Speisen und gehobenerem Standard; das *Riblji restoran* (Fischrestaurant) ist spezialisiert auf verschiedenste frische Fische, Schalen- und Krustentiere und Meeresfrüchte, die *Gostiona* bietet in einfacherem Ambiente eine Auswahl an Fleisch- und Fischgerichten. Die Lokale verfügen neben ihren Innenräumen meist alle über größere Terrassen, oft sogar überdacht, zum Draußensitzen an schönen Abenden.

Dann gibt es noch die *Konoba;* dies war ursprünglich ein einfacher Weinkeller oder ein sehr kleines Lokal, das offene gute Weine und Vorspeisen anbot. Heutzutage werden Konobas immer beliebter, sie bringen Hausmannskost in vielen Variationen auf den Tisch und bieten manchmal auf Terrassen nette Sitzmöglichkeiten.

Flüssiges Souvenir vom Limski-Fjord

Die *Pizzerias* werden auch in Kroatien gerne von Familien aufgesucht, angeboten werden allerdings tatsächlich nur Pizzen. *Kavana*, ein Café, auch hier ein beliebter Treffpunkt. Die *Slastičarna*, Eisdiele, wird von Jung und Alt gut besucht und bietet eine große Auswahl an sehr guten Eissorten, als Attraktion werden oft Eisgags geboten.

Einige Spezialitäten

Vorspeisen: Ein typischer Vorspeisenteller besteht meist aus Oliven, luftgetrocknetem Schinken *(pršut)*, Käse – Schaf oder Ziege, oft auch von der Insel Pag, dann heißt er *Paški sir* – und ab und an noch eingelegte Sardellen. An Suppen gibt es die istrische Gemüsesuppe *(maneštra)*, die Fischsuppe *(riblja juha)* oder auch die Lammfleischsuppe *(jagjeca corba)*. Aus dem Inland stammt der Strudel *(štrukle)*, ein in Salzwasser gekochter Ölteig, pikant mit Quark oder Käse gefüllt – die süße Variante des Strudels gibt es als Nachspeise.

Fehlen dürfen natürlich nicht Spaghetti mit Scampi, Muscheln, wildem grünem Spargel oder Trüffeln. Risotto *(rižoto)* wird ebenfalls gerne mit Meeresfrüchten serviert, eine kulinarische Besonderheit ist das schwarze Tintenfischrisotto. Eine Nudelspezialität in Istrien sind *Fuži*, die mit Wild, Gulasch oder wildem Spargel serviert werden. Mit Wild oder Gulasch kommen auch die Gnocchi, die Kartoffelknödelchen, auf den Teller.

Vorzüglich sind die saftigen Muscheln und Austern aus dem Limski-Fjord oder aus der Zucht bei Ston. An Muschelsorten gibt es nicht nur Miesmuscheln, sondern auch Jakobsmuscheln und Steinbeißer. Viele hier angebotene Vorspeisen gelten bei uns zu Hause schon als Hauptspeise.

Hauptgerichte – Fleisch: In Istrien sehr beliebt ist das Istrische Schnitzel, paniertes Kalbsfleisch, gefüllt mit Schafskäse und Schinken, aber auch Lamm oder Wildschwein am Rost gegrillt. Lammgerichte in allen Variationen liebt man besonders auf der Insel Brač. Sehr gerne werden immer noch die Spießchen *(ražnijići)*, die Fleischröllchen *(čevapčići)* und eine Art Hamburger *(pljeskavica)* mit Ajvar serviert, einer Art Tomatensoße, und mit Djuveč-Reis (Reis mit Tomaten) oder Pommes Frites gegessen. Wer *Mixed Grill* bestellt, bekommt alles zusammen auf einem Teller.

Eine Spezialität ist auch *mučkalica*, Schweinefleischgulasch, gekocht mit Paprika und Tomaten. Im Süden gibt es *djuveč*, Eintopf mit Lamm, Schwein oder Rind und Gemüse, in Istrien vor allem im Herbst auch viele Wildgerichte. Lecker ist *pašticada*, Rindfleisch geschmort in Wein und Kräutern, gespickt mit Speck und Pflaumen. Eine Spezialität in Süddalmatien sind Fleischgerichte am Holzofen – unter der *peka*, einer Tonglocke, gegart wird Wildschwein, Lamm oder Kalb.

Hauptgerichte – Fisch: Sehr beliebt, aber oft nicht auf der Speisekarte, ist *brodet*, Fischgulasch mit Polenta. Es gibt eine große Auswahl an Fischen wie Drachenkopf, Zahn- und Goldbrasse, die am Holzofen gegrillt oder auch in Salzlake zubereitet werden. Sehr gut sind auch die Tintenfische, vor allem die mit Schafskäse gefüllten *punjene lignje*. Eine Spezialität ist Hummer, *jastog*, in Weißwein und Kräutern gedünstet, oder auch die in einem großen Topf ebenfalls mit Knoblauch, Kräutern und Weißwein gedünsteten Langusten, *scampi na bužaru*.

Fest des Inselheiligen auf Korčula

Nachspeisen: Überall erhält man Palatschinken mit Schokoladensoße, Nuss oder Marmelade. Sehr beliebt ist Strudel *(štruklji)* mit Äpfeln oder Quark, vergleichbar mit unserem Apfel- oder Quarkstrudel. Spezialitäten sind *rožata*, eine Karamelcreme mit Sirup, und Krapfen, *fritule* oder *krušťule* genannt. Delikatessen in Istrien sind Desserts mit Trüffeln. Eiscreme *(sladoled)* gibt es natürlich ebenfalls.

Getränke: Wein *(vino)*, weiß oder rot *(bijelo/ crno)* oder gemischt, halb Wasser und Wein. An Bier *(pivo)* gibt es gute nationale Marken, wie z. B. das aus Karlovac. Kaffee trinkt man als Espresso oder Cappuccino, und auch die Säfte unterscheiden sich nicht von denen, die in Deutschland serviert werden.

Feiertage/Feste

1. Jan. (Neujahr), 6. Jan. (Heilige Drei Könige), März/April (Ostersonntag, Ostermontag), 1. Mai (Tag der Arbeit), Mai/Juni (Fronleichnam), 22. Juni (Tag des antifaschistischen Kampfes), 25. Juni (Staatsfeiertag), 5. Aug. (Tag des Sieges und der Dankbarkeit), 15. Aug. (Mariä Himmelfahrt), 8. Okt. (Tag der Unabhängigkeit), 1. Nov. (Allerheiligen), 25./26. Dez. (Weihnachtsfeiertage).

Im Sommer finden in allen touristischen Zentren und vor allem in Städten die Sommerfestivals statt, meist von Juli bis August. Geboten werden Musikveranstaltungen (Klassik und Pop), Folklore-, Ballett- und Theateraufführungen. Die Fremdenverkehrsbüros verfügen über Veranstaltungskalender.

Geld/Devisen

Währung: Kroatische Kuna (KN) oder international (HRK) – 1 Kuna = 0,13 Euro, 1 Euro = 7,3 KN. Es gibt Münzen und Banknoten, eine Kuna wird unterteilt in 100 Lipa (Lp).

Geldwechsel kann im Hotel, auf dem Campingplatz, im Postamt, Touristenbüro, in der Bank oder der Wechselstube vorgenommen werden. In den meisten Orten finden sich inzwischen Geldautomaten, an denen mit EC-Karte, Euro- oder Mastercard Bargeld abgehoben werden kann. Beim Geldwechsel muss die Höchstgrenze von 1 500 KN eingehalten werden, der Kurs variiert je nach Bank oder Wechselstube und es werden ebenfalls unterschiedliche Provisionen berechnet. Die Banken haben in der Regel von Mo bis Fr von 8 bis 19/20, Sa bis 13 Uhr geöffnet.

Kreditkarten: In den Hotels, an Tankstellen und in den meisten Restaurants und Boutiquen kann man mit den gängigen Kreditkarten bezahlen.

Gesundheit

Deutsche benötigen den Auslandskrankenschein ihrer Krankenkasse. In einigen Fällen muss (wie bei uns auch) Selbstbeteiligung geleistet werden. Daher empfiehlt sich auch für Kroatien eine Auslandskrankenversicherung. Die ärztliche Versorgung ist gut mit Krankenhäusern *(bolnica)*, in kleineren Orten zumindest mit einer Krankenstation (*ambulanta* oder *dom zdravlja*) abgedeckt. Dies gilt auch für Apotheken (*apoteka* oder *ljekarna*), die ebenfalls Rufbereitschaft haben. Zudem verfügen alle großen Hotels über eigene Hotelärzte und Ambulanzen.

Klima/Reisezeit/Kleidung

An der Küste Kroatiens herrscht mediterranes Klima, d. h. nicht zu heiße Sommer und gemäßigte Winter. Allerdings weht die Bora, ein Fallwind aus Nordosten, der im Herbst und Winter kalte Kontinentalluft verbunden mit starken Stürmen und eiskalten Winden verursachen kann. Dieser Wind bringt ab und an auch im Frühsommer starke Abkühlung auf windungeschützter nackter Haut.

Beste Reisezeit für Badefreunde ist von Juni bis Anfang September, für Sportler, Naturliebhaber und Kulturbeflissene auch schon der April/Mai, und vor allem für den Süden Dalmatiens der Herbst mit seinem immer noch aufgeheizten warmen Meerwasser. Der Sommer kann teils auch unerträglich heiß werden, wenn sich gar kein Lüftchen mehr rührt.

An Kleidung sollte man alles berücksichtigen: von Regenbekleidung bis hin zu Sommersachen – und auch den warmen Pullover für alle Fälle (außer im Hochsommer) nicht vergessen! Badeschuhe für Felsküsten sind von Vorteil und ermöglichen einen sicheren Einstieg ins tiefblaue Nass.

Mit Kindern reisen

In Kroatien sind Kinder gern gesehene Gäste und es gibt normalerweise keine Probleme, tollen doch auch die eigenen Sprößlinge bis nachts auf den Straßen herum. In Hotels, besonders in den Gängen, sollte man allerdings auf schlafende Gäste Rücksicht nehmen. Die Hotels sind auf die Kleinen und Jugendlichen eingerichtet und meist gibt es auch Animation. Pools und Spielplätze sind immer vorhanden. Das Gleiche gilt für Kinderstühle.

Viele Restaurants verfügen ebenfalls über Kinderstühle, wenn nicht, wird man sicherlich bei einer Konstruktion behilflich sein. Spezielle Kindermenüs gibt es in Hotels, in den meisten Restaurants allerdings nicht. Spaghetti- oder Reisgerichte stehen jedoch immer auf der Speisekarte, ebenso die Spießchen und Pommes Frites, so dass es keine »Verpflegungsprobleme« für die Jüngsten geben dürfte. Ansonsten kann man meist problemlos auch halbe Portionen bestellen.

In allen touristischen Zentren gibt es die so genannten Vergnügungsparks, auch Luna-Park genannt, und in den Sommermonaten spezielle Veranstaltungen für Kinder.

In der Reisetasche sollte neben Badeschuhen, Gummistiefeln, kompletter Schnorchelausrüstung (gerade Jugendliche lieben die Unterwasserwelt) auch Sonnencreme mit hohem Lichtschutzfaktor nicht fehlen.

Nachtleben

In jeder größeren Stadt gibt es wie bei uns auch Bars, Diskotheken, Nachtclubs und Spielcasinos. In kleineren Orten ist das Angebot geringer. In touristischen Zentren kann man sicher sein, für jeden Geschmack etwas zu finden, zudem gibt es in den Hotels jegliche Art von nächtlichem Vergnügen. Gerne wird dort bei Livemusik auch auf den Hotelterrassen getanzt, ebenso ist dies auf großen Campingplätzen der Fall. Die Livebands bieten zum Tanzen meist Standard (Foxtrott, Walzer), spielen aber auch die neuesten Hits der Saison. In den Hoteldiskotheken werden meist die Charts aufgelegt, in Städten hingegen herrschen eher Techno und Rave vor. Immer beliebter werden auch in Kroatien Lokale und Bars mit heißen südamerikanischen und karibischen Rhythmen.

Öffentliche Verkehrsmittel

Das Busnetz ist in Kroatien sehr gut ausgebaut, der Bus ist neben dem Auto wichtigstes Verkehrsmittel. Es gibt Lokal- und Expressbusse, die Dörfer oder Städte verbinden. Taxis gibt es in jedem Ort und jeder Stadt. Die Inseln sind mit Autofähren (Trajekten) oder Personenfähren verbunden, die zum Teil bis spät in die Nacht in Aktion sind. Es gibt aber auch Inseln, die nur wenige Male am Tag angelaufen werden. Die Hotels verfügen über ihren eigenen Transfer vom Flughafen und teilweise per Fähre zum Hotel. An den Rezeptionen werden auch Taxis vermittelt.

Postschild

Post

Die Postämter (HPT) sind meist Mo–Fr von 7 bis 20 Uhr und Sa bis 13 Uhr geöffnet. Dort kann man telefonieren, faxen, telegrafieren, Geld wechseln sowie Briefmarken und Telefonkarten erwerben.

Presse/Radio/TV

Deutschsprachige Zeitungen und Magazine finden sich an jedem größeren Kiosk und in den Hotel- oder Campingshops. Nachrichten werden im 1. Programm des kroatischen Rundfunks auf 92,1 MHz tägl. 8.03, 10.03, 14.03 und 20.03 Uhr, sonntags erst ab 9.03 Uhr in englischer Sprache gesendet. Im Zweiten Programm auf 98,5 MHz von Mitte Juni bis

Nachtleben in den Straßen von Dubrovnik

Mitte September Nachrichten aus Deutschland, England und Italien. Der Verkehrsbericht des HAK kann in deutscher, englischer und italienischer Sprache empfangen werden, ebenfalls zweimal tägl. die Nautikberichte.

Satelliten-Fernsehempfang mit einer Vielzahl an Programmen ist in allen großen Hotels gegeben.

Sicherheit/Kriminalität

Es ist in Kroatien nicht mehr und nicht weniger gefährlich als bei uns. Aufpassen sollte man natürlich auch hier und z. B. Wertgegenstände im Hotelsafe aufbewahren. Dass man in seinem Auto keine offene Handtasche mit sichtbar gefülltem Geldbeutel hinterlassen sollte, versteht sich von selbst.

In den bis 1995 umkämpften Gebieten (bes. Hinterland) besteht weiterhin eine erhebliche Gefährdung durch Landminen. Bitte informieren Sie sich im Vorfeld beim Auswärtigen Amt, welche Landstriche betroffen sind.

Sport

Das Sportangebot ist vielfältig. Alle großen Hotels und Campingplätze verfügen über Tennisplätze und verleihen Wassersportgeräte (Kajaks, kleine Segeljollen, Surfgeräte, Wasserski, Paraglider usw.) sowie Mountainbikes. Gute Tauchbasen mit Ausrüstungsverleih, Schulung und Exkursionen gibt es inzwischen ebenfalls in fast allen großen Hotels und Camps oder zumindest nicht weit davon entfernt. Das Mieten von 4-PS-Motorbooten ist problemlos und in den meisten touristischen Zentren möglich. Größere Motor- und Segelboote können in Marinas gechartert werden, ebenso kann man den Segel- oder Bootsführerschein erwerben. Pferdeliebhaber können sich z. B. in Gestüten bei Rovinj, Pula und auf der Insel Cres Pferde mieten. Wer gerne angelt und dies vom Boot aus tut, braucht eine Genehmigung, die in den Tourismusbüros erhältlich ist. Mountainbikes kann man in Hotels und Agenturen ausleihen; immer mehr Fahrradwege, gerade in Istrien und auf einigen Inseln wie Cres, Krk, Rab, Hvar und Brač (es gibt dort spezielle Fahrradkarten und Routen) werden erschlossen und bieten eine erholsame Art, die Gegend zu erkunden.

Klettersteige aller Schwierigkeitsgrade befinden sich in den imposanten Schluchten im Nationalpark Paklenica. Nicht zu vergessen natürlich das Wandern, welches gerade im Inselgebirge ein reizvolles Erlebnis ist. Die Highlights sind u. a. das Učka-Gebirge (bei Opatija), der Televrin (Insel Lošinj), die Umgebung von Baška (Insel Krk), der Vidova Gora (Insel Brač) und der höchste Inselberg, der Sv. Ilija (Halbinsel Pelješac) mit 961 m. Natürlich kann man auch herrliche Touren im bis knapp 2 000 m ansteigenden Velebit-Gebirge, im Nationalpark Paklenica und im Biokovo-Gebirge bei Makarska unternehmen.

Sprachhilfen

In Kroatien haben die meisten deutschen Touristen keine Sprachprobleme, viele Kroaten sprechen unsere Sprache. In den Hotels und auf Campingplätzen ist ebenfalls deutsch sprechendes Personal vorherrschend. Istrien ist zweisprachig (Kroatisch/Italienisch), im Kvarner-Gebiet spricht man auch italienisch. Englisch wird meist ebenfalls verstanden und gesprochen. Dennoch freut sich der Gastgeber, wenn Sie ein paar Wörter oder einen kleinen Satz in der Landessprache beherrschen.

dobar dan	– Guten Tag
dovidjenja	– Auf Wiedersehen
dobro jutro	– Guten Morgen
dobra večer	– Guten Abend
danas	– heute
sutra	– morgen
Kako ste?	– Wie geht es Ihnen?
dobro/loše	– gut/schlecht
oprostite molim	– Entschuldigen Sie bitte
molim	– Bitte
hvala	– Danke
da	– Ja
ne	– Nein
Pošto je?	– Wieviel kostet das?
Molim vas gdje je tu neka ...?	– Wo ist hier bitte ...?
Gdje mogu naći ...?	– Wo finde ich ...?
Treba mi ...	– Ich brauche ...
praznik	– Feiertag
radni dani	– werktags
od ... do	– von ... bis
otvoreno	– offen
zatvoreno	– geschlossen
nedjelja	– Sonntag
ponedjeljak	– Montag
utorak	– Dienstag
srijeda	– Mittwoch
četvrtak	– Donnerstag
petak	– Freitag
subota	– Samstag

Strom

Wie in ganz Europa gibt es in Kroation 220 Volt/50 Hz Wechselstrom.

Telefonieren

Das Telefonnetz ist optimal und überwiegend digital (die Deutsche Telekom ist an der Kroatischen Telekom beteiligt). Telefonieren kann man problemlos von den Zimmertelefonen der Hotels, dies ist allerdings am teuersten, weil ein Hotelaufschlag berechnet wird. Ansonsten bei der Post oder von öffentlichen Telefonzellen aus, für die man Telefonkarten (erhältlich bei der Post und am Kiosk) benötigt.

Auch in Kroatien haben Mobiltelefone Einzug gehalten, so dass deutsche Mobiltelefone problemlos im D1- und D2-Netz verwendet werden können.

Vorwahlnummern: Von Kroatien nach Deutschland ✆ 0049, nach Österreich ✆ 0043, in die Schweiz ✆ 0041; danach wird die Ortsvorwahl ohne die Null und dann die Rufnummer gewählt. **Landesvorwahl von Kroatien:** ✆ 00385

Trinkgeld

Ein guter Service sollte auch angemessen honoriert werden. Üblich sind in einem Restaurant 10 % des Rechnungsbetrages. Bei Abrechnung mit Kreditkarte hinterlässt man das Trinkgeld auf dem Abrechnungstablett. Das Reinigungspersonal und die Kofferträger im Hotel freuen sich ebenfalls über Berücksichtigung.

Unterkunft

Das Bettenangebot in Istrien (inzwischen wieder 16 Millionen Übernachtungen pro Jahr!) und Dalmatien ist riesig, ebenso die Zahl der Campingplätze. In Kroatien gibt es auch FKK-Campingplätze. Die großen Hotels und Camps liegen alle direkt am Meer und sind höchstens durch eine Uferstraße getrennt. In der Vor- und Nachsaison finden Individualurlauber problemlos ein Zimmer oder einen Stellplatz auf dem Campingplatz. In der Hochsaison sollte man allerdings für Istrien und das Kvarner-Gebiet seine Reservierungen vorzeitig getätigt haben, da gleichzeitig Kroaten, Slowenen, Österreicher, Deutsche und viele Italiener an der Küste und auf den Inseln ihren Urlaub verbringen. Ab Ende August wird es auch hier wieder einfacher, ein Zimmer zu ergattern.

Die **Hotelzimmer** sind nach Sternen eingeteilt, meist sind drei bis vier Sterne, vorrangig. Luxuskategorie ist selten. Die Zimmer sind mit Balkon, Telefon und Sateliten-TV, teils mit Minibar und Safe ausgestattet. Einfachere Zimmer haben dementsprechend weniger Komfort. Das gleiche gilt für Appartements und Ferienhäuser, die zusätzlich noch über eine eingerichtete Küche verfügen.

Die **Pensionen** unterscheiden sich ebenfalls nach Sternen und bieten für den, der möchte, guten Familienanschluss. Ganz neu wird vor allem in Istrien der **Agrotourismus** angeboten, das heißt auf einem meist gut ausgestatteten Bauernhof zu nächtigen und zum Frühstück oder Abendessen die frischen und leckeren Erzeugnisse zu probieren. Die Tourismusbüros verfügen über Adressen und Infomaterial.

Die **Campingplätze** sind ebenfalls in Sterne unterteilt, der Standard macht sich in der Anzahl der Duschen und im Sportprogramm bemerkbar, auch einfachere Camps verfügen zum Teil über eine wunderschöne Lage.

Preise: Für Hotels gelten stark schwankende Hoch- und Nebensaisonpreise, es gibt mancherorts vier Saisonpreise, was bis zu 50 % Preisnachlass bedeuten kann; bei Campingplätzen und Pensionen sind es lediglich 10–20 %.

Ein Vier-Sterne-Hoteldoppelzimmer kostet in der absoluten Hochsaison (1.–15.8.) ca. 150–200 €, für Drei-Sterne-Kategorie zahlt man ca. 90–160 €. Ein Vier-Sterne-Appartement für zwei Personen mit Frühstück kostet ca. 80 €, bei drei Sternen zahlt man ca. 60 €, bei zwei 35–40 €, denselben Preis entrichtet man in einer Pension mit Frühstück der gleichen Kategorie. Bei Pensionen ohne Frühstück muss man bei drei Sternen mit 25–30 € und bei zwei Sternen mit 20–25 € rechnen. Wer in einem Ort verweilen möchte, bucht von zu Hause die billigere Pauschale. Einzeltarife sind wesentlich teurer.

Zu allen Übernachtungsmöglichkeiten kommt Kurtaxe von 2–4 Euro pro Tag hinzu. Pauschalreisende sparen bei Hotelbuchungen beachtliche Summen. Zu erwähnen wäre noch für Ruhebedürftige: Im Hochsommer findet auf allen großen Hotelterrassen und großen Campingplätzen (Restaurantterrassen) täglich ca. 21–24 Uhr (mindestens!) Tanz mit Livebands statt. Dem zu entgehen heißt ein der Terrasse abgewandtes Zimmer oder ein kleineres Hotel buchen.

Zeitzone

In Kroatien gilt die mitteleuropäische Zeit (MEZ) und entsprechend im Sommer die mitteleuropäische Sommerzeit, genau wie in Deutschland.

Orts- und Sachregister

Die **fetten** Hervorhebungen verweisen auf ausführliche Erwähnungen, *kursiv* gesetzte Begriffe und Seitenzahlen beziehen sich auf den Service von A–Z.

Orts- und Sachregister

Namenregister

Bildnachweis

Friedrich Gier, Bonn: S. 37
Rainer Hackenberg, Köln: S. 2/3, 4/5, 16, 17, 36, 40, 49 u., 51, 65 u., 66, 83, 84, 92, 100, 101, 103, 105 u., 106, 112/113, 114, 116, 117, 118 u., 125 o., 130, 133 o., 134, 135 o., 135 u., 136, 144/145, 151, 152, 153, 156 u., 183
Volkmar Janicke, München: S. 43, 91, 97 o., 97 u., 137, 138, 146 o.
Gerold Jung, Ottobrunn: S. 9, 41, 156 o., 179, 181, 182 o.
János Kalmár, Wien: S. 13, 29, 34/35, 38, 55, 78 o., 78 u., 81, 82 o., 86, 88, 90, 95, 104, 107 u., 108, 109, 119, 123, 125 u., 127, 129, 148, 150 o., 150 u., 154, 155, 157, 159 u., 166, 180, 184 u.
Kroatische Zentrale für Tourismus, Frankfurt/M.: Titelbild, Schmutztitel (S. 1), S. 6, 10, 11, 30, 31, 39, 42, 48, 59, 62/63, 69, 76, 77, 79, 80, 96, 102, 105 o., 128, 133 u., 138, 140, 160, 182 u.
Lore Marr-Bieger, Möhrendorf: S. 7, 8, 12, 25, 32, 33, 44, 46, 47, 49 o., 52/53, 54, 56, 58, 60, 64, 65 o., 70, 71, 72, 74, 75, 82 u., 87, 93, 94, 98/99, 111, 118 o., 121, 122, 126, 131, 139, 140, 141, 159 o.
Televrin, Losinj: S. 165
Zagreb Tourist Board & Convention Bureau, Zagreb: S. 18, 19, 21, 22, 23, 24 o., 24 u.
Alle übrigen Abbildungen stammen aus dem Archiv des Vista Point Verlags, Köln.

Titelbild: Blick auf die Altstadt von Rovinj
Vordere Umschlagklappe (innen): Übersichtskarte von Kroatien mit den eingezeichneten Reiseregionen
Haupttitel (S. 2/3): Ausflugsschiffe fahren vom Festland zu den vorgelagerten Inseln. Foto: Rainer Hackenberg, Köln

Reihenkonzeption: Horst Schmidt-Brümmer, Andreas Schulz
Redaktion: Kristina Linke
Lektorat: Vera Udodenko
Layout und Herstellung: Rudi Mohr, Sandra Penno-Vesper, Britta Wilken
Kartographie: Borch GmbH, Fürstenfeldbruck; Kartographie Huber, München
Illustrationen: Martina Pütz, Köln
Gedruckt auf chlorfrei gebleichtem Papier

Printed in Spain

ISBN 3-88973-368-9

An unsere Leserinnen und Leser!
Die Informationen dieses Buches wurden von der Autorin gewissenhaft recherchiert und von der Verlagsredaktion sorgfältig überprüft. Nichtsdestoweniger sind inhaltliche Fehler nicht immer zu vermeiden. Für Ihre Korrekturen und Ergänzungsvorschläge sind wir daher dankbar.

VISTA POINT VERLAG
Händelstr. 25–29 · 50674 Köln · Postfach 27 05 72 · 50511 Köln
Telefon: 02 21/92 16 13-0 · Telefax: 02 21/92 16 13 14
E-Mail: info@vistapoint.de · Internet: **www.vistapoint.de**